KB068511

내일을 읽는 한·중관계사

백영서·정상기 엮음

내일을 읽는

한·중관계사

알에이치코리아

이 책은 한·중관계사에서 커다란 변혁의 전환점이 된 중요 사건들을 오늘의 관점에서 재조명해보는 공동작업의 성과다. 역사는 기계적으로 반복되지는 않지만 미래를 읽는 중요한 단서는 '과거를 바로 아는 것'에서 제공된다.

이 공동작업을 처음 기획하게 된 것은 2016년 7월 한국의 사드 배치 결정과 이에 대한 중국의 보복조치가 직접적 배경이 되었다. 양국의 국익이 충돌하자 중국은 외교적 해법 대신 강압적인 방식으로 문제 해결을 시도했고 한국의 대응도 효과적이지 못했다. 그 결과 양국관계는 악화되었고 한국과 중국 국민들 모두 심리적인 후유증을 안게 되었다. 이 사태를 계기로 우리는 지난 2000년 동안 이어져온 한·중 간의 협력과 갈등의 역사 속에서 국익이 충돌했을 때 집권층이 어떤 과정을 거쳐 어떤 대외정책을 선택했는지 복기해볼 필요가 있다고 생각하게 되었다. 각 시기별로 유사한 대외 상황에 대해 여러 왕조가 다른 대응을 보였고 결과도 달랐기 때문이다.

이 책의 집필 목적은 독자들에게 앞으로 중국과의 관계에서 중요 문제가 대두될 경우, 우리가 어떻게 대처하는 것이 최선인가에 관해 역사적 경험을 바탕으로 사고의 범위와 상상력을 넓히는 참조틀을 제시하기 위한 노력이라고도 할 수 있다.

이 책의 집필진은 중국사 전공자와 국제정치 전문가도 있지만, 대부분 한국사를 전공한 학자들이다. 집필진들은 수시로 토론하면서 서로의 관점에 관해 의견을 교환하며 최대한 균형 있는 견해를 도출하려 노력했다. 특히 논의의 현실 적합성을 높이기 위해 진행한 세 차례의 중간 발표회에는 국제관계 및 외교 전문가들도 참여했다. 아울러 독자들이 쉽게 이해할 수 있는 책을 만들기 위해 학술논문 형식보다는 보다 쉬운 문장으로 비평적 성격을 강화하고자 했다. 그럼에도 특정한 역사적 사실을 설명하는 과정에서 낯선 고유명사나 한자로 된 사료용어가 자주 사용되는 것은 어쩔 수 없었다. "과거는 외국이다"라는 말도 있듯이 낯선 역사세계로의 여행에 따르는 불가피한 결과다. 편자로서 독자들의 호기심을 불러일으키는 도구가 되길 바랄 뿐이다.

한·중관계 2000년 역사 구도의 큰 흐름은 이 책에 수록된 총론과 개별 글들을 독자가 직접 읽어보면 파악될 테니, 여기서 미리 요약하지는 않겠다. 단지, 전통시대 중국이 주도해온 동아시아의 국제관계가 흔히 조공·책봉관계로 설명되는데, 이것은 강대국인 중국과 주변국들이 평화와 질서 속에서 함께 살아가기 위해 서로가 필요해 유지해온 동아시아 국제질서의 형식이었음을 강조해두고 싶다. 이 책에서 여러 필자가 되풀이 설명할 터인데 '중국'이 하나의 역사적 실체로 고대부터 지금까지 존속해온 것이 아니었듯이, 조공·책봉관계 역시 서로의 이해관계에 따라 수많은 변주를 겪어왔으며, 여러 왕조의 정책 집행자들도 국제관계 속에서 이해득실을 따지고 고민을 거듭한 끝에 정책 선택을 했음을 독자에게 보여주려고 했다. 물론 그 선택의 결과가 늘 한반도 전체의 이익에 부합하거나 평화를 가져오지는 않았다. 그러나 이러한 역사의 재조명은 조공관계, 더 나아가 한·중관계사를 그저 '사대의 역사'로만 이해하는 '잘못 패턴화된 기억'을 교정하는 데 다소간 도움이 될 것이라 기대한다. 한·중관계사를 돌아보면, 몇 개의 역사적 유형으로 나눌 수 있다. 그중 힘의 중심이 분산된 중층적 동아시아 질서에서 고구려를 축으로 동북아시아의 독자적 권역화가 이루진 것, 그리고 유동하는 지역질서 속에서 고려가 해동천자라는 이름을 갖고 대내적으로는 황제로 칭하면서도 조공·책봉관계를 유지하고 조화외교를 추진한 유형이 특히 눈길을 끌지도 모른다. 독자들이 한·중관계사에 대한 사고의 폭을 넓히고 상상력의 유연함을 갖게 된다면, 현재를 보고 미래를 전망하는 눈 또한 달라질 것이 분명하다.

오늘날의 한·중관계는 과거와는 전혀 다른 차원에 놓여 있다. 무엇보다 양자관계를 둘러싼 환경이 과거와는 사뭇 다른 상황이다. 전통시대 동아시아에서 중국의 역대 왕조는 대체로 강자였으므로 주변국들은 중국과의 일대일 관계 형성에 초점을 맞춰야 했다. 그러나 그때에도 중국이 정권의 정당성을 확보하기 위해서 뿐만 아니라, 최소한의 비용으로 변경 지역에서 안정을 유지하기 위해 주변국의 존재를 전략적으로 고려하지 않을 수 없었다. 그러니 오늘날처럼 국가 간 체계(inter-state system) 속에 있는 현대 주권국가들이 다른 여러 국가들과 상호 폭넓은 협력관계를 유지하면서 발전과 안정을 도모하고 있는 국면에서 중국이 주변국의 이해를 일방적으로 무시할 수 없음은 두 말할 필요가 없다. 한국과 중국 역시 미국, 러시아, 일본 등 많은 주변 강국들과 다원적 협력과 상호 견제 및 균형 유지를 통해 공존을 도모하는 시대에 처해 있다.

우리 자신의 절대국력이 전통시대의 국력과 비교할 수 없을 정도로 큰 규모의 나라가 되었다는 점도 중요한 변화 중 하나다. 인구 5000만에 세계 15위권 경제 규모의 국가, 민주주의와 시민의식이 살아 있는 체제 우월성을 가지고 있는 국가라는 점도 과거와는 전혀 다른 점이다.

한반도에 두 개의 국가가 존재한다는 사실도 과거와 다른 조건이다. 물론 삼국시대처럼 세 개 왕조가 각각 대륙의 왕조(들)와 교섭한 적도 있었지만, 지금 한반도의 북측은 중국과의 관계 당사자이자 남쪽에게는 제3자처럼 작용해 한·중관계, 더 나아가 동아시아 질서의 유동성을 더해주는 실정이다. (이 책에서 북·중관계, 또는 조·중(朝中)관계를 따로 다루고 있지는 않지만 한·중관계에서 늘 염두에 두어야 할 조건이다.)

따라서 이처럼 다원화되고 유동적인 국제사회에서 주변 강대국들의 협력을 확보하면서 우리가 가진 강점을 최대화할 수 있다면 향후 중국과 대등하면서도 호혜협력적인 관계를 안정적으로 발전시켜 나갈 수 있을 것이다.

끝으로, 이 프로젝트 추진의 동력을 주신 분들에게 고마움을 표하고 싶다. 먼저 미국 G&M글로벌문화재단의 빌 황(Bill Hwang) 대표의 도움을 떠올리지 않을 수 없다. 황 대표는 평소 역사 문제에 관심이 많은 분으로 미국에 거주하면서 미국인들에게 한·중관계의 정확한 역사적 경험과 사실을 전달할 수 있는 책이 있으면 좋겠다고 생각해왔다면서 기꺼이 기금을 지원해주었다. 아울러 한국 G&M글로벌문화재단의 김영

목 대표는 직업 외교관으로서 몸에 익힌 국제정세를 통찰하는 다양한 시각을 전달해주어 본 프로젝트의 순조로운 완성에 또 다른 도움을 주었다. 특별한 감사를 표한다. 이 과제 수행에 행정적 지원을 아끼지 않은 연세대 국학연구원 관계자들의 노고도 따로 적어 고마움을 전한다.

역사와 외교정책의 관계를 화두로 삼은 이 작업을 추진하는 과정에서 편자의 번거로운 요청에 수시로 응해준 공동연구진 여러분들의 노고도 빠뜨릴 수 없으나, 편자의 감사보다는 독자들의 성원에 의해 보답이 될 것이다.

2019년 6월
백영서, 정상기

# 1장

# 고대의 한·중관계와 책봉·조공

## - 4~7세기를 중심으로 -

**임기환**

서울대 국사학과를 졸업하고 경희대 대학원에서 석사와 박사 학위를 받았다. 고구려 연구재단 연구기획자료 실장을 역임했으며, 현재 서울교육대학교 사회과교육과 교수로 있다. 쓴 책으로는 『고구려 정치사 연구』 『고구려 유적의 어제와 오늘』(공저) 외 한국 고대사 관련 논저 다수가 있다.

## 1. 4~7세기 동아시아 국제관계의 특징

한·중관계의 역사에서 나타나는 중요한 특징의 하나로 양자관계의
비대칭성을 거론하기도 한다.[1] 이는 오늘날까지도 싫든 좋든 인정할 수
밖에 없는 특징인데, 다만 역사의 다양한 국면에서 그 비대칭성의 양상
은 사뭇 달라져 왔음도 동시에 유의해야 한다. 무엇보다 한·중관계사에
서 볼 때 한쪽 주체인 한국사의 범주는 그리 큰 변동 없이 이어져온 반
면에, 상대 주체인 '중국'은 그 범주를 오늘날과 같이 간단히 '중국'으로
일원화시킬 수 없다는 점을 고려하면 더욱 그렇다. 예컨대, 이 글에서 다
루는 4~7세기의 경우 중국 대륙을 지배하는 이른바 중원왕조, 초원지
대의 유목국가, 그리고 중원왕조의 서쪽에도 다수의 왕조국가가 존재하
였으며, 동북아시아 만주 혹은 요해(遼海) 지역에도 다수의 종족과 정치
집단들이 있었다.

이렇게 '중국'이라고 우리가 통상 통칭하는 대상이 다원적으로 구성
되어 있는 상황일 뿐만 아니라, 역사상의 '한국' 또는 '한국사'의 범주에

---

1   백영서, 「변하는 것과 변하지 않는 것: 한중관계의 과거·현재·미래」, 『역사비평』 101,
    2012, 191~213쪽.

포함되는 대상 역시 다수의 왕조국가로 구성되어 있다. 이 글에서 다루는 시기에 한정해서 보아도 고구려, 백제, 신라라는 이른바 삼국과 가야가 있다. 즉 오늘날의 한·중관계라는 관점에서 '한국'과 '중국'이란 범위로 단순화하기 어려운 다수의 국가와 정치체들이 존재하면서 다원적인 국제질서를 형성하고 있었던 것이다.

고대 시기 동아시아 국제질서의 중심축은 중원왕조라고 해도 틀린 말이 아니다. 따라서 중원 지역의 정치적 상황에 따라 동아시아 전체의 국제정세도 큰 영향을 받았다. 즉 한(漢), 진(晉), 수(隋), 당(唐)이라는 통일 왕조 시기의 동아시아 국제정세 및 남북조라는 분열 시기의 국제정세는 크게 달라질 수밖에 없었다.[2]

4~7세기는 그런 중원왕조가 장기간 남조와 북조로 나뉘어 대립하고 있었고, 6세기 말에 수, 당이라는 통일제국으로 통합되었는데, 그 과정에서 동아시아 국제정세가 다양한 모습으로 변모하였다. 이 시기 동아시아 국제질서를 이해하기 위해서는 대략 다음과 같은 특징을 고려해야 한다.

남북조 시기에 동아시아는 다른 어느 시대보다도 다수의 국가와 종족들이 역사의 무대에 등장하여 흥망을 거듭하고 세력 교체가 이어지는 다원화된 역사가 전개되었다는 점이 첫 번째 특징이다. 당시 동아시아

---

2  이 글에서는 동북아시아, 동아시아라는 표현을 사용하고 있는데, 동북아시아는 이른바 한반도와 만주, 일본열도를 포함하는 지역적 범위를 지칭하고 있으며, 동아시아는 동북아시아와 중국 대륙, 북방 초원지대를 포함하는 지역 범위를 가리킨다. 이 글에서 이들 용어는 엄밀한 개념과 내용 규정을 갖는 학술적 용어가 아니라, 지역 범위를 가리키는 편의상 사용하는 용어일 뿐이다.

국제관계를 운영하는 주체로는 만주와 한반도의 삼국과 가야, 일본열도의 왜국(倭國), 중국 대륙의 중원왕조로서 남조와 북조, 북방 초원지대의 유목국가 등을 꼽을 수 있으며, 그 외 요해 지역과 북만주 일대에 거주하고 있던 거란(契丹), 말갈(靺鞨) 등 다수 종족들의 향배 또한 동북아시아 정세 변화에 적잖은 영향을 끼치고 있었다.

고대 동북아시아에서 본격적인 국제관계가 전개된 시기는 4세기 이후이다. 특히 4세기는 동아시아 국제질서가 새로이 변동하는 시기였다. 중국 대륙에서 서진(西晉)이 몰락하고 5호 16국 시대가 전개되면서 중원왕조 중심의 국제질서가 무너졌으며, 이러한 국제정세를 배경으로 동북아시아의 여러 국가 및 종족의 정치적 운동력이 확대되어 갔다.

이 과정에서 고구려가 만주와 한반도 북부를 통합하며 대표자로 등장하였고, 한반도에서는 백제와 신라, 가야 등이 동북아시아 국제무대의 전면에 나서게 되었다. 일본열도에서도 독자적인 정치적 성장이 이루어져 왜(倭)가 국제무대에 등장하였으며, 아울러 한반도와 일본열도 사이에 정치적 변동의 관련성이 깊어지게 되었다. 그리고 중원왕조가 추진해온 동방정책의 전진 기지였던 낙랑군 등 변군(邊軍)이 소멸되면서, 중원왕조와 동북아시아의 여러 정치세력의 교섭관계가 이제는 국가 대 국가의 외교 교섭단계로 접어들어가게 되었던 것이다. 이와 같이 본격적인 국가 간의 국제관계로 전개되었다는 점이 그 이전과 달라진 두 번째 특징이다.

이후 420년 송(宋)의 건국, 427년 고구려의 평양 천도, 433·434년 백제와 신라의 동맹, 439년 북위(北魏)의 화북지역 통일 등은 동아시아에서 새로운 국제환경의 변화를 예고하는 사건들이다. 130여 년이나 계

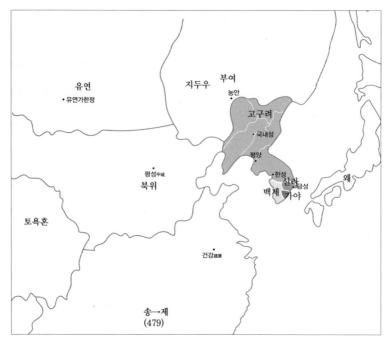

5세기 중반 동아시아 국제정세

속된 북중국에서 5호 16국 시대는 막을 내리고, 북위가 가장 강력한 세력으로 등장하면서 새로운 국제질서가 성립하였다. 즉 북위를 가운데 두고 중원의 남조 송과 북방의 유연(柔然) 및 서의 토욕혼(吐谷渾), 그리고 동의 고구려는 서로 연결을 꾀하며 북위를 포위 견제하는 한편, 각자 북위와 우호관계 혹은 적대관계를 맺게 되었다. 당시 이들 국가 간에 맺어진 적대관계의 중심축은 북위 대 남조국가, 북위 대 유연이었다. 특히 최강대국인 북위를 사이에 두고 남조국가와 유연은 상호 연결하여 북위를 남북 양쪽에서 위협했다. 우월한 국력을 갖는 북위가 끝내 남조나 유

내일을 읽는 한·중관계사

연을 정복하지 못하였던 국제적 배경이었다. 이러한 세력 균형을 기본 축으로 5세기 동아시아의 국제질서가 안정적으로 유지되었다는 점이 세 번째 특징이다.[3]

이러한 동아시아 전체 국제정세를 배경으로 동북아시아의 고구려·백제·신라·가야·왜 및 말갈·거란 등 여러 국가 및 종족세력은 적어도 북방 유목세력과 중원세력의 영향과 세력 침투를 받지 않고 독자적인 국제질서 권역을 형성하고 있었다. 즉 5~6세기에는 만주·한반도·일본 지역에서 전개되는 국제관계가, 중국의 남북조와 북방 유목세력의 권역과는 일정한 거리를 두고 있었다. 물론 양 권역이 무관하다는 뜻은 아니고 상대적으로 세력 변동의 상호 연관성이 적었다. 그리고 양 권역의 여러 국가 간의 교섭을 매개하는 외교 형식은 주로 책봉·조공관계였다. 5세기 중반 이후 고구려와 백제 이외에 신라·가야·왜 등이 성장하여 동북아시아의 국제질서는 더욱 다원화되었으며, 이에 따라 동북아시아에서 중국왕조를 중심으로 이루어지는 조공·책봉체제가 갖는 국제질서상의 의미가 상대적으로 커지게 되었다. 이를 이 시기 동아시아 국제관계의 네 번째 특징으로 꼽을 수 있겠다.

그리고 이 시기에는 한반도 내에서 삼국 간에 항쟁이 계속되었지만 삼국 간의 세력 균형이 깨지는 수준으로까지는 진전되지 않았다. 그런데 6세기 말 이후에 수와 당이라는 중원의 통일제국이 등장하고, 이들 왕조가 대외 팽창을 통해 북방의 돌궐과 서역 세력을 차례로 굴복시키

---

3  노태돈, 「5~6세기 동아시아 국제정세와 고구려의 대외관계」 『동방학지』 44, 1984 ; 노태돈, 『고구려사 연구』, 사계절, 1999.

면서 5세기 이래의 다원적인 국제질서는 급속히 변동되었다. 중원의 통일 세력으로서의 수와 당은 지금까지와는 달리 중국 중심의 일원적 국제질서를 수립하고자 하였으며, 이에 따라 5세기 이래 각국의 현실적 지배력을 상호 인정하던 책봉·조공관계의 성격도 변모하였다. 그리고 동아시아 전체 국제질서가 재편되는 과정에서 한반도에서 삼국 간의 항쟁도 이와 깊이 연관되면서 전개되었다. 그 결과 고구려와 백제가 멸망하였고, 신라가 한반도의 통일국가로 성장하였으며, 만주에서는 발해가 성립하였다. 이후 9세기까지 당을 중심으로하는 국제질서가 구축되었다.

이와 같은 고대 동아시아의 국제관계를 구성하는 다수의 국가 간에 이루어지는 다양한 형태의 교섭과 충돌은 구체적으로 외교와 전쟁이라는 두 국면이 빈번하게 교차되면서 전개되었다. 그중 중원세력과 주변국가 사이에 맺어진 외교관계는 책봉(冊封)과 조공(朝貢)이라는 형식으로 이루어졌다. 이 글에서는 동아시아 국제관계에 나타나고 있는 책봉과 조공의 성격에 대해 살펴보고, 고구려와 백제, 신라가 이러한 책봉과 조공에 대해 어떤 인식을 갖고 대응해갔는지에 대해 4~7세기를 중심으로 살펴보도록 하겠다.

## 2. 책봉·조공관계는 신속(臣屬)관계인가

본래 조공은 주나라의 종법적 봉건제도 아래에서 제후가 정기적으로 천자에게 조관(朝觀)하고 공물을 바침으로써 군신 간의 의리를 밝히고 결속을 공고히 하기 위해 고안된 정치적 의례 형식이다. 그후 통일왕조인 진(秦), 한(漢) 왕조가 등장하면서 자국 내에서 이루어지던 조공 의례는 중원왕조와 주변 국가들 사이의 국제관계로까지 그 외연이 확장되었다. 즉 조공은 주변 국가의 군장이 중국의 황제에게 신속(臣屬)하는 정치적 의례로서, 책봉은 조공에 대응하여 중국의 황제가 주변 민족의 군장에게 특정의 관작(官爵)과 물품을 사여하여 신속시키는 양식으로 전개되었다. 따라서 조공과 책봉은 동전의 양면과도 같은 동질의 양식으로, 고대에 중원왕조와 주변 국가의 관계를 규정하는 독특한 국가 간 외교관계를 표시하는 제도로 성립하였다.[4]

이러한 책봉·조공은 당대 국제관계의 변동에 따라 그 성격을 달리하며 전개되었다. 즉 책봉과 조공으로 표현되는 중원왕조와 주변 국가 간의 '주종(主從)'관계는 중국왕조의 이상(理想)에 지나지 않으며, 현실의 실제 외교관계는 이와는 다른 양상을 드러낸다. 특히 위진남북조 시대는 책봉·조공관계에 본질적인 변화가 시작된 시기였다. 즉 중원세력이 분열되어 주변 국가에 대한 규제력이 약화된 상황이었기 때문에 책봉과 조공이 실질적인 종속관계를 전제로 이루어진 것이 아니라, 주변 국가와 중원왕조가 맺는 외교관계의 한 형식에 지나지 않았다.

무엇보다 가장 큰 변화는 책봉의 주체가 다원화되었으며, 피책봉국도 하나의 황제가 아니라 복수의 황제로부터 책봉을 받았다는 점이다. 예

---

4   이 글에서 조공·책봉에 관한 일반적인 서술은 다음의 논고를 참고하였다.
    김종완, 『中國 南北朝史 硏究-朝貢·交聘關係를 중심으로』, 일조각, 1997.
    김한규, 『한중관계사』 1, 아르케, 1999.
    이성규, 「중국의 분열체제모식과 동아시아 제국」 『한국고대사논총』 8집, 1996.
    여호규 외, 『한국 고대국가와 중국 왕조의 조공·책봉관계』, 고구려연구재단, 2006.

를 들어 고구려는 북위(北魏)로부터 책봉을 받았으며 동시에 남조의 여러 왕조[宋,齊,梁,陳]로부터 책봉을 받는 경우가 빈번하였다. 중원을 분점하였던 다수 황제의 등장으로 인해, 위진남북조 시기의 황제는 진·한과 같이 실제적으로도 이념적으로도 유일한 권력자가 될 수 없었고, 이때문에 황제 지배체제와 종주권을 인정하는 형식이었던 책봉·조공제도도 그 원형대로 유지될 수 없었던 것이다.

둘째, 책봉호에서도 변화가 나타났다. 본래 책봉체제가 중원왕조의 내적 질서이기 때문에 책봉 칭호도 중국식 관작이 적용되었다. 그런데 남북조 시대에 그것이 국가 간의 외교 형식으로 확장되면서 책봉 관작의 형식화가 가속되었다. 예컨대, 당시 책봉호로는 '지절(持節)·도독(都督)·장군(將軍)·자사(刺史)·왕(王)·작호(爵號)' 등으로 구성된 칭호를 사용하였는데, 그중 황제와의 의례적 질서를 나타내던 작호는 부차적 요소로 전락하고, 군사권의 위상을 규정한 지절호(持節號)와 장군호(將軍號), 지배 범위를 나타내는 도독제군사호(都督諸軍事號)와 지방관명 등이 핵심 요소로 부상했다. 즉 책봉호가 실제적인 성격을 갖기보다는 권력의 분권적 존립을 승인한 형태로 운영되었다.

그렇다고 이러한 책봉호가 동아시아 국제관계에서 전혀 허구적인 것만은 아니었다. 책봉호 그대로의 실제성을 갖는 것은 아니지만, 책봉제 자체가 동아시아에서 중원왕조와 주변 국가와의 사이에 이루어지는 외교관계의 형식으로 작동하면서 갖게 되는 제도 자체의 규정력마저 부정하기는 어렵다.

예컨대, 고구려가 받은 책봉호가 삼국 중 최고위인 예가 많았던 사례는 중원왕조가 당시 동아시아 국제질서에서 고구려가 차지하는 높은 위상을 인정하고 있었다는 표지로 볼 수 있다. 또한 북위가 동방의 여러 나라로부터 조공을 받았으면서도 고구려 외에는 일체의 책봉이 없었으며, 동시에 동방사회에 대한 대외업무를 관장하는 동이교위(東夷校尉) 등을 고구려 왕에게 책봉한 점도 유의된다. 이런 사례는 북위가 고구려의 독자적인 세력권을 공인하는 의도를 고구려에 대한 책봉·조공관계의 제도에 반영하였던 것으로 이해된다.

그리고 중국 남북조로부터 삼국의 왕에게 주어진 책봉호 관작의 높낮이를 통해서도 책봉국과 피책봉국 사이 외교관계의 밀접도 등을 엿볼수가 있다. 예컨대, 양(梁)은 백제 왕에게 고구려 왕보다 한 등급 높은 관직을 책봉함으로써 상대적으로 백제와의 긴밀도를 보여주었다.

이상의 몇 예를 보면 남북조 왕조가 책봉호를 통하여 피책봉국의 국제적 지위를 규정하고 있다거나, 피책봉국의 경우에도 책봉호를 통하여 자신의 국제적 위상을 확보하고자 의도하였을 가능성도 엿보인다. 하지만 이러한 측면도 책봉국과 피책봉국 당사자 간의 인식에서 벗어나지 않는다는 점이 유의된다. 즉 북위과 고구려 사이에 이루어지는 책봉관계, 혹은 양과 백제 사이에 이루어지는 책봉관계가 주변의 다른 국가들에게는 그 어떤 규정력을 갖지 못한다는 점이다. 그런 점에서 책봉·조공은 중원왕조와 당사국 간의 문제이지, 동아시아의 여러 국가가 하나의 체제 안에 연관되어 규정력을 갖는 외교질서로 보기는 어렵다.

또한 피책봉국의 입장에서 책봉관계를 다양한 방식으로 활용하였다는 점도 주목된다. 예컨대, 백제의 경우처럼 피책봉국의 군왕(君王)이 자국 내에서 권위를 높이는 장치로 조공·책봉관계를 활용하는 사례도 있고, 왜(倭)의 경우처럼 책봉호의 품계를 통해 국제무대에서 자국의 위상을 평가하려는 경우도 있었다.

그리고 삼국이 중국의 여러 왕조와 맺고 있는 책봉·조공관계가 당시에 외교 형식으로 기능하고 있었다고 하더라도, 그것이 책봉과 조공에 대한 책봉국과 피책봉국의 인식이 동일함을 뜻하지는 않는다. 예컨대, 『위서(魏書)』『송서(宋書)』『남제서(南齊書)』『양서(梁書)』 등의 고구려전과 백제전에 실려 있는 책봉 조서에 나타난 책봉의 전제 조건은 피책봉국의 '번신(藩臣)', '충순(忠順)', '조공(朝貢)' 등으로 요약할 수 있다. 책봉과 조공이 중화적 세계관의 산물이라는 점에서 당연하다. 하지만 피책봉국의 입장에서 이러한 용어들이 갖는 개념을 양국의 실제적 외교관계에 그대로 수용한다고 보기는 어렵다.

사실 고대 책봉·조공관계를 비롯하여 한·중관계사를 보여주는 자료의 경우, 한국 측 사료가 절대 부족하다. 게다가 남아 있는 대부분의 중국 측 사료는 자국 중심의 입장을 대변하고 있을 뿐이다. 따라서 중국 측 사료에 의존해서 한·중관계를 파악할 경우 책봉·조공으로 표현되는 많은 사례들이 한·중관계를 '주종(主從)'이나 '군신(君臣)'관계로 파악하게 할 가능성이 높다. 하지만 돌궐비문(突厥碑文)을 통해 파악되는 당과 돌궐의 양국관계가 중국 측 사료에 나타나는 '주종'이나 '군신'으로 표현되는 양국관계와는 상당한 거리가 있다는 점을 고려하면, 삼국과 중원 왕조의 경우에도 마찬가지였음을 충분히 짐작할 수 있다.[5]

그리고 책봉·조공관계가 외교 형식으로 그치고, 그것이 실질적인 신

---

5  박한제, 「隋唐 世界帝國과 高句麗」『한국고대 국가와 중국 왕조의 조공·책봉관계』, 고구려연구재단, 2006.

내일을 읽는 한·중관계사

속관계를 보장하지 않는 점은 단지 현실의 역관계에 기인하는 것만은 아니다. 책봉·조공이란 형식에 대해서 각 국가마다 서로 다른 내용과 인식을 갖고 있는 경우에도 마찬가지이다. 때로는 책봉과 조공에 대한 차별적인 인식으로 인해 책봉·조공으로 맺어진 양국 사이에 갈등이 일어나기도 한다. 나아가서는 남북조 시기에는 이러한 인식의 차별성을 서로 조정하는 과정에서 양국 사이에 독특한 책봉·조공관계가 만들어지기도 하였다. 그러한 측면을 고구려와 백제의 책봉·조공관계에 대한 전략과 그 인식을 통하여 살펴보자.

## 3. 고구려의 천하관과 책봉·조공관은 어떻게 공존했나

고구려가 중원왕조로부터 책봉을 받기 시작한 것은 413년에 장수왕이 즉위 의례로서 동진(東晉)에 조공하고 책봉받으면서부터이다. 이 한 사례만으로 확신하기는 어렵지만, 고구려가 이미 광개토왕대에 중원왕조와의 책봉·조공이라는 외교 형식에 대해 어느 정도의 이해를 갖고 있었음을 짐작할 수 있다. 다만 책봉관계를 유지하는 전제 조건인 조공이 이후 뒤따르지 않았는데, 그 이유는 알 수 없다. 그리고 420년에 남조 송이 장수왕을 책봉하였는데, 이때는 새 왕조를 개창한 송이 일방적으로 책봉한 경우였다. 이후 고구려와 송은 한두 차례 사신을 교환하였을 뿐 더 이상의 외교관계는 지속되지 않았다.

책봉·조공이란 형식을 통해 고구려와 중국왕조와의 교섭이 본격화된 것은 435년 이후였다. 그런데 435년에서 438년까지는 북연(北燕)

및 북연왕 풍홍(馮弘)을 둘러싸고 고구려가 북위 및 송과 각각 큰 갈등을 빚었는데, 결국은 고구려의 의도대로 사태를 수습할 수 있었던 배경에는 바로 북위와 송의 대립이라는 중국의 정세가 놓여 있었다.

고구려는 이렇게 남조와 북조가 대립하는 형세를 외교전략으로 이용했다. 435년 이후 고구려가 송에 '조공'이라는 방식을 지속하고 있는데, 이때부터 고구려가 책봉과 조공이란 형식을 중국왕조와의 외교관계를 유지하는 하나의 방식으로 받아들였다고 볼 수 있다. 한편 고구려는 462년에야 북위와 교섭을 재개하였는데, 이후 양국의 교섭 횟수나 빈도는 다른 예를 찾아볼 수 없을 정도로 높았다. 그런데 북위와 교섭이 재개된 이후에도 고구려는 남조 송과의 교섭을 지속하면서 송 멸망 시까지 이어갔다. 이렇게 462년 이후 고구려는 남조, 북조와 모두 교섭관계를 유지하였는데, 고구려 입장에서 남조와 북조 양자와의 교섭을 서로 연동하여 전개한 흔적은 보이지 않는다.

462년 이후 520년까지 고구려와 북위 사이의 교섭 양상을 보면 당시 동아시아에서 중국 남북조와 주변 국가 사이에 맺어지는 그 어떤 교섭관계보다 가장 밀도가 높았다. 토욕혼(土谷渾)과 북위의 교섭이 고구려의 그것보다는 못하지만 그래도 상당히 교섭 빈도가 높은 편에 속한다. 북위와 주변 국가의 교섭에서 고구려와 토욕혼의 경우를 제외한 다른 국가의 경우에는 교섭의 빈도나 밀도가 훨씬 떨어진다. 남조와 주변 제국이 맺고 있는 교섭 양상을 보아도 마찬가지이다.

이처럼 고구려와 북위의 교섭, 혹은 토욕혼과 북위의 교섭은 당시 동아시아에서 중국의 남북조와 주변 국가가 맺고 있는 책봉·조공관계에서 나타나고 있는 일반적인 현상과는 상당히 다르지만 사실은 이러한 양상이야말로 본래 책봉·조공관계가 추구하는 지향과 가장 유사한 현상이라고 할 수 있다. 그러면 북위와 고구려의 교섭관계를 가장 전형적인 책봉·조공관계라고 할 수 있을까? 그런데 고구려가 당시 북위를 둘러싼 주변 국가 중에서 최고의 강대국으로서 정치적 독자성을 그 어떤 국가보다 강하게 드러낸 국가라는 점을 고려할 때, 책봉·조공관계의 현상과 내용의 측면이 매우 달랐을 것임을 충분히 짐작할 수 있다.

예컨대, 북위와 고구려 사이에 여러 차례 갈등이 벌어졌는데, 그것은 북위가 고구려에게 요구하는 번신(藩臣)으로서의 태도와 고구려가 북위에게 현실적으로 보여주는 태도 사이의 간격에서 비롯하는 게 대부분이었다. 즉 책봉·조공이 갖는 명분적 신속관계와 실질적인 독자성 사이의 충돌이었다.

따라서 이러한 충돌을 통하여 양국이 책봉과 조공에 대한 서로 간의 인식 차이를 조정해갔던 측면도 간과할 수 없다. 즉 북위가 고구려의 독자적 세력권을 인정하고, 대신에 고구려는 자신을 동방의 번병(藩屛)으로 형식화하려는 북위의 입장을 받아들이는 선에서 양국의 타협이 이루어졌다고 보이는데, 이 점은 책봉호에서 엿볼 수 있다.

역대로 고구려가 받은 책봉호가 사상 최고위인 예가 많았던 면이나, 아울러 동방사회에 대한 대외업무를 관장하던 관직인 동이교위(東夷校尉)나 동이중랑장(東夷中郞將)을 수여받은 사실은 북중국 왕조가 책봉호를 통해 고구려의 독자세력권을 인정한 결과이다. 504년에 고구려 사신에게 북위 세종이 "고구려는 대대로 … 해외에서 구이(九夷)와 오랑캐를 모두 정벌하였다. … 경은 짐의 뜻을 그대 왕에게 전하여 위엄과 회유로 해악을 끼치는 무리를 제거하여 동방을 편안히 하도록 하오"라고 한 말은, 북위가 동북아시아 일대에서 고구려의 지배권을 공인하였음을 잘 보여주는 사례이다.

물론 고구려가 갖는 이러한 위상은 고구려 자신의 지배력을 통해 획득된 것이지, 결코 거기에 북위의 지원이 있었던 것은 아니다. 하지만 북위로부터 수여받은 책봉호는 이러한 현실적 지배력을 외교 형식을 통해 공인을 받았다는 의미를 갖고 있다. 특히 북위가 동북아시아의 여러 나라로부터 조공을 받았으면서도 고구려 외에는 일체의 책봉이 없었다는 점을 고려하면, 북위와 고구려 사이에 이루어지는 책봉·조공관계가 고구려의 독자적인 세력권을 공인하는 성격을 갖고 있음을 알 수 있다. 바로 이러한 점이 고구려가 중원의 남조와 북조와 책봉·조공관계를 맺으면서 구사한 외교전략의 구체적인 목표였을 것이다. 물론 고구려의 전략이나 책봉호에 담은 북위의 의도를 주변의 다른 국가들이 인정했는지의 여부는 별개의 문제이다.

그러면 고구려는 이러한 책봉·조공관계를 내부적으로 어떻게 이해하고 있었을까? 고구려는 중국왕조와의 관계에서는 피책봉국이지만, 독자적으로 자신의 세력권 안에 여러 국가나 세력집단을 포함하고 있으며, 독자적인 천하관(天下觀)을 갖고 있었다.[6] 책봉·조공관계는 이념적으로 중화적 질서에 근거하고 있는데, 이러한 중국 중심의 이념은 고구려 자신이 갖고 있는 천하관과 충돌할 개연성이 크다. 이런 점에서 고구려가 중국왕조와의 교섭에서 책봉·조공이란 형식을 취할 때, 이에 대한 인식이 어떠하였는지에 주목할 필요가 있다.

---

6   盧泰敦, 「5세기 金石文에 보이는 高句麗의 天下觀」 『韓國史論』 19, 1988.

고구려는 자신이 중심이 된 천하세계의 질서를 구성하는 형식으로 중국의 '조공' 개념을 차용하고 있는데, 고구려인의 조공 개념은 중국의 개념 그대로는 아니다. 이를 잘 보여주는 자료가 414년에 건립된 광개토왕비문이다. 비문에서 고구려와 조공관계를 맺는 대상인 백제와 신라, 동부여는 고구려의 '속민(屬民)'으로 표현되고 있다. 즉 속민은 조공이란 형식을 통해 맺어지는 국가 간 관계였다. 그리고 '속민-조공'관계로 설정된 고구려 왕과 속민 왕의 관계는 '태왕(太王)-노객(奴客)'의 관계로 표현되는 신속관계이다. 이는 책봉·조공으로 표현되는 중국과 주변 국가가 맺고 있는 신속관계와 유사하다고 볼 수도 있겠다.

　한편 5세기 중반, 혹은 후반에 만들어진 것으로 추정되는 충주고구려비문에서는 광개토왕비문과는 다른 인식을 보여준다. 충주고구려비문에서는 신라를 '동이(東夷)'로 표현하고 있다. 그리고 의복의 하사를 통하여 고구려 태왕(太王)과 신라 매금(寐錦) 사이의 정치적 위상 차이를 확인하고 있다. 이러한 의복의 하사 방식은 중국식 책봉 의례의 일부이지만, 책봉 의례의 핵심인 관작의 책봉이 이루어지지 않는다는 점에서 중국식 책봉과는 전혀 다르다고 하겠다. 당시 고구려가 중화관(中華觀)에 입각한 중국왕조의 책봉·조공 방식을 일정 정도 습용하고 있으면서, 가장 중요한 관작의 책봉 자체는 왜 취하지 않았는지가 의문이며, 이에 대한 답을 찾기도 어렵다. 다만 이러한 측면을 거꾸로 유추해보면, 당시 고구려 왕이 중국으로부터 받은 책봉 관직에 대해 정치적으로 중요한 인식을 갖고 있지 않음을 시사하는 것으로 해석할 수도 있겠다.

　그리고 충주고구려비문의 현재 판독되는 부분에는 '조공'이란 용례가 나타나지 않지만, 비문 내용의 분위기로 보건데, 당시 고구려와 신라 양국 사이를 규정짓는 방식으로 '조공'이란 형식이 설정되어 있었을 가능성이 높다. 그럼에도 충주고구려비문에는 고구려와 신라의 정치적 위상 차이를 인정하고 있지만, 양자 사이에서 신속(臣屬)관계나 군신(君臣)관계를 드러내고 있지는 않다. 이러한 면모는 고구려 태왕과 신라 매금의 "형제같이 상하가 서로 수천(守天)하기를 원한다(願如兄如弟上下相和守天)"라는 문구에서 잘 나타난다. 이렇게 광개토왕비문과 충주고구려비문에 나타나 있는, 고구려와 신라가 맺고 있는 조공관계의 내용에는 차이가 있다. 이처럼 충주고구려비문에 나타난 고구려의 조공관은 광개토왕비문에 보이는 명분적 신속성을 강조하는 조공관과는 거리가 있다고 판단된다.

이러한 조공관의 변화와 차이는 왜 나타나게 되었을까? 두 비문 자료만으로 추정하기는 어렵지만, 대략 다음과 같은 추정이 가능하지 않을까 생각한다. 광개토왕대에는 아직 고구려가 중국왕조와 본격적으로 책봉·조공관계를 맺고 있지 않은 단계였기 때문에, 오히려 전통적인 중국의 조공관을 상당 부분 그대로 수용하여 고구려와 신라의 관계에 적용하였을 것이다. 그런데 이후 고구려가 남북조의 여러 왕조와 책봉·조공관계를 맺으면서, 신속관계를 중시하는 전통적인 조공관이 아니라 고구려 자신의 독자성을 전제로 하는 조공관으로 변화하였을 것이다. 광개토왕비문과 달라진 충주고구려비문의 조공관이 그러한 고구려 측의 인식 변화를 보여주고 있다고 추정한다. 이러한 추정이 옳다면 고구려가 남북조의 여러 왕조와 맺고 있는 조공관계도 고구려의 독자성을 전제로 하는 개념이었다고 볼 수 있다.

## 4. 백제 왕이 책봉·조공을 한 이유

백제는 근초고왕 27년(372)에 동진과 교섭하여 책봉받았는데, 이것이 기록상 처음 등장한 책봉·조공 기사이다. 그후 고구려가 북연을 두고 북위와 대립하면서 436년 이후에 송과의 교섭을 적극화하자, 백제도 송과의 외교 교섭에 나섰다. 하지만 송에 대한 백제의 외교 사행(使行) 빈도는 고구려의 그것에 훨씬 못 미쳤다.

왜 그랬을까? 고구려가 남조 송을 상대로 펼친 외교는 강력한 세력인 북위를 견제하기 위한 외교전략이었다. 따라서 국가 생존전략의 면에서 보아도 백제보다는 훨씬 심각한 위기감을 갖고 남조와의 외교에 집중할 수밖에 없었다. 물론 고구려의 일방적인 입장만이 아니다. 420년 송이 건국 직후에 고구려 왕을 책봉하는 예에서 잘 드러나듯이 남조인 송도 북위를 견제하기 위해 고구려와의 교섭에 적극적으로 나섰다. 북위를 견제한다는 점에서 양국의 외교적 이해관계가 일치하고 있었다.

고구려와 남조 사이에 이루어지는 이러한 교섭의 성격으로 볼 때, 백제가 고구려를 견제하려는 전략으로 남조와 교섭하는 것은 사실상 별소용이 없었다. 왜냐하면 남조의 입장에서는 북위 견제라는 가장 절실한 외교 전략에서 백제보다는 고구려가 훨씬 유용한 파트너이기 때문이다. 백제 역시 이러한 사정을 모를 리 없다. 따라서 백제와 송 사이에서 이루어지는 책봉·조공관계는 대체로 백제에서 신왕(新王)의 즉위 의례의 양상으로 이루어졌다. 이러한 면은 백제가 남조와의 교섭에서 외교전략상 그리 큰 비중을 두지 않았음을 시사한다.

따라서 백제가 남조와 맺고 있는 책봉·조공에 대한 태도는 앞서 살펴본 고구려의 그것과는 달랐다. 그것은 양국이 처한 국제적 환경의 차이에서 비롯되는 것이며, 그 결과 대중 교섭의 실질적 목표와 내용에 있어서 백제의 독자적인 전략을 갖고 있었다. 그러한 독특한 성격의 하나가 바로 중국 황제에게 백제 왕의 신료에 대한 관작 제수를 요청하고 있는 점이다.

백제가 남조에게 백제 왕의 신료에 관작 제수를 요청한 경우로 4회의 사례가 사료에 전하고 있다. 458년에는 개로왕이 자신의 신료 11인에 대한 장군(將軍) 직의 제수를 송에 요청하여 승인받았으며, 490년과 495년에 동성왕은 각각 7인과 8인의 신료에 대한 관작 제수를 남제(南齊)에 요청하여 추인을 받았다.

사실 당시 남북조 국가 내에서도 독자적인 통치권을 위임받은 "사지절·도독제군사호·장군호·자사호"로 구성된 관작을 받은 관료들이 자신이 추천하거나 임용한 속리(屬吏)들을 관할 내의 태수·현령 직에 겸대시키는 관례를 보면, 백제 왕의 이러한 요구가 무리한 것은 아니다. 백제 왕의 자신의 신료들에 대한 관작 제수 요청은 백제 왕이 남조 국가로부터 책봉받은 '사지절 도독백제제군사 진동대장군 백제왕(使持節 都督百濟諸軍事 鎭東大將軍 百濟王)'이란 작위를 전제로 하고 있기 때문이다. 따라서 송과 남제의 입장에서도 백제 왕의 추인 요청을 마다할 이유는 없었다.

이때 백제 왕이 요청한 관작 수여의 대상자들이 대개가 백제 왕족이거나 백제 왕의 측근들이라는 점에서, 이러한 책봉 요청은 백제 왕권의 안정과 연관될 것이다. 더욱 그것이 백제 왕이 사전에 임시로 부여한 관작이 대체로 그대로 인정된다는 점에서, 백제 왕권의 권위를 보장받는 측면이 두드러진다. 그런데 이러한 신료들에 대한 봉작이 중국 황제로 부터 받은 백제 왕의 책봉호에 근거하고 있다면, 백제의 경우에 백제 왕의 책봉호가 갖는 백제 국내에서의 현실적 의미가 고구려와 전혀 달랐을 것이다. 무령왕릉에서 출토된 무령왕 지석에 '영동대장군 백제사마왕(寧東大將軍百濟斯王)'이라고 책봉호를 명시한 것은 백제 왕에게는 남조로부터 받은 책봉호가 중요한 정치적 의미를 갖고 있음을 보여주는 사례이다. 백제가 남조로부터 받은 책봉호를 국내의 정치적 기반으로 활용하는 측면이 백제와 남조가 맺고 있는 책봉관계의 독특한 면모이다.

이상에서 살펴본 바와 같이 남북조와 고구려, 백제가 맺고 있는 책봉·조공관계는 외교 형식상 일정한 보편성을 갖고 있다고 하더라도, 그 구체적인 내용에서는 다양한 층위와 내용으로 구성되어 있음을 알 수 있다. 그것은 책봉국과 피책봉국의 상호관계만이 아니라, 책봉국과 피책봉국 각각이 갖는 서로 다른 전략과 인식에 의해 규정된 결과였다. 책봉이나 조공이 갖는 현실적인 기능도 서로 다르고, 이에 따라 책봉·조공관계에 대한 서로의 인식도 차별적이었다. 그리고 그러한 차별적 인식을 전제로 남북조시대의 책봉·조공이란 외교 형식이 전개되고 있었다. 이러한 과정의 전제이며 결과는 피책봉국(고구려, 백제)의 자립성과 독자성에 대한 중국 남북조 왕조의 용인이었다.


## 5. 수·당의 등장과 책봉·조공관의 충돌

6세기 중반 이후 동아시아에서는 그동안 국제질서 운영의 주인공들이 퇴진하는 변화 양상이 나타나기 시작하였다. 중원왕조의 경우 북위가 분열되면서 결국 북제(北齊)·북주(北周)가 성립하였으며(550년, 557년), 남조에서도 양(梁)에서 진(陳)으로의 왕조 교체가 있었다(556년). 북방 유목 세계에서도 유연이 쇠퇴하여 신흥 돌궐(突厥)로 세력 교체가 이루어졌다(552년). 한반도 안에서도 고구려가 한강 유역을 상실하고 (551년), 뒤이어 신라가 한강 유역을 독차지하면서 삼국 간 역관계의 변화가 일어났다.

뒤를 이어 중국 대륙에서 더욱 급격한 정세 변화가 이어졌다. 북주에 의한 북중국의 통일(575년), 북주에서 수(隋)로의 정권 교체(581년), 수에 의한 남조 진의 병합과 중원왕조의 통일(588년), 수의 멸망과 당의 등장 (618년)이란 일련의 사건들은 새로운 국제질서의 재편을 예고하는 것이었다. 5세기 이래 안정적인 동아시아의 국제질서는 가장 강력한 세력이라 할 수 있는 중원 세력이 남북으로 분열되어 서로 상쟁함으로써 유지될 수 있었다. 그런데 중원 세력이 통일되어 그 강력한 힘이 외부로 뻗쳐나갈 경우, 이제까지의 다원적인 국제질서는 급속히 변동될 수밖에 없었다.

588년 중원의 통일 세력으로서 수의 등장은 지금까지와는 다른 국제질서를 요구하였다. 수가 건국 직후 삼국의 왕에게 부여한 책봉호의 구성을 보면 지금까지의 책봉호와는 달랐다. 고구려 평원왕은 '대장군 요동군공 고려왕(大將軍 遼東郡公 高麗王)', 백제 위덕왕은 '상개부의동삼사 대방군공 백제왕(上開府儀同三司 帶方郡公 百濟王)', 신라 진평왕은 '상개부 낙랑군공 신라왕(上開府 樂浪郡公 新羅王)'을 각각 책봉받았다. 수가 삼국에 수여한 책봉호는 훈관·군공(郡公)·본국왕(本國王)으로 구성되어 있을 뿐, 남북조 시대 내내 책봉호의 구성 요소였던, 군사권의 위상과 범위를 나타내는 지절호·장군호·도독제군사호 등은 보이지 않는다. 고구려 왕의 경우에는 그동안 북위로부터 받았던 동이교위를 받지 못하였다. 동위교위는 고구려의 독자세력권을 상징하는 관작이었다.

더욱 과거 한(漢)대의 동방 군현을 대표하는 요동군, 낙랑군, 대방군의 군공호를 삼국에 동등하게 부여한 사례는 수에서 군공호에 대한 인식이 바뀌었음을 뜻한다. 이러한 새로운 책봉호 구성은 4세기 이래 각국의 현실적 지배력을 상호 인정하던 남북조 시기의 조공·책봉관계의 성격이 변모하게 될 가능성을 시사한다. 그것은 바로 중국 중심의 일원적 국제질서에 대한 추구였다. 하지만 남북조 시기의 책봉·조공관계와는 다른 국가관계를 설정하려는 수의 입장을 고구려와 백제는 쉽게 받아들일 수 없었다. 고구려와 수가 화해할 수 없는 충돌의 길로 들어선 주된 이유였다.

이 시기의 중화 중심의 천하관에 입각하여 수가 고구려를 인식하는 태도는 수 문제(文帝)와 양제(陽帝)의 국서에서 엿볼 수 있다. 수 문제의 국서에는 "(平原)王에게 바다의 한구석을 맡겨 조화(朝化)를 선양하여 각기 자신의 뜻을 이루게 하고자 한다"고 하면서도 고구려가 번신으로의 책무를 다하지 않음을 꾸짖으며, 앞으로도 이를 지키지 않으면 정벌할 것을 경고하고 있다. 이렇게 수 문제 때만 하여도 고구려에게 칭신(稱臣)을 요구하는 데 그쳤다.

그러나 돌궐을 굴복시키고, 서역을 복속시킨 양제 때에는 천하관이 보다 현실성을 띠고 확대되었다. 고구려 정벌 시에 내린 수양제의 국서에서는 "돌아보건데 중국의 땅이 잘리어 오랑캐의 부류가 되었다"라고

하여 침공의 명분으로 "고구려의 경역이 본래는 중국의 군현"이라는 논리를 내세웠다는 점에 유의할 필요가 있다. 즉 고구려의 독자적 세력을 인정하지 않고, 이른바 책봉호에 반영하고 있듯이 고구려 지역에까지 황제 지배체제 내부로 포함하고 있는 것이다. 수 양제의 고구려 정벌은 그런 인식의 산물이었다.

이 같은 중화 중심의 천하 질서를 확대하려는 노력은 수의 뒤를 이어 중국의 통일제국으로 등장한 당(唐)대에도 그대로 현실화되었다. 물론 당의 건국 초기에는 돌궐과의 대결이 급박하였기 때문에 고구려와의 관계를 악화시키지 않기 위해 고구려의 독자적 세력권을 인정할 수밖에 없었다. 당시 당이 고구려의 독자적 세력권을 인정한 면은, "명분과 실제 사이에는 모름지기 이치가 서로 부응하여야 되는 법이다. 고구려가 수에 칭신하였으나 결국 양제에게 거역하였으니 그것이 무슨 신하이겠는가. (중략) 어찌 칭신하도록 하여 내 스스로 존대함을 자처하겠는가?"라는 당 고조(高祖)의 말이 잘 보여주고 있다.

그 뒤 당은 629년에 동돌궐을 정벌하여 복속시켰고, 이어서 634년 토욕혼에 대한 대규모 정벌로 이를 멸하고, 640년에는 고창국을 정복하여 서역에 대한 지배력을 완전하게 확보하게 되었다. 641년에는 돌궐을 대신하여 서북방의 위협으로 떠오른 설연타(薛延陀)마저 정벌하였다. 이와같이 서방과 북방을 안정시킨 당은 고구려에 대한 태도를 바꾸어 강경한 태도를 취하였고, 이제 고구려 정벌을 위한 명분을 찾는 일만 남았다.

당은 645년 고구려 정벌을 위해 백제나 신라에게도 고구려를 공격하라는 국서를 보냈는데, 그 내용을 보면 삼국의 영역을 '삼한지역(三韓之城)과 오군지경(五郡之境)'으로 대별하고 있어 주목된다. '삼한(三韓)'은 백제와 신라를 지칭하고 있으며, '오군(五郡)'은 고구려가 본래 중국 군현이었다고 주장할 때 사용하던 '사군(四郡)'에 요동군을 합친 표현이다. 즉 고구려만 본래 중국의 군현 지역이고, 백제나 신라는 삼한의 후예로서 중국과 무관하다는 것이다.[7] 이러한 관념은 수 양제 때의 '군현회복론'과 마찬가지 논리를 갖는다.

이렇게 수와 당이 책봉·조공의 형식을 통하여 관철하려는 세계질서는 기존에 고구려나 백제가 갖고 있던 책봉·조공관과는 현저히 달랐다. 여기서 이념적으로 고구려와 수·당의 정면 충돌이 예상된다.

그런데 남북조 시기의 책봉·조공질서에 본격적으로 참여하지 못하였던 신라의 경우는 고구려나 백제와는 다른 인식을 갖고 있었다. 신라는 진흥왕이 565년에 북제로부터 '사지절 동이교위 낙랑군공 신라왕(使持節 東夷校尉 樂浪郡公 新羅王)'으로 책봉된 것이 중원왕조로부터의 첫 책봉이었다. 따라서 신라는 고구려, 백제와는 달리 남북조 시기에 본격적인 책봉·조공제에 대한 경험을 갖지 못하였고, 따라서 기왕의 조공·책봉관계에 대한 독자의 전략이나 인식이 결여되어 있었다. 이러한 점이 신라가 수나 당이 요구하는 중국 중심의 일원적 책봉·조공관이나 국제질서를 손쉽게 받아들이는 배경이 되었을 것이다.

삼국은 각자가 갖고 있는 책봉·조공관이나 책봉·조공관계를 유지해 온 역사적 경험이 다르기 때문에 수와 당의 새로운 책봉·조공관계에 대한 요구에도 서로 다른 대응책을 취했던 것이다. 이 점이 고구려와 백제

---

7 여호규, 「책봉호 수수(授受)를 통해본 수·당의 동방정책과 삼국의 대응」, 『역사와현실』 61, 2006.

는 끝내 당과 대립하다가 전쟁으로 패망하고, 반대로 신라는 당과 군사 동맹을 맺고 중화적 질서를 수용하면서 한반도의 통일국가로 유지되어 간 이유의 하나였다. 국가 간 대외관계나 국제질서를 운영하는 배경에 는 단순히 역관계만이 아니라 각국이 갖고 있는 상대국에 대한 기억 또 는 국제질서에 대한 역사적 기억이 중요 요소임을 보여주는 사례이다.

# 2장

# 7세기 국제정세 변동과
# 고구려의 외교적 선택

**여호규**

서울대학교 국사학과와 동 대학원 졸업(문학박사). 국방군사연구소 연구원을 거쳐 현재 한국외국어대학교 사학과 교수로 있다. 고구려사를 중심으로 고대 국제관계사와 공간사를 연구하고 있으며, 쓴 책으로는 『고구려 초기 정치사 연구』 『한국 고대국가와 중국왕조의 조공책봉관계』(공저) 등이 있다.

## 1. 머리말

7세기는 동아시아 국제질서의 패러다임이 바뀐 대전환기였다. 가령 4~6세기 동아시아 국제질서는 다원적인 양상을 띠었다. 중원 대륙은 여러 왕조로 분열된 반면, 그 주변에서는 막강한 국력을 갖추고 독자세력권을 구축한 나라들이 등장했다. 고구려도 만주와 한반도 일대에서 영역을 크게 확장하고 독자세력권을 구축했는데, 중원왕조와의 조공·책봉관계를 활용해 독자세력권을 국제적으로 공인받기도 했다.

그런데 6세기 말 이후 수와 당이 잇따라 통일제국을 건설한 다음, 중원왕조 중심의 일원적 국제질서를 구축하려 했다. 수와 당은 이를 구현하기 위해 이간책과 군사정벌을 병행하며 주변국을 압박하거나 괴멸시켜 나갔다. 4~6세기와 근본적으로 다른 국제질서가 조성된 것인데, 다원적 국제질서를 바탕으로 독자세력권을 구축했던 고구려로서는 이를 받아들이기 쉽지 않았을 것이다. 무엇보다 수·당이 추진했던 중원왕조 중심의 일원적 국제질서를 그대로 용인하기 힘들었을 것이다.

그렇다면 고구려인들은 수·당 등장 이후 새롭게 전개된 국제정세를 어떻게 인식했을까? 시시각각 변모하는 국제정세 속에서 어떠한 외교적 선택을 했을까? 관련 자료가 충분치 않아 이러한 궁금증을 모두 풀기는 쉽지 않다. 다만 각 시기별 국제정세의 전개 양상을 고려하면서 고구려와 수·당이 충돌한 외교적 사안을 다각도로 검토한다면, 이러한 궁금증을 풀 실마리를 확보할 수 있을 지도 모른다.

이러한 검토 과정에서 고구려가 독자세력권을 구축했던 종전의 외교적 경험이 어떠한 영향을 미쳤는지에 대해 유의하고자 한다. 종전의 외교적 경험이 7세기 이후의 국제인식에 영향을 미쳤다면, 고구려의 대외인식과 급변하는 국제정세 사이에는 상당한 간극(間隙)이 존재했고, 이는 외교적 선택에도 상당한 영향을 미쳤을 것이기 때문이다. 이와 관련해 당시 고구려가 중원왕조와 맺었던 외교 형식인 조공·책봉관계의 성격을 정확하게 이해할 필요가 있다.

근대 국제관계에서는 각 국가의 주권은 상호 대등하다고 상정된다. 이에 비해 전근대의 조공·책봉관계는 기본적으로 책봉국의 중심성을 전제로 성립하므로 각국의 국가적 위상은 차등적인 것으로 설정된다. 다만 조공국도 독립국으로서 정치적 자립성을 지닌 존재로 상정된다. 조공·책봉관계를 굳이 근대적 용어로 풀이하자면, 책봉국의 중심성과 조공국의 독자성을 상호 인정하는 차등적 외교관계라 할 수 있다.

그런데 책봉국의 중심성과 조공국의 독자성은 고정 불변한 것이 아니라, 국제질서 변동에 따라 그 진폭이 변모한다. 가령 중원왕조 중심의 일원적 국제질서가 구축된 시기에는 책봉국의 중심성이 극대화되지만, 중원 대륙의 분열 등으로 인해 다원적 국제질서가 전개되면 주변국의 독자성이 크게 확장된다. 5세기 후반 고구려는 북위와 조공·책봉관계를 맺었지만, 오히려 이를 활용해 부여와 신라를 강하게 예속시킨 사실을 인정받았는데, 이는 주변국의 독자성이 극대화된 사례라 할 수 있다.

이처럼 국제질서 변동에 따라 책봉국의 중심성과 조공국의 독자성도 끊임없이 변모했으므로 각 국가의 대외인식과 변화하는 국제정세 사이에는 상당한 간극이 발생할 수도 있다. 특히 국제질서 전환기에는 종전의 외교적 경험을 바탕으로 새롭게 변모하는 국제정세를 인식할 가능성이 높으므로 이러한 간극은 더욱 크게 벌어질 수 있고, 이는 외교정책 수립에도 상당한 영향을 미칠 가능성이 있다. 이 글에서 다룰 7세기는 국제질서의 대전환기라는 점에서 이러한 가능성이 더욱 높다. 7세기 고구려인의 대외인식과 급변하는 국제정세 사이의 간극에 주목하려는 이유가 바로 여기에 있다.

## 2. 말갈·거란을 둘러싼 수와의 외교적 충돌

5~6세기 전반 동아시아 국제정세는 중원 대륙의 북위와 남조, 몽골 초원의 유연, 동방의 고구려와 서방의 토욕혼 등이 팽팽한 힘의 균형을 이루었다. 이러한 균형은 6세기 중반에 접어들면서 균열되기 시작했다. 북중국에서는 북위가 동·서위로 분열되었다가 북제와 북주의 건국으로 이어졌다. 몽골 초원에서는 돌궐이 유연을 멸망시키고 흥기해 몽골 초원과 중앙아시아를 아우른 거대한 유목제국을 건설했다.

한반도 남쪽에서도 신라와 백제가 군사동맹을 강화하며 북상할 채비를 마무리했다. 동아시아 곳곳에서 새로운 정세가 조성되었지만, 고구려는 귀족세력의 내분으로 인해 적절하게 대응하기 힘든 상황이었다. 이로 인해 고구려는 나제연합군의 공격을 받아 한강 유역을 상실했을 뿐 아니라, 돌궐이 대흥안령산맥을 넘어 거란을[1] 격파하고 말갈에까지[2] 손길을 뻗침에 따라 서북방 방면에 대한 영향력이 크게 위축되었다.

고구려로서는 반전의 계기가 필요했는데, 580년대에 접어들면서 절호의 기회가 찾아왔다. 당시 중원 대륙의 정세는 긴박하게 전개되었다. 북주가 치열한 공방전 끝에 북제를 멸망시키고(577년) 북중국을 통일하는가 싶더니, 얼마 지나지 않아 수(隋)에 의해 멸망했다(581년). 수는 건국하자마자 명맥만 유지하던 남중국의 진을 병합하기에 앞서 돌궐을 공략해 배후의 위험 요소부터 제거하려 했다. 수는 이간책을 써서 돌궐을 분열시키는 한편, 군사 정벌에 나섰다. 수의 공세를 이기지 못한 동돌궐의 사발략가한이 항복함에 따라 수가 돌궐에 대해 우세를 점하기 시작했다(585년).

수의 공격에 따른 돌궐의 약화는 고구려에 새로운 기회를 제공했다. 고구려 서북방에서 돌궐의 영향력은 쇠퇴한 반면, 아직 수의 지배권은 확립되지 않았기 때문이다. 물론 고구려가 서북방으로 진출하기로 결심한다면, 돌궐이나 수와의 관계 악화는 감수해야 할 것이다. 그렇지만 돌궐과는 이미 6세기 중반 이래 말갈과 거란을 둘러싸고 여러 차례 대결한 바 있다. 또한 수가 중원 대륙을 재통일할 여건을 갖추어갔지만, 여전히 돌궐과 진이 수의 남북에 버티고 있었다. 고구려가 서북방으로 진출

---

1  거란은 선비족 계통으로 서요하 유역에 거주했는데, 일찍이 395년에 광개토왕이 정복한 바 있고, 5세기 후반 이래 일부 세력이 고구려에 복속된 상태였다.
2  말갈은 동만주에 거주하던 읍루의 후예로 5세기 후반 이래 고구려의 북방과 동방 지역으로 대거 이주했다. 이 가운데 북류 송화강 유역의 속말말갈과 백두산 동북방의 백산말갈이 고구려와 밀접한 관계를 맺었다.

한다고 수가 곧바로 공격하기는 쉽지 않았다. 고구려로서는 망설일 이유가 없었다.

고구려는 수에 대한 사신 파견을 중단하는 한편(584년 3월), 진과 통교하면서 수를 견제했다. 그러고는 서북방으로의 세력 확장을 추진했다. 이때 고구려는 수의 이해관계 및 말갈과 거란의 상황을 다각도로 고려하며 전략을 구사했다. 가령, 거란의 경우 수의 영향력이 상당히 미치고 있었기 때문에 군사작전을 감행한다면 거란의 반발만 사고 수와의 정면대결을 앞당길 수 있었다. 이에 고구려는 거란에 대해 휘하세력의 이탈을 방지하는 '고금(固禁)' 정책을 구사하며 수와의 연계를 차단하는 데 주력했다.

반면 말갈의 경우 수의 영향력이 거의 미치지 않은 상태였다. 이에 고구려는 돌궐의 약화로 힘의 공백 상태가 초래된 말갈에 대해 군사작전을 대대적으로 감행했다. 이 과정에서 속말말갈의 일파인 돌지계 집단 등이 수로 이탈하기도 했지만, 속말말갈을 다시 강하게 예속시킬 수 있었다. 고구려는 이를 바탕으로 멀리 남실위에 철을 수출하며 대흥안령산맥 방면에 대한 영향력도 강화했다.

이처럼 고구려는 수의 돌궐 공략을 틈타 수와의 외교관계를 중단하는 과감한 외교적 선택을 단행한 다음, 서북방으로 진출하는 대외정책을 추진했다. 물론 이러한 대외정책을 장기간 추진하기는 힘들었다. 돌궐세력의 약화는 수가 중원 대륙을 재통일할 여건이 성숙되었음을 의미하기 때문이다. 실제 수는 돌궐을 굴복시킨 여세를 몰아 589년에 진을 멸망시키고 중원 대륙을 재통일했다.

고구려 평원왕은 진의 멸망 소식을 듣고 "크게 두려워하며 군대를 정비하고 군량미를 비축해 방어계책을 삼았다"고 한다. 티벳 고원에 자리한 토욕혼의 과려가한도 "멀리 달아나 험요한 곳을 지켰다"고 한다. 고구려나 토욕혼 모두 수의 중원 대륙 재통일이 가져올 엄청난 후폭풍을 예견했던 것이다. 특히 고구려가 군사방어 태세를 정비한 것으로 보아 수의 공격이 임박했다고 판단한 것으로 짐작된다. 이는 중원왕조 중심의 일원적 국제질서를 구축하려는 수의 대외정책을 고구려가 간파하고 있었음을 뜻한다.

그런데 고구려의 예상과 달리 수는 비교적 온건한 외교정책을 구사했다. 수 문제가 외교문서를 보내 "고구려가 거란이나 말갈로 세력을 확장한 것은 자신이 제대로 훈도(訓導)하지 않아 발생한 것이니 더 이상 문제 삼지 않겠다면서 앞으로 제3국을 범하지 말라"고 주문했다. 고구려가 종전처럼 제3국을 예속시키는 것을 더 이상 용인하지 않고 고구려의 독자성을 고구려 영역 내부로 한정하겠다는 것이었지만, 고구려로서는 타협의 여지가 있는 주문이었다. 특히 '제3국을 범하지 말라'는 수의 요구만 들어준다면, 종전세력권을 유지할 수도 있을 것 같았다.

이에 고구려는 수와의 외교관계를 정상화하고, 휘하의 말갈이 수에 사신을 파견할 수 있도록 했다. '제3국을 범하지 말라'는 수의 요구에 화답한 것이다. 이로써 고구려와 수의 갈등이 해소된 것처럼 보였지만, 이는 형식적인 외교관계에 불과했다. 수는 590년경 요서에 영주총관부를 설치한 다음, 거란뿐 아니라 대흥안령산맥 일대의 해, 습, 실위[3] 등에 대

---

3  해는 서요하 상류 지역, 습은 서요하 북쪽의 대흥안령 산맥 동남쪽, 실위는 눈강 일대에 거주하던 족속이다.

내일을 읽는 한·중관계사

한 영향력을 강화했다. 나아가 말갈에 대한 고구려의 지배권마저 위협하고, 고구려의 몽골초원 교섭로인 돌궐의 동방지역에까지 손길을 뻗었다.

고구려는 수와의 외교관계를 정상화하면서 종전세력권을 유지할 수 있을 것으로 기대했는데, 이와 정반대 상황이 전개된 것이다. 무엇보다 휘하의 말갈이 수에 사신 파견하는 것을 계속 허용한다면, 수의 영향력 아래 포섭될 수도 있었다. 이에 고구려는 말갈이 수에 사신 파견하는 것부터 중단시켰다. '제3국을 범하지 말라'는 수의 요구를 거절한 것이다. 결국 양국의 형식적인 우호관계가 깨진 것인데, 그 이유는 양국이 추구하던 국제질서가 근본적으로 달랐기 때문이다.

가령, 고구려는 말갈과 거란에 대한 영향력을 회복해 종전의 다원적 국제질서를 유지하려 한 반면, 수는 고구려 등이 제3국을 예속시키는 것을 원천적으로 차단한 다음, 자국 중심의 일원적 국제질서를 구축하려 했다. 고구려가 종전처럼 휘하에 예속국을 거느리며 조공국의 독자성을 최대한 확장하려 했다면, 수는 고구려의 독자성을 극도로 제한하며 책봉국의 중심성을 극대화하려 했던 것이다. 이처럼 양국이 추구하는 국제질서가 상이한 상황에서 고구려가 형식적인 외교적 조치만으로 수의 압박을 무력화시키기는 쉽지 않았다. 고구려는 수에 사신을 보내 외교적 타협책을 모색하는 한편, 수의 내부 정황을 정탐했다(597년). 이를 통해 고구려는 외교관계의 개선만으로는 위기를 타개할 수 없다고 판단하고, 말갈병 1만을 동원하여 요서 지역을 선제 공격했다(598년).

고구려가 휘하의 말갈족으로 구성된 소규모 부대를 동원해 수의 의중을 파악하기 위한 탐색전에 나선 것이다. 그런데 수는 기다렸다는 듯이 영양왕의 책봉호를 폐지해 고구려와의 외교관계 자체를 중단하는 한편, 30만 대군을 동원하여 고구려 정벌에 나섰다. 수군은 장마와 전염병을 만나 요하를 건너지 못하고 퇴각했지만, 언제든지 대병력을 동원해 정벌하겠다는 의중을 명확하게 드러냈다. 양국은 외교사절을 주고받으며 형식적으로는 외교관계를 복원했지만, 군사적 충돌까지 벌인 양국이 정상적인 외교관계를 지속하기는 쉽지 않았다.

## 3. 고구려의 남진정책 재개와 그 영향

이 무렵, 북방의 돌궐 세력은 더욱 약화되었다. 동돌궐은 도람가한과 돌리가한으로 분열되고, 서돌궐은 달두가한이 다스리고 있었다. 599년 수나라 국경 부근의 장성 일대로 근거지를 옮긴 돌리가한은 도람가한과 달두가한의 협공을 받자 수에 도움을 요청했다. 이에 수는 돌리가한에게 계민가한(啓民可汗)이라는 중국식 칭호를 내려준 다음, 계민가한을 이용해 도람가한을 괴멸시키고, 서돌궐을 지속적으로 공략했다.

603년경 마침내 서돌궐 세력이 괴멸되고, 달두가한은 토욕혼으로 피신했다. 돌궐에 대한 수의 영향력이 더욱 강화된 반면, 돌궐 방면에서 새로운 상황이 전개될 가능성은 희박해진 것이다. 고구려가 서북 방면으로 세력을 확장한다거나 다른 세력과 연합을 도모하는 것이 더욱 힘들어진 것이다. 반면 고구려에 대한 수의 압박은 더욱 거세어졌다. 고구려가 수와의 외교관계에서 다시 한 번 중대한 선택의 갈림길에 놓인 것이다.

선택의 갈림길에서 고구려인들은 수와의 관계부터 되돌아보았을 것이다. 또한 거대한 유목제국이었던 돌궐이 어떻게 괴멸되었는지도 살폈

내일을 읽는 한·중관계사

을 것이다. 이러한 상황만 놓고 본다면 수에 굴복하든가 아니면 정면 대결하든가, 두 가지 외에는 다른 방안이 보이지 않았을 것이다. 수에 굴복하는 길을 선택한다면, 돌궐처럼 괴멸당할 위험성이 높았다. 결국 남은 길은 수와 정면으로 대결하는 수밖에 없었다.

고구려가 수와 정면 대결하려면 그에 맞설 역량을 갖추어야 했다. 이러한 역량은 세력 확장이나 주변국과의 연대를 통해 확보할 수 있었다. 다만 앞서 본 것처럼 서북방이나 몽골 초원 방면에서 연대할 파트너를 찾거나 세력 확장을 도모하기는 힘든 상황이었다. 고구려인들의 시선은 자연스럽게 남쪽을 향했다. 당시 고구려는 남쪽으로 신라와 국경을 접하고 있었는데, 6세기 중반 나제연합군의 북상을 저지하기 위해 신라와 밀약을 맺은 이래 50여 년간 휴전 상태였다.

신라와의 연대냐 공격이냐를 놓고, 고구려는 군사 공격을 선택했다. 사실 고구려는 6세기 중반 신라와 밀약을 맺으며 원산만 일대를 양도한 적이 있었다. 이로 보아 신라에 연대를 요청한다면 무언가 반대급부를 요구할 텐데, 또다시 영토를 양도해줄 수도 없는 상황이었다. 이에 고구려는 군사 공격을 통해 한강 유역을 수복하고, 이를 바탕으로 종전의 독자세력권을 회복하는 외교적 선택을 단행했다.

고구려는 603년 신라의 북한산성(서울 아차산성)을 기습 공격하며 남진정책을 재개했다. 607년에는 해로를 통해 백제의 송산성과 석두성을 공격하는 한편, 608년에는 신라의 북쪽 국경을 급습했다. 고구려가 남진정책을 재추진함에 따라 삼국의 각축전이 다시 치열해졌다. 중원 대륙과 북방 초원의 정세 변화가 고구려를 거쳐 한반도 중남부까지 미치며 동아시아 전체를 변화의 소용돌이로 몰아넣었는데, 이러한 소용돌이는 수 양제의 즉위와 함께 더욱 거대한 태풍으로 돌변했다.

양제는 "하늘에 태양이 한 개 있어야 만물이 평안하게 생장할 수 있다"며 수가 천하의 유일한 중심국임을 선언했다. 그러고는 주변국을 대대적으로 정벌하는 사이주토(四夷誅討) 정책을 추진했다. 양제가 주변국의 독자성 자체를 전면 부정하며 대대적인 군사정벌에 나선 것이다. 물론 양제의 강경한 대외정책은 돌궐이 괴멸되었기 때문에 가능했다. 북방 초원의 거대한 유목제국이 사라짐에 따라 수가 배후의 공격 위험을 염려하지 않고, 주변국을 정벌하는 데 군사력을 집중할 수 있었던 것이다.

양제는 605년 남쪽의 임읍과 요서의 거란을 필두로 주변국을 본격적으로 정벌했다. 607년에는 계민가한의 아장(牙帳)을 방문해 돌궐의 변심 가능성을 차단했다. 이때 수는 계민가한으로 하여금 여러 족속의 추장을 불러들이게 하여 수의 위엄을 과시했다. 이때 고구려도 주변 정세와 수의 의중을 파악하기 위해 사신을 보냈는데, 양제는 고구려 사신을 발견하고는 "너희 왕이 수를 방문해 알현하지 않으면 정벌할 것이다"며 협박했다. 고구려가 굴복하지 않는 한, 반드시 정벌하겠다고 강력한 경고를 던진 것이다.

수 양제는 609년 티벳 고원의 토욕혼을 괴멸시켰다. 고구려를 제외하면 수에 맞설 만한 강력한 국가가 거의 모두 사라진 것이다. 수의 고구려 정벌이 임박한 것인데, 고구려의 압박을 받던 신라나 백제도 이러한 상황을 간파하고 있었다. 백제나 신라가 607년과 608년에 잇따라 수에 고구려 정벌을 요청한 사실은 이를 잘 보여준다. 이로써 삼국의 각축전은 서서히 동아시아 국제전으로 비화하기 시작했다.

수는 토욕혼을 괴멸시킨 다음, 고구려 정벌에 본격 착수했다. 수는 양쯔강에서 황하를 거쳐 탁군[베이징]에 이르는 대운하를 완공한 다음(605~610년), 이를 이용해 남중국의 풍부한 물자를 고구려 정벌을 위한 군수품으로 운송했다. 그런 다음 "고구려는 본래 중국왕조의 땅[군현]이었다"며 고구려의 독자성 자체를 부정하며 전투병 113만, 보급병 200만이라는 대군을 동원해 고구려 정벌에 나섰다(612년). 이때 수는 서돌궐의 처라가한과 고창왕 국백아를 종군시키고, 속말말갈 출신의 돌지계 집단도 동원했다. 수가 예속시킨 주변국이나 족속을 최대한 동원해 외형상 국제연합군의 면모를 갖춘 것이다.

당시 고구려는 산성 중심의 방어체계를 바탕으로 들판에 곡식 한 톨 남기지 않고 성곽에 입보하는 청야수성전과 유인전술을 구사했다. 수는 이러한 고구려의 방어체계나 전략전술을 제대로 파악하지 못하고, 요동성을 여러 달 공격하다가 여의치 않자 별동대를 편성해 평양성으로 곧바로 진격했다. 이에 고구려는 유인작전을 구사해 수군을 평양성까지 끌어들인 다음, 퇴각하는 수의 별동대를 살수[청천강]에서 대파했다.

고구려가 전통적인 방어체계와 전략전술을 활용해 수군을 대파한 것이다. 그렇지만 수 양제는 천하 제패의 야망을 포기하지 못하고, 613년과 614년에도 고구려 정벌에 나섰다. 그때마다 수는 똑같은 전술을 구사하다가 별다른 전과를 거두지 못했다. 수가 돌궐이나 토욕혼과는 전혀 다른 고구려의 방어체계나 전략전술을 파악하지 못한 채, 무리하게 정벌을 추진하다가 국력만 낭비하고 멸망의 길을 재촉한 것이다.

수는 고구려 원정에 앞서 백제와 신라에 사신을 파견해 고구려를 협공할 방안을 모의하기도 했는데, 양국이 수에 협조한 흔적은 확인되지 않는다. 신라의 경우, 611년 백제에게 가잠성을 빼앗긴 탓인지 별다른 움직임을 보이지 않았다. 백제는 말로만 수를 돕는다고 하면서 실제로는 고구려와 내통하는 이중적 태도를 취했다. 수가 신라나 백제를 활용해 고구려 원정에 유리한 정세를 조성하려 했지만, 구체적인 전략의 부재로 별다른 성과를 거두지 못했던 것이다.


## 4. 당의 강·온 양면전략에 맞선 고구려의 대응책

고구려 원정의 후유증을 극복하지 못한 수는 마침내 중원 대륙 거의 전역이 농민란에 휩싸인 가운데 멸망했다. 618년 당이 건국했지만, 중원 대륙은 여러 할거세력에 의해 분점된 상태였다. 반면 북방 초원과 티벳 고원에서는 동돌궐과 토욕혼 등이 다시 흥기했다. 북중국의 할거세력들이 동돌궐의 도움을 받기 위해 앞 다투어 신속할 정도였는데, 당을 건국한 이연(李淵)도 장안으로 입성할 때 동돌궐로부터 기병을 제공받았다.

수의 멸망 이후 중원왕조와 주변국의 관계가 역전된 것이다. 당으로서는 각지의 할거세력을 제압해 중원 대륙을 재통합하는 것이 급선무였기 때문에 주변국에 대해 강경한 대외정책을 펴기 힘들었다. 이에 당 고조 이연은 고구려 영류왕에게 "고구려가 요하의 동쪽을 장악한 사실을 인정한다며 각자 영토를 보전하자"고 제안했다(622년). 수 양제와 달리 당 고조가 고구려의 독자성을 존중하며 화친정책을 추진했던 것이다.

고구려의 입장에서 본다면, 외교활동을 다각도로 전개할 국제환경이 조성된 것이다. 이에 고구려는 당과 자주 교섭하며, 당이 영류왕을 책봉하면서 도교를 전해주자 도사의 강론을 경청했다(624년). 이듬해에는 당에 불교와 함께 도교의 교법을 배우기를 청하며 유화책으로 화답했다. 이 무렵 고구려는 요서의 거란이나 몽골초원의 돌궐과도 활발하게 교섭했을 텐데, 관련 자료가 없어 구체적인 양상을 알기는 힘들다.

또한 고구려는 남진정책을 강하게 추진하며 백제나 신라가 당과 교섭하는 것을 방해했다. 이로 인해 삼국의 각축전이 더욱 치열해졌는데, 고구려와 백제가 신라를 협공하는 양상을 띠었다. 이에 당은 삼국이 모두 자신의 책봉을 받았으니 '신라를 공격하지 말라'고 요구했다. 고구려나 백제는 겉으로는 당의 권유에 따르겠다고 하면서, 실제로는 신라를 거세게 공격했다. 당이 조공·책봉관계를 명분삼아 삼국의 역관계에 개입하려 했지만, 고구려나 백제가 당의 요구를 받아들이지 않은 것이다. 이는 조공·책봉관계에 대한 인식이 달랐기 때문인데, 고구려나 백제는 조공·책봉관계를 당과 외교관계를 맺고 국제질서에 참여하기 위한 수단으로 인식했던 것이다.

이러한 상황은 당이 628년 중원 대륙을 재통합하면서 변모하기 시작했다. 당이 온건책에서 적극적인 대외정책으로 전환하기 시작한 것이다. 다만 당 태종은 무모하게 정복전쟁을 추진했던 수 양제와 달리, 화친정책과 군사 공격을 병행하며 주변국을 각개 격파하는 전략을 구사했다. 당은 먼저 북중국의 할거세력을 지원하며 당에 적대적 태도를 취했던 동돌궐 격파에 나섰는데, 이간책을 통해 주변세력을 이탈시킨 다음, 내분에 빠진 동돌궐을 공격해 궤멸시켰다(630년).

동돌궐이 격파되자 거란, 해, 습, 실위 등이 잇따라 당에 항복했다. 고구려인들은 또다시 위기가 몰려오고 있음을 직감했다. 다만 당의 침공 위협이 현실화되지 않았으므로 여러 가능성에 대비할 필요가 있었다. 고구려는 당에 동돌궐 정벌을 축하하는 사절을 파견하는 한편, 고구려 영역을 표시한 지도[封域圖]를 보냈다. 당과의 우호관계를 지속하고 싶다는 의사를 전달하며, 고구려 영역을 보장해줄 것을 요청한 것이다. 이와 함께 서북방 국경지대에 천리장성을 축조해 당의 군사 침공에도 대비했다(631년).

고구려가 외교적 유화책과 군사 방어책을 동시에 추진한 것인데, 당은 뜻밖의 조치를 취했다. 고구려가 수와의 전쟁이 끝난 다음 수군의 시신을 모아 경관(京觀)이라는 전승기념탑을 건립했는데, 이를 파괴한 것이다. 당이 고구려에게 수군을 격퇴한 사실을 더 이상 상기하지 말고, 당에 대항할 생각을 하지 말라는 경고를 보낸 것이다. 다만 당은 630년대에는 몽골 초원과 서역 방면에 집중하느라 고구려를 공격하기 힘들었다.

당의 침공 위협이 가시화되지 않은 불투명한 상황이 상당 기간 지속된 것이다. 고구려로서는 외교적 유화책과 군사 강경책을 놓고 저울질할 수밖에 없었을 것이다. 고구려가 다시 중대한 선택의 기로에 선 것이다. 그리하여 고구려 귀족세력은 정치적 이해관계나 외교정책 선호도에 따라 점차 대당 온건파와 강경파로 나뉘어졌다.

당의 침공 위협이 가시화되는 데는 10여 년이 걸렸다. 당은 635년 토욕혼을 괴멸시킨 다음, 북방 초원이나 서역 일대에 대해 당 중심의 일원적 국제질서를 강요했다. 이에 서역의 관문에 위치한 고창국이 위협을 느끼고 서돌궐과 연계하자, 당은 자국의 병력과 함께 동돌궐·설필족의 기병을 동원해 멸망시켰다(640년). 또한 몽골 초원에서 새롭게 흥기한 설연타가 여러 족속을 거느리고 당을 침공하자, 이를 대파했다(641년).

이로써 당에 대적할 만한 세력은 거의 모두 격파되었다. 당이 고구려만 제압한다면 명실상부하게 당 중심의 일원적 국제질서를 구축할 수 있는 상황이 도래한 것이다. 고구려는 이러한 당의 정세 변화를 탐지하고, 고창국 멸망 직전인 640년 2월에 태자 환권을 사신으로 파견했다. 고구려는 당의 국자감에 왕자를 입학시키겠다며 당과의 화친을 모색하는 한편, 당의 의중을 탐색했다.

이에 대해 당 태종은 확답을 피한 채, 군사 정보를 총괄하던 진대덕을 고구려에 파견해 고창국 멸망 소식을 전했다(641년). 당이 정벌 가능성을 내비치며 고구려의 동향 파악에 나선 것이다. 이러한 당의 행동은 대당정책을 둘러싼 귀족세력의 갈등을 더욱 증폭시켰을 것이다. 이에 따라 고구려 귀족세력들도 정치적 입장에 따라 이합집산을 거듭하며 분주하게 움직였을 것이다. 최고 실권자였던 대대로(大對盧)가 진대덕의 숙소를 세 차례나 방문했다고 하는데, 모종의 비밀 접촉을 시도했을 가능성이 높다.

사실 당의 방침은 진대덕을 파견할 때 이미 정해져 있었다. 진대덕은 고구려 각지를 돌아다니며 자연지세와 군사시설을 염탐했는데, 수의 전철을 밟지 않기 위해 고구려의 방어체계를 치밀하게 파악한 것이다. 이로써 주변 여건만 충분히 성숙된다면, 당이 고구려 원정에 나설 것은 거의 명확해졌다. 진대덕의 보고를 청취한 당 태종이 "고구려는 본래 중국의 군현이었다"며 고조와 달리 고구려의 독자성 자체를 부정하며 원정 의사를 내비친 것은 이를 잘 보여준다.

고구려도 진대덕의 방문을 통해 당의 의중을 명확하게 파악했을 것이다. 당의 군사적 침공이 현실화된다면 누가 가장 큰 정치적 피해를 입을까? 역시 대당 강경파보다는 온건파가 더 큰 타격을 받을 것이다. 전쟁이라는 극단적 상황에서 외교적 협상을 강조하는 온건파의 입지는 좁아질 수밖에 없기 때문이다. 이에 대당 온건파로 분류되는 영류왕과 측근세력이 먼저 움직였다. 연개소문을 천리장성 축조 책임자로 임명해 중앙정계에서 몰아내려고 시도한 것이다(642년 1월).

연개소문도 자구책을 강구하지 않을 수 없었다. 연개소문은 장성 축조 책임자로 떠나기에 앞서 열병식을 거행한다며 귀족세력을 초청한 다음, 반대파 귀족을 몰살했다. 그런 다음 왕궁으로 진입해 영류왕을 시해하고, 보장왕을 옹립했다(642년 9월). 연개소문이 쿠데타를 통해 실권을 장악한 것이다. 다만 연개소문은 쿠데타를 통해 권력을 장악했기 때문에 외교정책을 탄력적으로 구사하기가 쉽지 않았다.

가령, 당 태종은 고구려 원정의 명분만 찾고 있었다. 이러한 당 태종에게 영류왕을 살해한 연개소문의 쿠데타는 더없이 좋은 명분을 제공했다. 연개소문이 이를 눈치채고 당 태종에게 백금을 받치며 숙위하겠다고 제안했지만, 태종은 모두 거절했다. 고구려 원정의 명분을 확보한 태종으로서는 연개소문의 제안을 받아들일 이유가 없었던 것이다. 연개소문은 본인의 의지와 관계없이 대당강경책을 선택할 수밖에 없었다.

이러한 점은 신라와의 관계에서도 잘 드러난다. 642년 여름 신라는 백제에게 서쪽 40여 성을 빼앗기고 대야성(경남 합천)까지 함락당했다. 위기에 몰린 신라가 김춘추를 고구려에 파견해 도움을 요청했다(642년 겨울). 고구려가 신라와 연대할 좋은 기회를 맞은 것이다. 만약 이러한 선택을 했다면 고구려는 남쪽 국경을 안정시키고 서북방에 군사력을 집중해 당의 침공을 더욱 효과적으로 방어할 수도 있었을 것이다.

그렇지만 쿠데타를 통해 막 권력을 장악한 연개소문으로서는 가시적인 성과를 거두는 것이 더 중요했다. 연개소문은 김춘추에게 "고구려 옛 땅인 한강 유역을 돌려주면 도와주겠다"며 역으로 제안했다. 신라가 도저히 수용하기 힘든 조건을 내세운 것이다. 이로써 양국의 협상은 결렬되었다. 오히려 연개소문은 백제와 함께 신라의 당항성을 협공하며 대당교섭로를 봉쇄하려고 시도했다(643년 11월). 신라가 양국의 당항성 협공 모의를 당에 알리자, 당은 고구려와 백제에 사신을 파견해 신라 공격을 중단하라고 요구했다.

특히 고구려에 대해서는 다시 신라를 공격한다면 정벌을 단행하겠다고 위협했다. 당의 요구에 대해 백제는 사신을 보내 사죄하며 순응하는 태도를 보였지만, 고구려는 "신라에게 빼앗긴 옛 땅을 회복하려는 것일 뿐"이라며 물러설 뜻이 없음을 분명히 했다. 고구려가 종전의 독자세력권을 회복해 독자성을 최대한 확장하겠다는 뜻을 분명하게 밝힌 것이다. 그러자 당도 "요동은 본래 중국왕조의 군현이었다"며 고구려의 독자성 자체를 부정하며 정벌 의사를 명확히 했다. 이러한 상황에서 양국의 갈등을 외교적으로 해결한다는 것은 사실상 불가능에 가까웠다.


## 5. 고구려의 당군 격퇴와 국제적 위상 격상

당 태종이 644년 11월 마침내 고구려 원정에 나섰다. 당군은 수군과 달리 여러 갈래로 요하를 건넌 다음, 요동평원 주변의 성곽을 하나씩 함락시켜 나갔다. 산동반도를 출발한 당의 해군도 요동반도에 상륙해 비사성을 함락한 다음, 요동평원으로 향했다. 진대덕의 정탐을 통해 고구려의 방어체계를 파악한 당군이 요동평원에서 평양성으로 향하는 진공로의 성곽을 차례로 공략하는 전략을 구사한 것이다.

이를 통해 당은 개모성, 요동성, 백암성 등을 차례로 함락시키는 전과를 거두었다. 연개소문이 파견한 고구려·말갈 연합군 15만 대군도 안시성 부근의 평원대회전에서 격파했다. 이제 안시성만 함락시키면 평양성으로 진공할 수 있을 것 같았다. 그렇지만 안시성은 난공불락의 요새였다. 당군이 7월부터 3개월이나 공격했지만 좀처럼 함락시킬 수 없었다. 그 사이 계절은 바뀌어 찬바람이 불어왔다. 더 이상 머뭇거리다가는 병사와 군마가 모두 얼어 죽을 수도 있었다.

더욱이 북방 초원에 자리한 설연타의 동향도 심상치 않았다. 연개소문이 당의 침공에 맞서기 위해 설연타와 연계를 도모했는데, 처음에는 설연타의 진주가한이 당을 두려워해 움직이지 않았다. 그런데 진주가한이 사망한 뒤, 새로이 즉위한 다미가한이 당의 고구려 원정을 틈타 당의 북방을 공략했다. 설연타와 연계하려는 연개소문의 시도가 처음에는 성과를 거두지 못했지만, 다미가한에게는 상당한 영향을 미쳤던 것이다.

당으로서는 퇴각 이외에는 대안이 없었다. 당 태종은 치밀하게 준비한 덕분에 수 양제의 전철을 밟지는 않았지만, 여러 신하들이 원정을 반대하며 말했던 "고구려는 너무 멀고 성을 잘 지키는 나라"임을 뼈저리게 느꼈다. 불과 몇 개월 만에 그 많은 고구려 성곽을 모두 함락시키는 것이 현실적으로 불가능하다는 사실도 절실히 깨달았을 것이다. 당도 고구려의 강력한 방어체계에 막혀 사실상 원정에 실패한 것이다.

이러한 고구려 원정 실패는 자칫하면 동방뿐 아니라 북방 초원이나

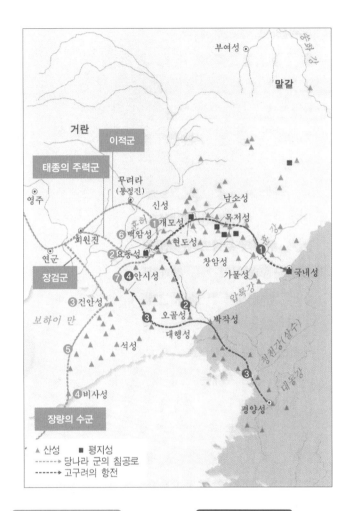

| 645년 당나라 군의 진격 | 645년 고구려의 항전 |
|---|---|
| ❶ 개모성 함락(645년 4월) | ❶ 국내성·신성의 4만 대군을 파견하여 요동성 지원 |
| ❷ 요동성 함락(645년 5월) | ❷ 오골성 군대 1만을 파견하여 백암성 지원 |
| ❸ 건안성 공격 | ❸ 고구려·말갈 연합군 15만 파견하여 안시성 지원 |
| ❹ 비사성 함락(645년 5월) | ❹ 안시성주가 당나라군을 물리침 |
| ❺ 건안성으로 진격 | |
| ❻ 백암성 함락(645년 5월) | |
| ❼ 고구려 중앙군 무너짐(645년 6월) | |

서역에 대한 당의 영향력 약화로 이어질 수 있었다. 반면 고구려는 당의 침공으로 많은 손실을 입었지만, 파죽지세로 세력을 확장하던 당군의 기세를 꺾는 저력을 과시했다. 고구려가 국제적 위상을 크게 높이고, 주변국과의 연대를 통해 당에 맞설 계기를 마련한 것이다. 양국의 전쟁 기간에 신라와 백제가 보인 상반된 행보는 이를 잘 보여준다.

당도 고구려 원정에 앞서 신라와 백제에게 고구려를 공격할 것을 요청했다. 이에 신라는 당의 요청을 받아들여 3만 대군을 동원해 고구려의 남쪽 국경을 공격했지만, 백제는 오히려 그 틈을 타서 신라의 서변을 공격해 7성을 획득했다. 백제가 당의 요청을 거부하고, 당의 고구려 원정으로 조성된 국제정세를 활용해 세력 확장을 도모했던 것이다. 이에 따라 신라도 고구려를 적극적으로 공략하기 힘들었다.

그런데 고구려가 당군을 격퇴함으로써 당의 요청을 거부한 백제의 행보는 더욱 탄력을 받은 반면, 신라는 고구려와 백제의 협공을 받으며 더욱 궁지에 몰렸다. 고구려의 입장에서 본다면 당군의 격퇴로 백제와의 연대를 더욱 강화할 계기를 마련한 것이다. 반면 당으로서는 백제나 신라로부터 충분한 협조를 얻는 데 실패했을 뿐 아니라, 자국의 요청에 협력한 신라를 더욱 위기로 몰아넣는 결과를 낳았다. 당으로서는 고구려 원정 실패에 따른 여파가 널리 확산되는 것을 차단할 필요가 있었다.

이러한 여파가 북방 초원까지 널리 확산된다면, 동돌궐 격파 이래 구축한 당 중심의 국제질서가 한순간에 붕괴될 수도 있었다. 이에 당 태종은 고구려에서 퇴각한 다음 장안으로 환도하지 않고, 북방으로 가서 설연타 방어전을 독려했다. 646년에는 설연타를 대대적으로 공격하여 제압하고, 철륵 등 북방의 여러 족속을 항복시켰다. 그러고는 각 부족의 자

내일을 읽는 한·중관계사

치권을 인정하면서 당군을 주둔시켜 통제하는 기미지배(羈縻支配)를 본격적으로 시행했다(647년 1월).

　고구려의 기대와 달리 당군 격퇴의 여파가 북방 초원으로 널리 확산되지 못한 것이다. 당 태종은 북방의 위험 요소가 제거되자, 곧바로 고구려 원정을 추진하며 신료들에게 토벌전략을 논의하도록 했다. 당의 신료들은 고구려의 성곽이 견고하여 원정이 실패했다고 진단하고, 소규모 부대를 자주 보내 요동 지역을 황폐화시키는 국지전[장기 소모전]을 전개하기로 결정했다(647년 2월).

　이러한 당의 국지전 전략은 다른 방면의 전쟁과 비교한다면 상당히 이례적인 것이다. 당으로서는 대규모 원정을 단행했다가 수의 전철을 밟을까 두려웠던 것이다. 결국 645년 고구려의 당군 격퇴가 당의 군사 전략까지 변화시켰던 것이다. 그렇지만 당은 서역의 쿠차[龜玆]를 격파하고 안서도호부를 설치하는 등 서북방에 대한 지배를 더욱 강화했다(647년 12월). 나아가 당 태종은 국지전 전략을 통해 고구려를 충분히 피폐시켰다고 판단하고, 다시 대규모 원정 준비를 지시했다(648년 6월).

　바로 이 무렵, 비담의 난을 평정하며 권력을 장악한 신라의 김춘추가 당을 방문했다(648년 12월). 김춘추는 태종에게 "양국이 연합해 먼저 백제를 멸망시킨 다음 고구려를 협공하자"고 제안했다. 고구려 원정에 실패했던 태종으로서는 김춘추의 제안이 솔깃했을 것이다. 당이 대규모 고구려 원정에 착수한 상태였기 때문에 전략을 바꾸기는 쉽지 않았겠지만, 김춘추의 제안을 유력한 전략의 하나로 검토했을 것이다.

　고구려와 백제 그 누구도 상상하지 못했던 새로운 국제전의 서막이 열린 것이다. 나당연합군이 백제를 멸망시킨 다음 고구려를 공격한다면, 고구려는 엄청난 타격을 받을 수밖에 없었다. 무엇보다 당이 신라로부터 병참보급을 받으며 장기간 군사작전을 수행할 수 있기 때문이다. 고구려로서는 새로운 위기 국면을 맞을 수도 있었는데, 649년 5월 태종의 갑작스런 사망은 나당연합군의 출현을 일시 중단시켰다.


## 6. 고구려의 세력 확장 도모와 국제연대망 구축 시도

당 태종의 사망은 국제정세에도 큰 영향을 미쳤다. 고종 즉위 직후 성립한 당의 장손무기 정권은 위무책 중심의 온건한 대외정책을 펼쳤다. 당의 고구려 공격이 중단되었을 뿐만 아니라, 김춘추가 제안했던 나당연합군의 백제 선공책(先攻策)도 추진 동력을 상실했다. 더욱이 서돌궐 방면에서는 아사나하로가 여러 부족을 통합하고 거대한 유목제국을 재건했다(650년). 당이 여러 차례 서돌궐 토벌에 나섰지만, 일부 부족을 평정하는 데 그치고 본거지인 이리하 유역으로는 진격도 하지 못했다(652~655년).

고구려가 외교정책을 다각도로 전개할 국제환경이 조성된 것이다. 이때 고구려 외교정책의 방향은 당에 대한 인식에 따라 달라졌을 것이다. 만약 당이 언젠가 다시 침공할 것으로 예상한다면, 당에 맞설 다양한 대응책을 추진할 수밖에 없었을 것이다. 반면 당의 대외정책이 근본적으로 달라져 고구려의 독자성을 충분히 인정받을 수 있다고 판단한다면, 당과의 외교관계를 개선해 고구려 원정을 중단시키는 방안도 시도해볼 수 있었을 것이다.

이러한 상황에서 고구려는 당이 언젠가 다시 침공하리라 예상하고, 그에 대비하는 외교정책을 선택했다. 고구려는 먼저 주변 지역에 대한 세력 확장에 나섰다. 654년 말갈병을 동원해 서요하 방면의 거란을 공격하여, 거란의 일부 부족을 예속시키고 당에 맞설 교두보를 확보했다. 남쪽으로는 백제와의 연대를 더욱 강화하며, 백제·말갈과 연합군을 편성해 신라의 33성을 공취했다(654년).

이와 함께 당에 맞설 국제연대망 구축에도 심혈을 기울였다. 우즈베키스탄 아프라시압 궁전벽화에 그려진 고구려 사절은 이를 잘 보여준다. 이 벽화는 소그드 왕국[康國]의 와르흐만 왕이 재위했던 650년대의 사실을 그린 것이다. 고구려가 멀리 중앙아시아까지 사신을 파견한 것인데, 이곳까지 가려면 서돌궐을 거쳐야 했다. 고구려가 서돌궐을 통해 소그드 왕국 등과 외교교섭을 전개하며 당에 맞설 국제연대망 구축에 나섰던 것이다.

이처럼 고구려는 당의 온건책을 활용해 당에 맞설 다양한 방안을 모색했다. 고구려가 여전히 다원적 국제질서를 추구하며 자국의 세력권과 독자성을 최대한 확장하려는 외교정책을 추진했던 것이다. 특히 648년 나당연합군이 주도하는 새로운 국제전의 서막이 열렸지만, 고구려는 백제와의 연대를 강화하며 신라를 더욱 거세게 몰아붙였다. 신라가 궁지에 몰릴수록 나당연합군의 출현을 재촉할 수 있었는데, 고구려는 이러한 상황 자체를 인지하지 못한 것으로 보인다.

고구려가 당에 맞설 외교정책을 다각도로 추진할 무렵, 당의 정국이 새롭게 바뀌었다. 고종의 친정(親政)과 측천무후의 등장을 계기로 장손무기 정권이 실각하고, 허경종 정권이 성립한 것이다(655년). 허경종 정권의 성립과 함께 당의 대외정책은 강경책으로 선회했는데, 먼저 서돌궐 토벌에 나서 아사나하로를 생포해 괴멸시켰다(658년 2월). 이때 고구려가 사절을 파견했던 소그드 왕국도 당의 영향력 아래로 편입되었다.

서돌궐을 괴멸시킨 당은 곧바로 고구려를 선제공격했다(658년 6월). 당은 659년에도 여러 차례 요동지역을 공격했다. 다만 이 무렵 당의 고구려 공격은 대단히 제한적인 양상을 띠었다. 658년 6월에는 요서에 주둔하던 정명진의 군대만 동원했다. 659년에 설필하력이나 설인귀를 파견했지만, 대규모 원정군을 편성한 것은 아니었다.

당이 백제 정벌을 원활하게 수행하기 위해 고구려군을 요동 방면에 묶어두려는 양동작전(陽動作戰)을 펼쳤던 것이다. 자료가 충분치 않아 고구려가 당군의 전략을 파악했는지 알기는 어렵다. 다만 나당연합군이 백제를 공격할 때(660년 7월), 고구려가 아무 움직임을 보이지 않은 것으로 보아 인지하지 못했을 가능성이 높다. 인지했다 하더라도 당의 양동작전으로 인해 고구려 주력군은 요동 방면에 묶여 있을 수밖에 없었다.

당은 백제 정벌을 마무리 지은 다음, 곧바로 고구려 원정에 착수했다(660년 12월). 당이 일련의 마스터플랜을 세워 동방원정을 추진했던 것이다. 당군은 수륙 양면으로 고구려 공격에 나서 해군은 곧바로 평양성을 포위하고, 육군은 압록강을 건너 고구려군을 궤멸시키는 등 혁혁한 전과를 올렸다(661년 8~9월). 그런데 당군은 661년 연말로 접어들면서 더 이상 전과를 올리지 못했다. 당군이 662년 1월 신라로부터 군량 보급까지 받았지만, 여러 장수들이 잇따라 전사하며 궁지에 몰렸다. 당이 신라의 병참보급을 받으며 동계작전을 수행하는 등 고구려의 기존 방어체계를 크게 무력화시켰지만, 기대했던 성과를 거두지 못하고 퇴각했던 것이다(662년 3월).

당이 종전보다 훨씬 유리한 조건을 갖추었는데, 왜 고구려 원정에 실패했던 것일까? 이와 관련해 돌궐 출신인 아사나충의 묘지명이 중요한 단서를 제공한다. 아사나충은 본래 고구려 원정에 나섰다가, 거란이 고구려와 연계하여 당에 항거하자 이를 토벌하는 데 투입되었다. 고구려가 당의 온건책을 틈타 거란 방면에 영향력을 확대한 결과, 거란의 반당 움직임을 이끌어낸 것이다. 이로 인해 당은 고구려 원정군 가운데 일부를 거란 토벌에 투입해야 했는데, 그 결과 고구려 원정은 차질을 빚을 수밖에 없었다.

더욱이 661년 겨울에 접어들면서 몽골 초원에 자리한 철륵의 여러 부족이 당의 변경을 대대적으로 공격했다. 이에 따라 당은 고구려나 거란에 투입했던 병력을 대거 몽골 초원으로 이동시킬 수밖에 없었다. 철륵의 반당 움직임이 고구려와 연계되어 일어났는지는 단정할 수 없지만, 적어도 고구려 원정으로 당의 군사방비가 허술해진 틈을 타서 당의 변경을 공략했다고 볼 수 있다.

또한 고구려는 한반도 중남부에서 신라를 공격하는 한편, 왜와 긴밀하게 연계하며 백제 부흥군을 측면 지원했다. 이를 통해 고구려는 신라군이나 백제 고지에 주둔한 당군의 북상을 저지할 수 있었다. 결국 고구려가 나당연합군에 의한 백제 멸망을 저지하지는 못했지만, 이들이 자국을 공격할 때는 주변 세력과 반당(反唐) 연대를 강화해 당군을 물리칠 수 있었다. 고구려가 당의 온건책을 틈타 추진했던 세력 확장 및 반당 국제연대망 구축 정책이 일정 정도 효과를 발휘했던 것이다.

이에 따라 당도 고구려 정벌이 쉽지 않음을 뼈저리게 느꼈을 것이다.

실제 당은 663년 철륵과 백제부흥군을 평정한 다음, 더 이상 고구려 원정을 추진하지 않았다. 오히려 당 고종은 철륵과 백제부흥군 격파에 만족하며, 천하 평정을 하늘에 고하는 태산 봉선(封禪)을 추진했다(664년 7월). 당이 고구려가 존속한 상황에서 천하를 평정했다고 자부한 것인데, 고구려 원정을 잠정적으로 보류했다고 풀이할 수 있다.

이에 고구려도 665년 10월 태자 복남을 당에 보내 봉선의식에 참가하며 당의 고구려 원정 보류를 기정사실화하려고 했다. 고구려가 당의 태산 봉선을 계기로 당과의 화친을 모색하며, 자국의 안위를 보장받을 방안 마련에 착수한 것이다. 그렇지만 이러한 외교적 노력은 연개소문 사망 이후 남생 형제의 갈등으로 촉발된 귀족세력의 내분으로 물거품이 되고, 고구려는 나당연합군의 협공을 받아 멸망의 길을 걷게 되었다.


## 7. 맺음말

이상과 같이 7세기 동아시아 국제정세는 중원 대륙을 통합한 수·당과 주변 강대국이 두 축을 이루며 여러 차례 요동쳤다. 수가 중원 대륙을 재통합한 다음에는 주변 강대국을 차례로 괴멸시키며 자국 중심의 일원적 국제질서를 구축해나갔다. 그렇지만 고구려 정벌의 후유증으로 수가 붕괴하자 중원 대륙은 분열되고, 돌궐이나 토욕혼 등이 다시 흥기했다. 수가 주도하던 국제정세가 주변 강대국의 우위 상황으로 역전된 것이다.

주변 강대국의 강세는 당 초기에도 상당 기간 지속되다가, 당 태종이 동돌궐, 토욕혼, 고창 등을 차례로 격파하면서 점차 당 중심의 국제질서로 변모해나갔다. 그렇지만 고구려가 당의 침공을 격퇴함에 따라 파죽지세로 확장되던 당의 기세는 한풀 꺾였다. 더욱이 태종의 사망과 더불어 당의 대외정책은 온건책으로 선회했고, 이를 틈타 서돌궐 등 주변 세력이 다시 흥기했다.

이처럼 급변하는 국제정세 속에서 고구려는 다양한 외교교섭과 군사전략을 전개했다. 580년에는 수의 돌궐 공략을 틈타 서북방으로 세력을 확장했다. 600년대 초에는 수가 돌궐을 괴멸시키고 강경한 대외정벌을 추진하자, 남진정책을 추진하며 수에 맞서는 외교정책을 폈다. 당 건국 직후에는 당의 강온 양면책에 외교적 유화책과 군사방어책으로 화답하다가, 당이 침공하자 강력하게 맞서 격퇴했다. 태종 사망 이후 당이 온건책으로 선회하자, 주변 지역으로 세력을 확장하는 한편 반당 국제연대망 구축을 추진했다. 이를 바탕으로 고구려는 백제 멸망 직후 전개된 나당연합군의 공격을 물리쳤다.

고구려가 7세기에 주변 지역으로의 세력 확장 및 수·당에 맞설 국제연대망 구축을 두 축으로 삼아 외교정책을 전개했던 것이다. 고구려가 종전의 다원적 국제질서를 유지하기 위한 외교정책을 전개하며, 수·당이 추구하는 중원왕조 중심의 일원적 국제질서에 맞섰던 것이다. 이를 통해 고구려는 수·당의 파상적인 공세를 막아내는 데 어느 정도 성공했다. 이에 당 고종도 고구려 정벌이 쉽지 않다고 판단하고, 백제부흥군과 철륵 토벌에 만족하며 천하 평정을 기념하는 태산 봉선을 추진했다. 이러한 상황만 놓고 본다면 고구려가 7세기의 국제정세에 상당히 효과적으로 대응했다고 볼 수 있다.

그런데 고구려는 연개소문 사망 이후 귀족세력이 내분에 휩싸인 가운데 나당연합군의 협공을 받아 멸망했다. 고구려가 수나 당에 강력하게 맞서 상당한 성과를 거두었지만, 자국의 안위를 담보할 보다 근본적인 외교정책을 마련하지 못했던 것이다. 물론 이러한 외교정책을 마련한다는 것이 쉽지는 않았다. 중원 대륙 주변의 무수한 강대국이 수나 당의 공격을 받아 괴멸하거나 멸망한 사실은 이를 잘 보여준다.

다만 신라가 당이 추구하는 국제질서를 수용하면서 자국의 독자성을 보존하는 외교정책을 추진해 삼국통일을 이룩한 사실을 상기하면, 전혀 불가능한 것도 아니었다. 주지하듯이 신라는 648년 당과 군사동맹을 맺은 이후 당의 연호와 관복을 채용하는 등 당 중심의 국제질서를 받아들였다. 이를 통해 신라는 660년에 당군과 합세하여 오랜 숙적이던 백제를 멸망시켰다. 그런데 당이 애초 약속과 달리 백제 지역을 신라에 양도하지 않고 직접 통할하려 했다. 신라는 당이 동방 지역 전체를 지배하려 한다는 사실을 간파하고, 당과의 동맹을 유지하면서 다른 한편으로 고구려 멸망 이후를 대비했다.

신라는 친당세력을 철저히 제거하는 한편, 적대적이던 왜와의 관계를 개선하여 당과의 연계 가능성을 차단했다. 그런 다음 당과 합세해 고구려를 멸망시키고는 고구려 부흥운동이 광범위하게 일어나자 이를 후원해 당군의 남하를 저지하는 한편, 당이 통할하던 백제 옛 땅을 전격적으로 장악했다. 당이 고구려 부흥군을 제압한 다음 대대적으로 공격해오자, 매소성과 기벌포 전투를 모두 승리로 이끌며 당군을 격퇴했다. 신라가 자국의 독자성을 인정하지 않는 당에 단호하게 맞서 삼국통일을 이룩한 것이다.

결국 신라가 삼국통일을 이룩할 수 있었던 것은 당 중심의 국제질서를 받아들여 당의 군사력을 적절히 활용하는 한편, 당의 동방정책을 정확하게 간파해 고구려 멸망 이후에 대비했기 때문이라 할 수 있다. 이를 통해 신라는 자국의 독자성을 보존했을 뿐 아니라, 동아시아 국제질서의 일익을 담당하며 당과 공존했다. 신라가 시종일관 수와 당에 강력하게 맞섰던 고구려와 대비되는 외교정책을 펼쳤던 것이다. 물론 고구려는 중원 대륙과 국경을 접하고 있었고, 수나 당이 지속적으로 고구려 정벌을 추진했기 때문에 이들이 추구하는 국제질서를 받아들이기는 쉽지 않았을 것이다.

그렇지만 고구려가 당시 새로운 국제질서의 흐름을 제대로 읽으려고 얼마나 노력했는지도 의문이다. 가령 고구려는 650년대 전반 당의 유화책을 틈타 당과의 관계를 개선하기보다는 당에 맞설 세력 확장과 국제연대망 구축에 온 힘을 기울였다. 고구려가 7세기 이후 국제정세의 새로운 변화를 수용하기보다 종전처럼 자국의 세력권과 독자성을 최대한 확장해 당에 맞서는 외교정책을 추진했던 것이다. 이처럼 7세기 고구려의 외교정책 수립에는 종전의 외교 경험과 국제인식이 강한 영향을 미쳤기 때문에 고구려의 대외인식과 변모하는 국제정세 사이에는 간극이 크게 벌어질 수밖에 없었다. 이러한 상황에서 급변하는 국제정세에 대응할 새로운 외교정책을 모색하기는 쉽지 않다.

이는 종전의 경직된 국제인식을 바탕으로 새로운 국제정세에 대응하는 것이 얼마나 위험한 것인지 잘 보여준다. 종전의 풍부한 외교 경험을 활용하는 것은 중요하지만, 급변하는 국제정세에 제대로 대응하기 위해서는 보다 거시적인 안목으로 국제질서의 향배를 내다보며 새로운 상황에 맞는 외교정책을 끊임없이 모색할 필요가 있다. 혹시 지금 우리도 지난날 냉전시대의 국제인식을 바탕으로 시시각각 변모하는 21세기 국제정세를 경직된 시선으로 바라보고 있는 것은 아닌지 깊이 성찰할 필요가 있다. 바로 이 점이 수와 당의 대군을 격퇴하고도 결국 멸망의 길을 걸었던 고구려가 21세기를 살아가는 우리에게 주는 역사적 교훈이 아닐까?

# 3장

# 12세기 동아시아 국제정세의 변화와 고려의 대응

**채웅석**

가톨릭대학교 인문학부 국사학전공 교수. 한국역사연구회 부회장과 회장, 한국중세사학 회장, 강화고려역사재단 이사를 역임했으며, 현재 서울특별시 시사편찬위원회 자문위원으로 있다.

## 1. 머리말

12세기는 동아시아에서 국제정세가 크게 요동친 시기였다. 그동안 고려·거란·송·서하 등이 서로 견제하면서도 큰 충돌 없이 안정적이었다가, 여진이 금을 세우고 정복국가로 발전하면서 상황이 바뀌었다.

정세 변화에 대응하여 각국은 국익을 위해서 서로 손잡으려고 하였다. 송은 숙적이던 거란을 견제하기 위하여 고려·여진과 동맹을 시도하였다. 그 결과 여진과 동맹을 맺고 거란을 무너뜨렸지만, 곧 여진의 공격을 받아 위기에 빠졌다. 여진의 공격을 받자 거란과 송은 각기 고려에 군사 지원을 요청하였다. 그에 앞서 고려는 여진을 정벌하였으나 소기의 성과를 얻지 못한 뒤에 평화노선을 지키고 그런 지원 요청을 받아들이지 않았다. 종래 번(蕃)으로 대하던 여진이 세운 금에 사대외교를 하는 문제를 둘러싸고 고려 조정에서 격론이 벌어지면서 1135년의 서경 반란처럼 내전으로까지 번지기도 하였다. 그렇지만 고려는 명분보다 실리외교를 추구하면서 국제정세의 격변에 대응하여 안보를 지켰다.

민족 역사의 자주성·진취성이라는 관점에서 보면 여진 정벌의 의미를 강조하고 동북9성을 환부한 결정을 비판할 수 있다. 또 칭제건원론(稱帝建元論)과 금국정벌론(金國征伐論)을 주장한 묘청파의 주장을 긍정적으로 평가하고 사대외교를 주장한 김부식파의 주장을 비판할 수 있다. 문제는 동북9성을 지키거나 금을 정벌하자는 주장이 당시 상황에서 현실성이 있었는가 하는 것이다. 국제정세와 대외정책을 고찰할 때 민족주의적 인식이 과잉 작용하면 상황을 객관적으로 보기 어려워진다. 물론 김부식파의 외교론도 국제정세와 상대국의 의중을 잘 파악하여 협상전략을 적절하게 제시한 것인지 따져볼 필요가 있다. 동아시아 각국 사이에 평화와 공영을 위한 노력이 요구되는 현재 시점에서 일국사적 역사인식의 한계를 극복하는 한편, 과거 대외정책에 대하여 성찰적으로 인식하는 작업이 필요하다.

## 2. 고려 전기 동아시아의 다원적 국제관계와 '해동천하(海東天下)'

10세기에 동아시아 각국에서 기존의 지배권력이 약화 또는 붕괴되는 한편, 당이 중심이었던 국제질서가 재편되었다. 중국에서 5대 10국의 분열을 거쳐 979년 무렵에 송이 통일하였다. 한반도는 후삼국으로 분열되었다가 936년에 고려가 통일하였다. 그리고 북방에서 916년에 거란이 건국하여 약 10년 뒤에 발해를 멸망시켰다. 거란은 초원의 유목지대와 요녕평원·연운16주의 농경지대를 차지하고 유목·농경세계의 통합을 지향하면서 국제관계에 영향력을 크게 미쳤다.[1]

---

1   金浩東, 「北아시아의 歷史像 구성을 위한 試論」 『아시아문화』 3, 1988.

거란은 송과 대립하고 여진을 공략하면서 배후의 고려를 견제할 필요성을 느끼고 993년에 고려를 침공하였다. 이에 고려가 송에 군사적 지원과 거란에 대한 견제를 요청하였으나 성공하지 못하였다. 거란의 공격은 두 차례 더 이어졌으며, 고려는 계속된 전쟁의 피해를 염려하여 조공·책봉관계를 받아들였다. 그렇지만 군사적으로 굴복한 것은 아니었으며, 북방의 여진사회에 대한 통제를 유지하였다.[2] 그리고 송과 외교관계를 중단하였음에도 민간 차원에서 활발하게 교역·교류하였다.

당시 송과 거란도 1004년에 화친한 뒤부터 12세기 초 금이 흥기하기 전까지 큰 충돌 없이 병립하였다. 그런 관계를 유지하는 데에는 국제 역학관계상 고려와 서하가 중요한 역할을 하였다. 고려·송·거란·서하 등은 분쟁이 벌어지면 상대국의 배후에 있는 나라와 제휴를 모색하여, 각국 사이의 관계가 연동되었다.[3] 이에 따라 강력한 패권을 행사하는 나라 없이 힘의 중심이 분산된 가운데, 각국은 천하질서를 상대화하여 인식하였다. 송과 거란은 물론 고려·서하·일본·베트남 등도 자기 군주에게 천자(황제)의 권위를 부여하였다. 그리고 세력권을 형성하여 각기 천하의 중심이라고 의식하였다.

---

2  고려는 금이 건국하기 전까지 여진을 자신의 영향권 안에 있는 번(蕃)으로 간주하였다[蕃은 전근대 동아시아의 외교에서 조공을 바치거나 책봉을 받은 나라를 가리키는 용어이다. 屬이라고도 하였다]. 또한 여진족의 귀부를 적극적으로 받아들이고 기미주를 설치하였다. 여진족이 이전에 거란의 관작을 받았어도 귀부를 허용하고 고려의 관작을 주었으며 거란과 교통하는 것을 금지하였다.
3  10세기 후반~12세기 초에 동아시아에서 송-거란-고려, 송-거란-서하, 송-서하-토번 등 국가 간에 삼각관계가 형성되어 서로 연동되었다(金成奎, 「3개의 트라이앵글: 北宋時代 동아시아 국제관계의 大勢와 그 특징에 관한 試論」 『歷史學報』 205, 2010.)

고려는 중국과 구별되는 역사·문화공동체로서 해동[삼한]을 의식하였다. 고려 왕은 천명을 받아 삼한을 '일통(一統)'한 해동천자(海東天子)라고 자임하였다.[4] 해동천자를 중심으로 하는 국제질서, 즉 해동천하에는 철리국·탐라국·우산국 등과 동·서번으로 불린 여진이 속하였다. 그 지역의 군장들이 고려에 내조하여 방물을 진헌하였으며, 고려는 그들에게 향직(鄕職)이나 무산계(武散階)를 수여하여 해동천하 질서에 포섭하였다. 그리고 1034년에 정한 규정을 보면, 팔관회에 송의 무역상인과 동·서번, 탐라인 등이 조하(朝賀)하여 예물을 진상하는 의례가 행해졌고, 그들은 고려 천자의 덕화를 받는 조공국의 사신으로 예우받았다.[5] 이처럼 팔관회에 번국에서 온 사람들이 고려 왕에게 조공하는 절차가 포함되어 고려의 국가의례에 해동천하관이 반영되었다.

각국이 독자적 천하의 중심이라고 주장하더라도 외교상으로는 계서적인 관계를 맺을 수 있었다. 힘의 차이에 따라 외교에서 숙질·형제관계 등으로 차등을 인정하거나, 책봉을 받아 종주국의 천하질서 속에 편입될 수도 있었다.[6] 다원적 국제정세에 대응하여 각국 간의 외교 형식이

---

4 고려의 일통의식과 해동천하·해동천자에 대해서는 盧明鎬, 「高麗時代의 多元的 天下觀과 海東天子」 『韓國史研究』 105, 1999 ; 秋明燁, 「高麗時期 海東 인식과 海東天下」 『韓國史研究』 129, 2005 ; 박종기, 「고려 다원사회의 형성과 기원」 『한국중세사연구』 36, 2013 등 참고.

5 팔관회는 연등회와 함께 고려시대에 거행된 대표적인 국가불교의례이다. 개경에서 11월 15일, 서경에서는 10월 15일에 개최하였다. 팔관회에서 군신이 함께 축제를 즐기는 한편, 지방관들이 표문을 올려 축하하는 봉표조하의식(奉表朝賀儀式)을 통하여 왕을 중심으로 국가적 결속력을 강화하는 의미가 있었다. 또한 외국인들로부터 조하를 받는 의식도 거행하여 고려가 중심이 된 해동천하의 질서를 내보였다.

다양하였고, 외교와 무관하게 민간 차원에서 교역·교류하기도 하였다. 이처럼 국제질서가 다중심적·다원적인 특징을 보이는 가운데, 고려는 해동천하의 중심으로 존재하는 한편으로 거란의 책봉을 받아 그 천하질서에도 속하였다. 그리고 송·일본 등과 외교관계가 없는 상태에서도 교역하였다.

거란에 대한 사대가 중심이었던 고려의 외교정책은 11세기 후반에 외교관계를 다변화하는 방향으로 전환하였다. 거란에 사대외교를 유지하면서도 그동안 중단하였던 송과의 외교를 재개하였다. 일본과도 외교관계를 맺으려고 하였고, 여진의 귀부를 적극적으로 받아들였다.

고려가 송과 외교를 재개한 까닭은 문화 교류와 함께 정치·외교적 목적을 들 수 있다. 당시 문종은 송과 정부 차원의 교류가 막힌 상황을 타개하고 싶었다. 그리고 자신이 대외관계에 주도적으로 나서서 리더십을 강화하는 한편, 송과 외교를 터서 거란을 견제하려고 하였다. 그동안 거란과 평화를 유지하면서도 거란이 압록강 동쪽의 보주(保州)를 차지하여 갈등을 빚었다. 더구나 거란이 보주의 동쪽에 군사·통신시설을 추가로 설치하는 등 침범행위를 계속하자 적극적으로 항의하는 한편 견제책으로서 송과 외교를 재개하려고 하였다.

마침 송에서도 신종 때 신법당이 집권하여 고려와 동맹하여 거란을 제압하는 전략을 세웠다. 이에 대하여 구법당 관료들은 거란을 자극할 우려뿐만 아니라 고려가 송의 정보를 알아내어 거란에 제공할 가능성이

---

6   고려·서하·베트남 등 각국은 황제국체제를 유지하면서 국내 정치와 주변 지역 통제를 하는 한편, 강대국과의 외교관계에서 조공·책봉을 인정하여 충돌을 피하였다.

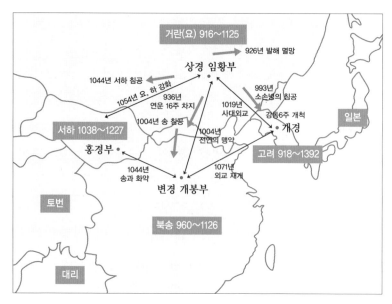

거란(요) 916~1125

926년 발해 멸망

상경 임황부

1044년 서하 침공

1054년 요, 하 강화

936년
연운 16주 차지

1004년 송 침공

993년
소손녕의 침공

1019년
사대외교

강동6주 개척

일본

개경

1004년
전연의 맹약

고려 918~1392

서하 1038~1227

홍경부

1044년
송과 화약

1071년
외교 재개

토번

변경 개봉부

북송 960~1126

대리

11세기 동아시아 국제정세

있다는 이유로 반대하였다. 그렇지만 동맹을 주장한 관료들은 고려가 거란과 맞설 실력을 갖추었으며 부득이 거란과 조공·책봉관계를 맺고는 있지만 실상은 송과 통교하기를 바란다고 여겼다.[7] 고려 무역에 종사하던 송 상인들도 외교 재개를 적극적으로 도왔다.

1068년에 송이 상인 편에 외교 재개 의사를 타진하자, 고려가 호응하여 1071년(문종 25년) 사신을 송에 파견하여 성사되었다. 그러면서도

7 申採湜, 「宋代 官人의 高麗觀」 『邊太燮博士華甲紀念論叢』, 三英社, 1985.
  李範鶴, 「蘇軾의 高麗排斥論과 그 背景」 『韓國學論叢』 15, 1992.
  안병우, 「고려와 송의 상호인식과 교섭-11세기 후반~12세기 전반」 『역사와 현실』 43, 2002.

고려는 여전히 거란으로부터 책봉을 받고 그 연호를 사용하였다. 송도 고려를 번국이라고 인식하면서도 책봉을 하지 못하였다.

당시 외교를 재개할 때 의학·의술 교류가 중요한 역할을 하였다. 고려의 첫 사신이 귀국할 때 송에서 의사를 파견하였다. 1078년 송이 파견한 첫 사신이 돌아가는 편에도 고려가 의사와 약재를 보내달라고 요청하여 이듬해에 받는 등, 이후에도 여러 차례 지원받았다. 이처럼 양국 관계에서 의학·의술 교류가 부각된 까닭은 고려가 문종의 신병 치료와 선진 의학·의술 습득을 원하였기 때문이었다. 그리고 왕을 치료한다는 목적을 부각시켜서 거란의 의심을 더는 한편, 의사를 통하여 기밀정보를 은밀하게 전달하였다.

고려와 송의 관계가 긴밀해지자 거란이 양국에 영토분쟁을 일으켜 견제하였다. 거란은 1072년부터 송에 군사 공세를 벌이고, 1074년에 지계 획정을 요구하였다. 고려에 대해서도 1074년 정융진(定戎鎭) 북쪽에 군사시설을 설치하고 이듬해에는 압록강 이동의 국경을 정하자고 요구하였다. 1085년에 왕의 아우 의천이 송에 유학하여 신법당 정권으로부터 환대를 받자, 거란은 압록강 동쪽에 교역시설[榷場]을 설치하여 압박하였다. 마침 송에서 구법당이 집권하여 고려와의 관계 증진에 거부감을 보이자, 1086년부터 1090년까지 고려는 송에 사신을 파견하지 않았다. 대신 거란에 여러 차례 사신을 파견하여 현안을 해결하려고 하였고, 그 결과 거란은 압록강 동쪽의 교역시설을 철수하였다.

그동안 일본과는 외교가 수립되어 있지 않았다가 11세기 중반에 고려가 먼저 외교 교섭을 시도하였다. 1079년(문종 33년)에 고려 예빈성이 고려와 일본을 왕래하던 중국계 상인을 통하여 일본에 의사 파견을 요청하였다.[8] 만약 일본이 교섭에 응하게 되면 정식 외교관계까지 발전할 가능성이 있었다. 그러나 일본이 의사 파견을 거절하여 정부 차원의 교섭은 더 이상 진척되지 못하였다.[9]

일본이 거절한 이유는 고려가 외교문서를 사신이 아니라 상인 편에 보냈다는 점과 일본에 대하여 성지(聖旨)라고 칭한 점 등이었다. 그런데 외교 수립 전에 상인을 통하여 외교문서를 전달하는 것은 고려와 송 사이에서 그랬듯이 인정될 수 있는 일이었다. 그리고 성지라는 용어 사용을 문제 삼은 것은 양국의 대외관계 인식이 서로 충돌한 것을 보여준다. 성지는 황제의 명령을 가리키는 용어인데, 고려가 일본을 번으로 대하였기 때문에 상국으로서 성지라는 말을 사용하였다. 그렇지만 일본도 7세기 후반 무렵부터 천황을 칭하면서 황제국을 지향하고 있었다. 더구나 일본은 10세기 무렵부터 외국과 공식적인 외교를 하지 않는 정책을 시행하였기 때문에 의사 파견 요청에 응하기 어려운 입장이었다.

이처럼 고려와 일본 사이에 중앙정부 간의 외교교섭은 실패하고 말았지만, 11세기 후반에는 다른 시기보다 활발하게 교역이 이루어졌다. 1070년부터 1080년대까지 일본 상인들이 무리로 와서 왕에게 물품을 바치고 무역한 기록들이 있다. 그중에는 사쓰마[薩摩] · 이키[壹岐] · 쓰시마[對馬] 등지의 지방관을 칭하면서 온 사람들도 많았는데, 그것은 외교 사행이라기보다 다자이후[大宰府]체제의 일환으로 추진된 교역을 위해 온 것이었다.[10]

---

8 노명호 외, 『韓國古代中世古文書研究(上)』, 高麗禮賓省對日本牒, 2000.
9 김기섭 외, 『일본 고중세 문헌 속의 한일관계사료집성』, 日本大宰府對高麗禮賓省牒, 2005.

내일을 읽는 한 · 중관계사

## 3. 12세기 초 여진 정벌과 전후의 정책 방향

다원적이면서 세력 균형을 이루었던 동아시아 국제정세는 12세기에 접어들 무렵에 완안부 여진의 세력이 커지면서 변하였다. 1104년 무렵 완안부에 반발한 여진족이 대거 고려에 투항하고 그들을 쫓아온 완안부 기병이 정주관(定州關) 밖에 주둔하였다. 고려가 위협을 느끼고 정벌하였으나 실패하고, 이어 윤관의 지휘 하에 2차로 출정한 군대도 성과를 거두지 못하였다. 그러자 고려가 그때까지 번으로 취급하던 여진에게 낮은 자세로 화친을 요청하게 됨으로써, 왕의 리더십에 손상이 가고 북방에 대한 영향력이 약화될 수 있었다.

이에 숙종~예종 초기에 왕과 측근세력을 중심으로 여진 정벌을 추진하여 과거와 같은 권위와 영향력을 회복하려고 하였다. 숙종은 이른바 이자의의 난이라고 불리는 정변을 통하여 즉위한 뒤에 국가재정을 확충하고 왕의 리더십을 강화하기 위하여 이른바 신법개혁(新法改革)을 추진하였다. 경제와 사회에 대한 공적 통제력의 확대와 부국강병을 목표로 하여 금속화폐 유통, 관둔전 설치, 남경 건설 등의 정책을 시행하였다. 그리고 국제정세의 변화를 파악하여 적극적으로 대응하였다. 1101년 숙종은 '항상 조심하여 북으로 요[거란]와 사귀며[交] 남으로 송을 섬기는데[事] 또 여진이 있어 동쪽에서 강성하니 군국의 일로는 민을 편안하게 하는 것이 가장 급하다'라고 상황을 인식하였다. 그에 따라 송·거란

---

10  三浦圭一, 「10世紀~13世紀の東アジアと日本」『講座日本史』2, 東京大學出版會, 1970, 256~259쪽.

과 친선을 유지하고 여진을 제압하기 위한 정책을 시행하였다.

여진과의 전투에서 패배한 뒤에 고려군은 보병 위주이기 때문에 기병 위주의 여진에 대적하기 어렵다는 윤관의 건의를 받아들여 별무반을 조직하였다. 별무반은 기병인 신기군, 보병인 신보군과 경궁(梗弓)·정노(精弩)·발화(發火) 등의 특수군으로 구성되었다. 그리고 문·무 산관과 이서(吏胥)로부터 상인과 노복에 이르기까지 널리 징병하고, 승도들도 뽑아 항마군을 조직하였다.

숙종을 계승한 예종은 부왕의 뜻을 이어 1107년에 별무반을 동원하여 여진 정벌에 나섰다. 윤관과 오연총의 지휘 하에 17만 명 정도가 정벌에 동원되었다. 정벌 지역의 범위는 동쪽으로 화곶령(火串嶺), 북쪽으로 궁한이령(弓漢伊嶺), 서쪽으로 몽라골령(蒙羅骨嶺)에 이르렀으며, 여진의 위협을 제거한 뒤 철수하는 것이 아니라 직접 통치하여 국토를 확대 개척하는 것을 목표로 삼았다. 그에 따라 정복지에 영주·웅주·길주 등 9성을 쌓고 6만 9천여 호의 대규모 농업이민을 보냈다.[11] 영주성 내에는 호국인왕사(護國仁王寺)와 진동보제사(鎭東普濟寺)를 건립하여 불력의 가피에 힘입어 지킬 수 있기를 기원하였다.

그렇지만 여진이 거세게 저항하였기 때문에 윤관이 재차 출병하여

---

11 동북9성의 위치에 대하여 다양한 학설이 있다. 조선 초기 『고려사』 『세종실록지리지』 등의 기록에는 가장 북쪽에 설치한 공험진(公嶮鎭)이 두만강 북쪽 700리에 있었다고 하였지만, 조선 후기 정약용·한백겸·신경준 등의 실학자들은 9성의 범위를 길주 이남 또는 함흥평야에 비정하였다. 일제강점기에 이케우치 히로시(池內宏) 등 식민사학자들은 함흥평야 일대로 비정하였고, 해방 후에 한국학계에서는 김구진·방동인·송용덕 등이 두만강 일대나 그 이북 지역으로 보는 설과 함흥부터 마운령 이북까지 걸친 지역 일대로 보는 설 등을 제시하였다.

1년이 넘도록 방어전을 치렀으나 전세를 유리하게 돌리지 못하였다. 전쟁이 계속되어 인적·물적 피해가 커지자 전쟁 지속 가부를 둘러싸고 조정에서 논란이 벌어졌다. 마침 완안부도 고려를 '대방(大邦)'이라고 부르고 절대 침입하지 않겠다고 맹세하면서 9성을 돌려달라고 요청하였다. 이에 1109년 고려는 돌려주기로 결정하고, 점령지에 주둔했던 군대와 민호를 철수시켰다. 그 뒤 여진은 세력이 크게 커져서 1115년에 금을 건국하고, 거란과 송을 공격하면서도 고려를 침략하지는 않았다.

당시 여진 정벌을 위하여 국가적 동원체제를 구축하고 또 전공을 세움으로써 정벌을 주도한 세력의 정치적 발언력이 높아질 수 있었다. 그렇지만 전쟁 때문에 민의 부담이 늘어나고 또 여진을 정벌하면 거란과 마찰을 초래할 위험성이 크다고 반대하는 관료들이 있었다. 그들은 백성을 편히 쉬게 하는 정책[息民]이 우선이라고 주장하고, 또 외교분쟁 가능성을 들어 9성 개척을 반대하면서, 여진은 짐승 같은 존재이기 때문에 복속하면 무마하고, 그렇지 않으면 내버려두는 것이 좋다고 주장하였다.

사실 그런 논쟁은 이전부터 있었다.[12] 이미 11세기에 여진에 대한 강경론자들은 적극적으로 군사적 압박을 가하고 귀화해 오면 호적에 올려 고려의 법질서에 따르도록 해야 한다는 논리를 폈다. 반면 온건론자들은 여진은 인면수심(人面獸心)이고 사리를 알지 못하기 때문에 비록 그들이 귀화하더라도 고려법이 아니라 본속법(本俗法)에 따르게 하고 만약 떨어져 나가면 내버려두는 것이 좋다고 주장하였다.

---

12  박종기, 「11세기 고려의 대외관계와 정국운영론의 추이」 『역사와 현실』 30, 1998.

이상에서 살펴본 것처럼, 전쟁의 결과 고려는 9성을 돌려주었지만 여진으로부터 복종을 약속받았다. 그리고 서로 군사 역량을 확인함으로써 여진이 금을 건국하고 강성해진 국제정세에서도 고려가 균형추로서 역할할 수 있는 토대가 되었다. 그러나 결과적으로는 9성을 유지하지 못하였기 때문에, 큰 희생을 치르고도 패전한 것이라는 비판이 제기되었다. 이에 따라 패전의 책임을 따지고 전쟁 후유증을 수습하는 문제가 정치현안이 되었다.

당시 관료들 가운데는 여진 정벌 자체를 명분 없는 전쟁이라고 반대한 사람이 있는가 하면, 윤관이 국토를 넓힌 것은 큰 공이고 그를 패전죄로 처벌하는 것은 원대한 계책이라고 양시론(兩是論)의 관점에서 보는 사람, 윤관의 처벌을 찬성하면서도 9성 반환에는 반대하는 사람 등으로 나뉘었다. 출정군을 지휘하였던 윤관은 부국강병을 목표로 한 개혁에 주도적으로 참여하였고 여진 정벌은 그 개혁의 상징과 같았으므로, 그를 처벌하면 개혁의 실패를 공인하는 셈이었다. 그런데 숙종 사후 신법개혁에 대하여 비판이 제기되었을 때 예종이 개혁정책을 강행하였기 때문에 윤관을 처벌하면 왕의 리더십도 손상되는 것이었다. 예종은 처벌론에 밀려 윤관과 오연총을 면직시키고 공신호를 깎았다가 곧 복직시켰다.

여진 정벌이 실패로 끝났다는 여론이 우세하였기 때문에 그 후에 부국강병 기조의 신법개혁을 이어갈 수 없었다. 그러자 교육·문화부문의 혁신과 민생 구제 쪽으로 정책을 전환하여 전쟁 후유증을 극복하고 왕의 리더십을 회복하려고 하였다. 여기에 송과의 관계가 중요한 역할을 하였다.

내일을 읽는 한·중관계사

교육·문화부문의 혁신정책은 송의 제도를 참고하였다. 송의 삼사법(三舍法)에 따라 교육체계를 설계하여 국학 교육을 과거제도의 예부시(禮部試)와 바로 연결시켰다. 또 국학에 7재라는 전문강좌를 설치하고 장학재단인 양현고를 설치하였다. 김단(金端)·권적(權適) 등을 송에 유학시켜 학문과 제도를 배워오게 하였으며, 권적이 귀국하자 국학의 의례규정을 정하도록 시켰다. 문화부문에서는 예의상정소(禮儀詳定所)를 설치하여 의복제도, 공문서 양식 등을 정비하였다. 송으로부터 대성악을 수용하고, 투호기구를 받아들여 투호의(投壺儀)를 부활시켰다. 이처럼 송의 문화를 수용하여 예법이나 음악을 정비하여 부흥시키는 것은 곧 왕의 위상을 높이는 일이라고 여겼으며, 그것은 송 황제의 권위를 빌어 보증되었다.[13]

1116년에는 궁궐 안에 보문각과 청연각을 설치하였다. 그곳에서 유학을 강론하는 한편, 궁정 연회를 성대하게 열고 송 황제가 보내준 물품들을 사용하였다. 그리고 황제의 친제조서와 서화를 수장하고 과시하였다. 1117년에 김연이 쓴 「청연각기(清讌閣記)」에는 예종이 송의 문화를 적극적으로 수용하여 유학·문예 진흥에 노력하고, 그 결과 높아진 왕의 위상을 잘 묘사하고 있다.[14]

거란과 마찰을 빚지 않는 한 송과의 관계 강화를 반대하는 관료들은 없었다. 송이 여진과 손잡고 거란을 공격하려는 움직임을 보이는 가운데 그것을 막기 위해서도 송과 외교를 강화할 필요가 있었다. 1116년 무렵

---

13  金秉仁, 『高麗 睿宗代 政治勢力 研究』, 2003, 67~69쪽.

14  『고려사절요』 권8, 예종 12년 6월 ; 『고려사』 권96, 金仁存 清讌閣記.

에는 거란이 약화되었기 때문에 거란의 눈치를 볼 필요도 없어졌다.

송과의 교류를 통하여 리더십을 강화하려고 한 예종의 의도에 신법당이 장악한 송 조정도 협조해주었다. 1110년에 송 휘종이 예종에게 친제조서(親製詔書) 보내고 종래 권왕(權王)으로 대하다가 진왕(眞王)의 예로 올려주어 특별한 호의를 보여주었다. 사망한 예종비를 추모하는 사찰인 안화사의 불전 편액도 휘종과 재상 채경이 직접 써 보내주었다. 그리고 고려 사신의 격을 국신사(國信使)로 올리고 서하보다 상급으로 대우하였다.

한편, 민심 수습과 민생 구제를 위하여 권농을 강조하고 의료·진휼 기구를 확충하였다. 여진 정벌에 따른 부담이 컸을 뿐 아니라 자연재해와 질병이 자주 발생하여 민들이 고통을 받고 사회불안이 야기되었다. 그에 대한 대책으로 농경지 개간을 장려하는 법령을 반포하고, 왕이 행차하는 도중에 경작되지 않은 토지를 보면 지방관을 불러 문책하는 등 권농의 의지를 보여주었다. 그리고 1109년에 구제도감을 설치하여 의료사업을 맡기고, 1112년에는 혜민국을 설치하여 일반민들이 의료 혜택을 받을 수 있게 하였다.

민심 수습과 민생 구제를 목적으로 국태민안을 비는 도교의 재초(齋醮)를 많이 올리기도 하였다. 왕이 하늘로부터 권력을 받았고 천변(天變)을 극복하기 위한 의례[祈禳儀禮]를 주관할 수 있다고 보는 것이기 때문에, 재초는 왕의 권위를 강화하는 데 기여하였다. 한 걸음 더 나아가 송으로부터 교단도교를 수입하였다. 1110년에 송의 사신단에 도사들이 동행하여 도교를 전하였고, 이어 송에서 도교를 공부하고 돌아온 이중약의 건의에 따라 1117년 무렵 복원궁을 궁중에 설립하였다. 당시 송

휘종은 예술을 즐겨 풍류천자(風流天子)라고 불리는 한편, 교주도군황제(教主道君皇帝)라고 자임하면서 도교에 심취하였다. 고려의 예종도 풍류 미학을 즐겼으며 도교에 대한 관심이 컸다. 이렇듯 양국의 왕들이 도교에 호의적이기도 하였지만, 상호 유대를 강화할 정치적 필요가 있었기 때문에 도교 전래가 원활하였다.

## 4. 12세기 전반 금의 흥기와 고려의 외교적 대응

여진족이 세운 금은 수렵·목축·농경 등을 결합한 복합적 경제를 토대로 정복국가로 발전하였다. 금이 강성해지자 송은 1117년에 거란에 대한 협공을 제의하였다. 당시 고려는 여진이 다루기 어려울 뿐 아니라 거란이 국제적 세력 균형의 한 축이라는 점을 들어 그 동맹의 위험성을 송에 알렸다. 그렇지만 군사 지원을 해달라는 거란의 요청에는 응하지 않았다.

금은 송과 동맹하여 1125년에 거란을 멸망시켰다. 그 과정에서 송이 전략적 오류를 범하고 군사적 부실이 드러나자 금이 송을 공격하여 1127년에 수도를 점령하고 휘종과 흠종 부자를 포로로 잡았다. 그 뒤 흠종의 동생 조구가 남송을 세워 금에 대항하다가, 1141년 금에 칭신하고 세공을 바치는 내용으로 화의를 맺었다. 이후에도 송과 금은 몇 차례 전투를 벌였지만 대체로 단기간에 그치고, 1165년 숙질관계, 1208년 백질관계로 변화하면서 금의 우위 속에서 국제정세가 안정되었다.

1117년에 금이 고려에 형제관계 형식의 외교를 요구해왔다. 그렇지만 여진을 번으로 간주하는 인식이 고려 조정에서 여전히 우세하였기 때문에 응하지 않았다. 그 뒤 금의 공격을 받아 거란이 위기에 처하자 1125년에 금에 사신을 파견하였다. 금이 칭신하지 않았다는 이유로 받아들이지 않자, 고려 조정에서 격론을 벌인 결과 금이 강성한 형세를 고려하여 상표칭신(上表稱臣), 즉 사대외교를 하기로 결정하였다. 반대가 강하였기 때문에 태묘에 고하고 점을 쳐서 결정하였다. 금에서 고려 왕을 책봉한 것은 그보다 훨씬 뒤인 1142년이었다.

금에 대한 사대 반대론은 과거의 여진정벌론과 비슷한 취지에서 제기되었다. 윤관의 아들 윤언이는 왕이 해동천자로서 사방의 오랑캐들[四夷]에게 왕도(王道)를 행사해야 함에도 불구하고 도리어 여진에게 신하의 예를 표시하는 것은 수치라고 여겼다. 또한 주변 강국이 등장하면 대체로 한반도를 침략하였기 때문에 금의 침략에 대비해야 한다고 주장하였다.[15]

그에 비하여 내실을 지키는 것이 우선이라는 주장은 형세를 고려하여 사대를 해서라도 안정과 평화를 지키는 것이 좋다고 하였다. 김부의는 앞서 금이 형제관계를 요구했을 때 수용을 주장하면서, 중국도 역사적으로 오랑캐에게 공주를 시집보내기도 하고 칭신하거나 형제관계를 맺는 등 형세에 따라 양보하기도 했다는 점을 지적하였다. 그리고 그가 성곽시설의 정비, 무기 증강 등의 필요성을 역설하였듯이, 사대외교를 주장한 관료들도 외부 위협에 대비할 수 있도록 국방력 강화가 필요하다고 인정하였다. 현실적으로 본다면 여진이 국경과 동해안 지역에 자

---

15  金龍善 편저, 『高麗墓誌銘集成』, 尹彦頤墓誌銘, 2001.

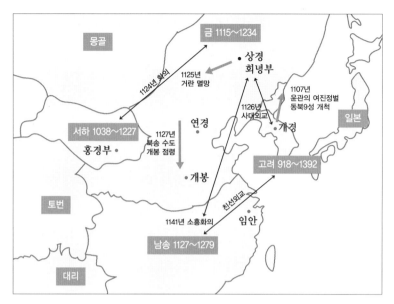

12세기 동아시아 국제정세

주 출몰하면서 약탈하는 것이 고려에 큰 골칫거리였는데, 금이 여진사회를 통제하여 약탈이 없어진 것은 고려가 금과 평화관계를 맺은 데 따른 부수적 효과였다.

결과적으로 고려는 형세를 고려하여 금에 사대외교를 하였지만, 그 뒤에도 몇 가지 해결해야 할 현안들이 생겼다. 우선, 금이 서표(誓表) 제출과 함께 고려에 유입된 여진 인구를 송환하라고 요구하였다. 전자는 칭신의 맹약을 어기면 나라가 위태로워지고 자손이 끊어질 것이며 천지신명이 죄를 주어 왕위를 보전하지 못할 것이라는 내용으로 서약하라는 것이었다. 고려가 미온적인 태도를 보이자, 금은 왕의 친조(親朝)를 요구하겠다고 위협하였다. 그 문제도 고려 내부에서 반발이 컸지만 1129년에 서표를 보내어 일단락되었다. 금은 송과 서하로부터도 비슷한 내용의 국서를 받았다.

후자는 거란이 보주에서 철수한 뒤에 고려가 군대를 투입하여 차지하였는데, 보주로(保州路)와 고려 영내로 유입된 여진 인구를 돌려보내야만 금이 고려의 보주 영유권을 인정해주겠다고 한 것이었다. 고려는 그들이 고려에 정착한 지 오래되어 이미 사망하였다고 송환에 난색을 표시하였다. 금의 일부 관료들이 공감하고 고려를 강요하여 틈을 벌릴 필요가 없다고 주장하여 1130년에 해결되었다.

둘째, 송이 금과 대결하면서 고려에 지원을 요청하였다. 1126년에 송은 고려에 금을 정벌하는 군사를 일으켜 주도록 요청하였다. 이에 대하여 고려는 군사를 동원하기가 어려운 형편이라고 하면서 송이 금을 제압하기를 기다려 다소나마 돕겠다고 대답하였다. 1128년에는 휘종·흠종을 구출하기 위하여 금에 갈 수 있도록 길을 빌려달라는 이른바 가도(假道) 요구를 해왔다. 그렇지만 가도는 고려와 송이 밀착하였다고 금이 의심하게 만들 수 있으며, 사신 통행에 그치지 않고 군사적 이용 가능성도 있는 문제였다. 더구나 고려 내의 일부 세력이 그 틈에 모반할 여지도 있었기 때문에 가도를 응락하기 어려웠다.[16] 송은 고려를 이용하여 금을 견제하기가 어렵게 되자 이후 외교에 소극적이 되었다.

이처럼 금으로부터 외교 압박을 받던 사이에, 1126년 고려 내부에서

---

16  당시 고려 내부에서 송과 결탁하여 모반을 꾀하는 움직임이 있었다. 예컨대, 1148년 이심 (李深)과 지지용(智之用) 등이 송인 장철(張喆)과 공모하여 고려에 가도(假道)를 하면 내응하겠다는 글과 고려지도 등을 진회(秦檜)에게 보냈다가 발각되었다.

이자겸의 난이 일어나서 궁궐이 불타고 많은 관료들이 숙청되었다. 인종도 신변의 위협을 느껴 왕위를 넘기려고 하다가 가까스로 이자겸 세력을 제거하였다. 금에 굴욕적으로 사대를 하게 된 데에다 그처럼 내분을 겪으면서 위기의식이 고조되면서, 개혁을 통하여 지배질서를 회복해야 한다는 공감대가 형성되었다.

개혁이념이나 정치운영론 등은 관료들 간에 차이가 있었다. 묘청·백수한 등은 종교적, 신비적인 비상한 방안을 써서 위기를 혁신적으로 해결하자고 주장하였다. 그들은 칭제건원(稱帝建元)하여 왕의 위상을 높이자고 하는 한편, 풍수상 서경 임원역의 땅에 궁궐을 세워 왕이 거처하면 금을 비롯한 주변국들을 복속시킬 수 있다고 했다. 또한 대동강에 신룡이 침을 토하여 서기가 서렸으니 천심과 인망에 순응하여 금을 제압하자고 건의하였다.[17]

이처럼 묘청파는 풍수도참설·불교 등을 이용한 비상한 수단들을 통한 왕조중흥책을 주장하면서 정치 주도권을 잡으려고 하였다. 그러나 긴박한 국제정세에도 불구하고 천도론으로 정쟁을 야기하고 막대한 인력 동원과 재정 지출이 필요한 토목공사와 종교행사를 벌인 것은 무모하였다. 그들은 여러 가지 신비주의적 상징들을 조작하여 인심을 끌려고 하였지만 속임수라는 것이 드러났다. 예를 들어, 신룡이 침을 토해 대동강에 상서로운 기운이 서렸다고 주장하였으나, 그것은 비밀리에 기름

---

17 묘청파로 지목당한 윤언이는 칭제건원을 지지하지만 서경 천도나 금국 정벌에는 동의하지 않았다고 변명하였으나, 그도 역시 주변 오랑캐들에 대한 통제를 왕도의 행사로 간주하였다.

떡을 강 속에 가라 앉혀서 기름이 새어 나와 물 위에 오색 빛깔로 떠오르게 한 것이었다는 사실이 밝혀졌다. 그리고 종교적, 신비적 수단을 동원하여 나라를 중흥시킬 수 있다는 주장도 자연재해가 빈번하게 일어나 효과가 없자 설득력을 잃었다.

금국정벌론자들은 정세 파악에도 어두웠다. 1127년에 송의 군대가 승리하여 금의 경내 깊숙이 진격하였다는 정보가 전해지자 때를 놓치지 말고 출병하자고 주장하였으나, 정보의 진위를 따지지 않은 섣부른 주장이라는 것이 곧 드러났다.[18] 제(齊)와 동맹하여 금을 협공하자고도 건의하였으나, 제는 금이 세운 괴뢰국에 불과하였다. 또 장사 1천 명만 주면 금 황제를 잡아 바치겠다고 큰소리를 친 이도 있었다. 군사적 대비가 필요한 상황에서, 묘청파는 변경의 무기를 점검하고 승리를 기원하는 종교행사를 연 것 외에는 별다른 대비책을 제시하지 못하였다.

점차 그런 행태를 비판하고 유교적 합리주의와 관료정치를 지향하는 관료들의 주장이 힘을 얻었다. 그들은 종교에 의지한 기복적 정치행위보다 합리적인 유교이념에 바탕을 두어 지배질서를 재정립해야 한다고 주장하였다. 합리적, 도덕적 지도력을 확보하고 민생을 안정시키는 정책을 우선해야 한다고 강조하였다. 대외적으로는 금에 대적하여 모험하기보다 사대외교로 평화를 유지하는 것이 바람직하다고 여겼다.

그들의 중심에 있던 김부식의 생각은 『삼국사기』에 수록한 논평에 잘

---

18　그 주장에 대하여, 김인존은 소문만 듣고 군사를 일으켜 강적을 자극하는 것은 옳지 않다고 비판하였고, 전해에 송에 사신으로 갔던 김부식이 귀국하여 정보가 잘못된 것이라는 점을 밝혔다.

나타나 있다. 그는 칭제건원의 혁신적 의미를 인식하면서도 "때를 타고 병기해서 양립하여 천하를 다툰다든지 간웅들이 틈을 타서 일어나 왕위를 노리는 경우가 아니면 천자국에 예속된 변두리의 소국은 사사로이 연호를 써서는 안된다"고 하였다. 칭제건원은 국내외의 현실적 조건을 고려해야 하는 것이기 때문에, 민생 안정이 필요한 때에 그런 정책으로 금을 자극하는 것은 피해야 한다고 보았다.

묘청파는 자신들이 제시한 정책의 문제점이 드러나고 비판론이 커지자, 무력 대결로 승부수를 던져서 1135년에 서경에서 반란을 일으켰다. 김부식이 중심이 되어 반란을 진압한 뒤에 유교 관료정치론이 득세하고 금에 대하여 사대외교를 유지하였다. 김부식은 인종에 대한 평가에서 "금이 갑자기 흥기하자 반대론을 물리치고 상표칭신하였으며 사신이 오면 예를 다하여 접대했기 때문에 금나라 사람들이 경애하였다. 공문서에 금을 오랑캐[胡狄]라고 쓴 것을 보면 '대국에 신하로서 섬기면서 어찌 이렇게 무례하게 말할 수 있는가'라고 지적하고, 우호동맹을 맺어 변경에 근심이 생기지 않았다"라고 칭찬하였다.[19]

그렇지만 김부식파는 민생 안정을 우선시하였으나 혁신적인 개혁을 배제한 결과 효과적인 대책을 내놓지 못하였다. 보수적 성격을 벗어나지 못하였을 뿐 아니라, 내란 진압 과정에서 다른 정치세력을 숙청함으로써 이후 사상적 다양성이 위축되었다.

1141년 송과 금이 화의를 맺었으며, 다음 해에 금이 고려의 인종을 정식으로 책봉하고 고려는 금의 연호를 사용하기 시작하였다. 그 뒤에

---

19 『고려사』 권17, 인종 24년 2월 金富軾贊.

고려가 금과의 외교에 치중하고 송도 고려와의 관계에 소극적이 되면서, 고려와 송은 외교를 중단하지는 않았지만 소원해졌다.


## 5. 맺음말

11세기 초부터 고려·송·거란·서하 등이 세력 균형을 이루어 상대적으로 안정되었던 국제정세는 12세기에 여진이 강성하여 금을 세우면서 요동쳤다. 금은 정복왕조로 발전하여 거란을 멸망시키고 그보다 한층 남진하였다. 송은 금과 동맹하여 숙적 거란을 쳤다가 도리어 금의 공격을 받아 황제가 포로로 잡히고 중원을 상실하였다. 그런 격동의 와중에도 고려는 외부의 침략을 받지 않고 안보를 지켰다.

당시 고려의 외교정책 기조는 안보와 교역, 문물 교류 상의 실리 추구에 두었다. 안보는 국경을 맞대고 있던 북방국가와의 관계에서 가장 중요한 목표였고, 교역과 문물 교류는 송과의 관계에서 중심이 되었다. 국익을 위하여 고려는 다원적 국제정세를 이용하여 적절하게 대응하였다. 거란에 대한 사대외교 때문에 송과 외교를 단절한 시기에도 민간 차원에서 상업 교역과 문화 교류가 활발하게 이루어지도록 허용하였다. 그러다가 압록강 보주 지역을 둘러싸고 거란과 마찰이 커지자 송과 외교를 재개하여 견제하였다. 여진이 세력을 확장하자 정벌을 단행하여 견제하였고, 송이 여진과 동맹하여 거란을 공격하려고 하자 여러 경로를 통하여 그 전략의 위험성을 경고하였다. 여진이 금을 세우고 거란을 멸망시킨 뒤 송을 남쪽으로 밀어내면서 국제질서를 새롭게 재편하려고 압박해왔을 때는 군사적 충돌을 피하여 종래 번을 대하던 여진에 반대로 칭신 사대하는 외교적 양보를 하였다.

고려는 해동천하, 즉 고려가 중심이 되는 천하질서를 인식하면서도, 형세를 고려하여 북방 강대국과의 외교에서 조공·책봉관계를 받아들였다. 군사적으로 굴복한 것은 아니었지만 거란과 금에 사대외교를 하는 한편, 송과의 관계를 이용하여 세력 균형을 유지하고 평화를 지켰다. 북방국가가 강자로 대두하자 안보와 국익을 위하여 전략적으로 사고하고 현실주의적으로 대응하였던 것이다.

고려는 그렇게 대응하는 과정에서 충분한 내부 논의를 거쳤다. 국가의 대외적 위신을 높이고 팽창을 지향하는 관료들의 주장에 따라 국방력을 강화하고, 형세에 대한 고려와 내치를 우선시하는 관료들의 주장에 따라 사대외교를 하여 긴장 완화와 평화 공존을 지향하였다. 그 견해 차이가 때로 격렬한 정쟁으로 번지기도 하였지만, 대륙이 전쟁에 휩싸인 속에서도 취약성을 드러내지 않고 평화를 지켰을 뿐만 아니라 오랫동안 분쟁지로 남았던 압록강 동쪽의 보주를 차지할 수 있었다.

# 4장

# 14세기 말 원·명 교체와 고려왕조의 외교 실패

**이익주**

서울시립대학교 국사학과 교수. 한국역사연구회 회장. 서울시립대학교 서울학연구소 소장 등을 지냈다. 고려 시대 정치사와 고려-몽골관계사를 주로 공부하고 있으며, 쓴 책으로는 『전쟁과 동북아의 국제질서』(공저), 『동아시아 국제질서 속의 한중관계사』(공저), 『이색의 삶과 생각』 등이 있다.

## 1. 머리말

 1392년에 고려가 멸망하고 조선이 건국되었다. 왕조 교체가 드문 한국사에서 475년 간 지속된 고려왕조의 멸망은 매우 중대한 사건이었다. 하지만 14세기 말에는 한국뿐 아니라 중국과 일본에서도 역사적으로 의미 있는 변화가 있었다. 중국에서는 1388년에 원이 멸망하고 원·명 교체가 완료되었으며, 일본에서는 60년에 걸친 남북조의 내란이 1392년에 종식되었다. 동아시아의 한·중·일 삼국에서 왕조 교체급의 대사건이 거의 동시에 일어났던 것이다. 이 사건들이 직접 연관된 것은 아니지만 동아시아 국제질서의 재편에 연동하는 일국사의 변화라는 점에서 공통점을 갖는다. 이 격변의 진원은 중국에서 일어난 원·명 교체라고 할 수 있겠는데, 고려-조선의 왕조 교체는 그것과 밀접하게 관련되어 있었다.[1]

 고려왕조의 멸망이 원·명 교체로부터 영향받은 것이라면, 외교의 실패가 그 중요한 원인이 되었다고 할 수 있을 것이다. 고려는 국제 질서의 변화에 어떻게 대응했으며, 그 실패가 어떻게 멸망으로까지 이어졌

---

1  이익주, 「14세기 후반 원·명 교체와 한반도」『전쟁과 동북아 국제질서』, 일조각, 2007.

던 것일까?

고려 멸망의 직접적인 계기가 된 것은 1388년의 요동 공격이었다. 우왕과 최영이 주도한 요동 공격은 이성계의 위화도회군으로 중단되었지만, 고려 왕실을 비롯한 구세력이 명과의 대립관계를 분명히 하기에 충분한 사건이었다. 실제로 위화도회군 후 4년 만에 회군세력에 의해 고려왕조가 멸망하고 조선이 건국되었다. 하지만 당시 명의 일방적인 철령위 설치를 고려로서는 받아들일 수 없었고, 달리 거부할 수도 없는 상황이었다. 그렇다면 고려 외교의 실패는, 멀리는 국제질서의 변화에 대한 대응의 실패이고, 가까이는 선택의 여지없이 요동 공격에 나설 수밖에 없었던 상황 관리의 실패라고 할 수 있다.

고려는 13~14세기 몽골제국의 판도에서 아주 드물게 독자적인 국가를 유지하고 있었다. 1231년부터 시작된 몽골의 침략으로 30년 가까이 전쟁을 치렀지만, 1259년 강화 이후 외교적 노력을 통해 국가를 유지할 수 있었다.[2] 고려 국왕이 대대로 원 황실의 부마가 되었고, 더욱이 고려 여인이 원의 황후가 되기에 이르러서는 고려와 원의 친선관계를 의심하기 어려웠을 것이다. 그러나 1356년 공민왕이 예상 밖의 반원운동을 일으켜 원의 세력을 몰아냈고, 이후 명이 원의 수도를 점령하자 재빨리 친명정책을 추진함으로써 국제정세의 변화에 한 걸음 앞서 대응하는 모습을 보였다. 그럼에도 고려는 왜 명과의 외교에서 실패하게 되었던 것일까?

---

2  고려-몽골(원) 관계에 대해서는 이익주, 「고려·원 관계의 구조에 대한 연구 – 소위 '세조 구제'의 분석을 중심으로 – 」『한국사론』36, 서울대 국사학과, 1996 참조.

1368년에 명이 건국되자 이듬해 고려는 원과의 관계를 끊었고 1370년 명과 책봉·조공관계를 맺었다. 그로부터 1388년 원이 멸망할 때까지 20년 동안 중국에서 원과 명이 대립하는 가운데 고려의 외교는 대체로 친명반원정책을 기조로 하였다. 하지만 명은 고려에 대해 경쟁국(원)이 있는 나라답지 않게 고압적이었고, 고려는 원·명의 대결 상황을 이용하며 적극적인 실리 외교를 펼치지 못했다. 그러고는 원이 멸망하자 곧 명과 철령위 문제로 충돌을 일으키게 되었다. 결과적으로 고려의 친명정책은 실패한 셈이었다. 왜 그랬을까?

## 2. 원·명 대립과 중립외교의 가능성

### 1) 명의 압박과 고려의 저자세외교

기나긴 한·중관계의 역사에서 13, 14세기 고려-원관계와 15, 16세기 조선-명관계 사이에 고려-명관계의 짧은 시기가 있었다. 1368년 명의 건국으로부터 1392년 고려 멸망까지 24년의 기간이었다. 하지만 명이 고려 멸망과 조선 건국에 일정한 역할을 했다는 점에서 고려와 명의 관계는 매우 중요한 의미가 있다. 무엇보다도 원·명 교체에 대한 고려의 발 빠른 대응으로 우호적인 분위기에서 시작된 양국관계가 고려의 명에 대한 공격(요동 공격)으로 귀결되는 반전이 있었다는 점에서도 그 전말을 정리해볼 필요가 있다.

고려가 명과 책봉·조공관계를 맺은 것은 1370년 5월의 일이었다. 그로부터 불과 9년 뒤인 1379년 3월에 명은 고려에 막대한 양의 공물을 강요해왔다. 그해 공물로 말 1천 필을 보내고 이듬해부터는 해마다 금 1백 근, 은 1만 냥, 좋은 말 1천 필, 고운 베[細布] 1만 필을 바치라는 것이었다. 공물 액수를 둘러싼 실랑이가 이어진 끝에 결국 고려는 이 요구를 모두 수용하여 1382년 4월에 공물을 보냈다. 그러자 이번에는 아무런 근거도 없이 지난 5년 동안의 공물로 금 5백 근, 은 5만 냥, 말 5천 필, 베 5만 필을 한꺼번에 요구해왔다. 그에 맞추어 고려에서는 말 7천 필과 금 96근 14냥, 은 1,900냥, 포 5만 필을 보냈다. 부족한 금은 50냥당 말 1필로, 은은 300냥당 말 1필로 환산한 것으로, 명이 요구하는 액수를 모두 채운 것이었다.

이때 명의 공물 요구는 막대한 양도 문제려니와, 협상의 여지도 없이 자신들의 요구를 그대로 관철시켰다는 데 더 큰 문제가 있었다. 이처럼 일방적인 공물 요구는 전쟁을 거쳐 성립된 고려-몽골관계에서도 볼 수 없던 일이었다. 당시 명은 원과 대립하고 있었는데, 고려가 그러한 정세를 활용하지 못하고 오히려 일방적인 공물 요구에 시달렸던 것이다. 게다가 명이 요구한 말이 원과의 전투에 동원될 군마라는 점에서 원·명 대립 때문에 오히려 고려의 부담이 더 커지게 되었다는 추론도 가능하다. 고려가 전기에 거란과 송, 금과 남송의 분열과 대립을 이용하여 외교적 실리를 취했던 것과 매우 다른 양상이었다.

고려가 명에 대한 저자세외교의 대가로 얻어내고자 한 것은 우왕에 대한 책봉이었다. 1374년 9월 공민왕이 시해된 뒤 고려는 11월에 명에 사신을 보내 그 사실을 알리고 공민왕의 시호를 청하는 동시에 우왕을 책봉해줄 것을 요청했다. 그런데 그 직전에 고려에 왔던 명 사신 일행이 귀국하던 길에 고려 관리에게 살해당하는 사건이 일어났고, 이 소식을

들은 고려 사신들이 도중에 돌아오는 바람에 전왕의 시호를 요청하고 새 왕의 책봉을 요청하는 절차가 완료되지 못하고 말았다. 그 때문에 다음 해 1월 명에 다시 사신을 보냈지만 명은 아무런 대응을 하지 않는 것으로써 고려를 압박했다.

공민왕 죽음과 우왕 즉위에 대한 명의 반응이 고려에 처음 전달된 것은 1376년 6월의 일이었다. 그것도 정식 국서가 아니라 정료위의 지방 관인 고가노(高家奴)의 서한을 통해서였다. 여기서 고가노는 명이 공민왕의 사인을 알지 못해 의심하고 있음을 알리고, 명과의 관계를 개선하기 위해 1319년(충숙왕 6년) 이후 요양의 혼란을 피해서 고려로 들어온 사람들의 명단을 제출하고 공민왕 말에 귀국 도중 살해된 명 사신이 가져가던 공마의 수를 채워 보내는 것이 좋겠다고 충고했다. 고가노의 입을 빌었지만 실은 명의 본심이었다. 명은 자신들이 책봉한 공민왕이 시해된 것과, 그 아들인지 의심되는 우왕이 즉위한 것을 고려의 약점으로 삼아 실리를 취하려 했던 것이다. 고려로서는 억지스럽고 난데없는 요구였지만, 명의 반응이 온 것만으로도 환영하는 분위기였다. 그렇지만 명과의 관계는 쉽게 개선되지 않았고, 8월에는 정료위가 고려를 침공한다는 소식이 전해져 군사를 점검하는 등 긴장이 감돌기도 했다.

고려와 명의 왕래는 다시 1년 이상 두절되었다가 1377년 12월 명에서 그동안 억류해왔던 고려 사람 358명을 송환하는 것을 계기로 재개되었다. 이듬해 3월 고려에서 명에 사신을 보내 '의심을 풀고 고려 사람들을 송환해준 것'에 사은하고 공민왕의 시호와 우왕 책봉을 다시 요청했다. 이어 6월에는 명이 억류하고 있던 고려 사신들을 돌려보냈고, 8월에는 고려 사신이 귀국하는 길에 제지(帝旨)가 전달되어 왔는데, 그 내용은 뜻밖에도 고려를 힐난하고 공민왕의 시호 등 고려의 요구를 모두 거부하는 것이었다. 그럼에도 불구하고 고려에서는 9월부터 명의 홍무 연호를 사용하기 시작했다. 명이 고려의 요청을 거부했음에도 불구하고 단지 제지가 전달된 사실에 고무되어 친명정책을 강화한 것이었다.

고려에서 홍무 연호를 다시 사용한 뒤에도 명은 고려를 계속 압박해왔다. 1379년 1월에는 앞서 1370년에 이성계 등이 요양에서 되찾아온 고려 사람들을 돌려보낼 것을 요구했고, 3월에는 명 사신 살해의 책임을 물어 집정대신이 명으로 들어올 것과 공물을 보낼 것을 재촉했다. 그렇게 하지 않으면 함선 수천 척에 정예군 수십만 명을 실어 보내 고려를 공격하겠다는 협박과 함께였다. 그와 동시에 우왕의 정통성을 문제 삼으면서 막대한 양의 공물과 고려에 '억류'되어 있는 요동 군민을 모두 돌려보낼 것을 재차 요구했다.

명의 압박에도 불구하고 고려는 명으로부터 공민왕의 시호와 우왕의 책봉을 받기 위해 계속 매달렸다. 그러자 명은 1379년 3월에 가서야 앞에서 언급했던 공물, 즉 말 1천 필을 우선 보내고 이듬해부터는 해마다 금 1백 근, 은 1만 냥, 좋은 말 1천 필, 고운 베 1만 필을 보낼 것을 요구했다. 그 간의 외교적 압박이 경제적 수탈을 위해서였다는 본색을 드러낸 것이었다. 그렇게 하고도 고려 사신이 명에 오는 것을 거부하여 사신들이 모두 요동까지 갔다가 되돌아오는 일이 벌어졌다. 결국 고려는 1383년 8월부터 육로를 포기하고 바닷길로 사신을 보내게 되었는데, 기상 여건에 따라 목숨을 잃을 수도 있는 위험한 길이었다. 이렇게 고려를 압박하면서 5년 동안의 밀린 공물을 한꺼번에 요구했고, 이 무리한 요구를 모두 이행한 뒤에야 1385년 4월 고려 사신의 왕래를 허용했다.

내일을 읽는 한·중관계사

그리고 다음 달에 고려에서 공민왕의 시호와 우왕 책봉을 다시 요청하는 절차를 거쳐 9월에 명의 사신이 와서 공민왕의 시호를 내리고 우왕을 책봉했다. 우왕이 즉위한 지 11년 만의 일로, 그를 위해 고려가 치러야 했던 대가는 실로 막대한 것이었다.

고려에서 우왕이 즉위한 1374년부터 명의 책봉을 받는 1385년까지 명과의 외교는 고려 역사상 가장 비굴한 저자세외교였다고 해도 과언이 아니다. 고려 전기에 송·거란과 금을 상대할 때는 물론이고, 13세기 이후 몽골과 전쟁을 거친 뒤에도 이처럼 일방적인 요구를 그대로 수용한 적이 없었다. 우왕이 정통성에 결함이 있어 명의 책봉이 절실했다는 점을 감안해도, 즉위 후 10년이 지나도록 이 문제에 매달릴 상황은 아니었다. 게다가 당시 중국에서는 원과 명이 대립하고 있었으므로 이 상황을 이용하여 명의 압박을 상쇄시킬 수도 있었다. 당시 고려는 원·명 사이에서 중립외교를 펼칠 수 없었을까?

## 2) 중립외교의 가능성

14세기 후반에 원이 몰락하고 명이 등장함으로써 결국 원·명 교체가 이루어진 것은 사실이지만, 우리가 그 결과를 알기 때문에 빠지게 되는 두 가지 착시 현상에 주의해야 한다. 하나는 1356년 반원운동을 계기로 고려가 원의 영향에서 완전히 벗어났다고 생각하는 것이고, 또 하나는 1368년 명이 원의 수도였던 대도(大都)를 점령하는 것으로 원·명 교체가 완료되었다고 생각하는 것이다. 반원운동 이후에도 고려는 여전히 원과 책봉·조공관계를 유지했고, 원이 멸망한 것은 대도 함락 이후 20년 뒤인 1388년의 일이었다. 이 20년 동안 원과 명이 각축을 벌였는데, 특히 고려와 인접한 요동 지역에서는 나하추를 중심으로 하는 원의 세력이 1387년까지 건재했다. 그 때문에 1370년 고려가 명과 책봉·조공관계를 수립한 뒤에도 동아시아의 국제질서는 여전히 유동적이었다.

원·명 대립으로 인한 유동적인 국제질서는 고려가 중립외교를 통해 실리를 추구하는 기회가 될 수도 있었다. 실제로 우왕 즉위 후 고려에서는 명과의 관계가 순조롭게 풀리지 않자 원과의 외교를 재개하려는 움직임이 있었다. 1374년 9월 공민왕이 시해된 직후 명에 시호와 책봉을 요청하기 위해 파견된 사신이 명 사신 살해사건 때문에 돌아오자 12월 원에 사신을 파견해서 공민왕의 죽음을 알렸다. 공민왕대의 반원적인 분위기를 생각한다면 다소 의외의 행동이었다.

한편, 원은 공민왕이 시해되자 공민왕에게 후사가 없다는 점을 빌미로 고려 왕족인 톡토부카를 고려 국왕에 책봉했다. 그렇지 않아도 정통성 시비에 휘말렸던 우왕에게 커다란 위협이 되는 행동이었다. 고려는 군대를 모아 원의 침략에 대비하는 동시에 그 부당함을 호소하는 외교적 노력을 병행했다. 그러자 원에서는 공민왕 시역의 죄를 용서한다는 뜻을 전해왔고, 이것이 공민왕 시해 후 불안하던 정국에 불을 붙였다. 원에서 보낸 사신을 영접하는 문제를 둘러싸고 격론이 벌어졌는데, 우왕을 옹립하고 권력을 잡은 이인임 등이 원 사신을 맞아들이려 한 데 대하여 김구용·이숭인·정도전·권근 등 신흥유신(新興儒臣)들이 극력 반대하고 나섰던 것이다.[3] 이들은 원에 톡토부카 책봉의 부당함을 호소하는

---

3   신흥유신에 대해서는 이익주, 「공민왕대 개혁의 추이와 신흥유신의 성장」 『역사와 현실』 15, 1995 참조.

것부터가 원에 대한 사대의 의사를 나타내는 것이며, 선왕인 공민왕의 정책을 거스르는 것이라고 주장했다. 이들의 반대로 원 사신은 강계까지 왔다가 되돌아갔지만, 이번에는 신흥유신들이 이인임을 명 사신 살해의 주범으로 몰아 탄핵하면서 문제가 확대되었다. 그러나 이인임의 반격으로 신흥유신들이 대거 관직에서 쫓겨나거나 유배됨으로써 이인임의 권력이 오히려 더욱 강화되었다.

당시 이인임이 원과 관계를 개선하고자 했던 것은 사실이지만, 원에 대한 사대까지를 고려했다고 보기는 어렵다. 공민왕 시해 직후 명에는 시호와 책봉을 요청한 데 반해, 원에는 사신을 보내 공민왕의 죽음을 알리기만 한 것이 이를 단적으로 보여준다. 즉 명과 책봉·조공관계를 유지하는 선에서 원과의 관계를 개선하고자 했던 것이라고 할 수 있다. 하지만 고려의 협력이 절실했던 원은 고려가 접근해오는 기미가 보이자 즉시 고려와 관계 개선에 나섰다. 1376년 10월 원의 실권자였던 후흐테무르의 서한이 고려에 전해졌는데, 그 내용은 톡토부카 책봉이 자신들의 실수였다는 것, 우왕의 즉위를 인정할 테니 자신들의 책봉을 받으라는 것, 그리고 장차 명을 공격할 때 군사를 내어 도와달라는 것 등이었다. 우왕에 대한 책봉을 미끼로 고려를 자기편으로 끌어들이려 한 것이었다.

원이 적극적으로 접근해온 것과는 대조적으로 명은 여전히 냉담했다. 그러한 상황에서 고려가 친명정책을 포기하고 친원(親元) 노선으로 전환한 것도 무리가 아니었다. 후흐테무르의 서한이 도착한 직후 고려에서는 원에 사신을 보내 답례했고, 그로부터 원과의 관계가 급진전되어 1377년 2월 우왕이 원으로부터 책봉을 받고 원의 연호를 사용하기 시작했다. 1370년 공민왕이 명의 책봉을 받고 홍무 연호를 사용한 지 7년 만에 사대의 대상을 명에서 원으로 변경한 대사건이었다. 이해 6월 원에 파견된 고려 사신이 원의 관복을 입고 예를 행하자 그것을 지켜보던 원의 관료들이 감격해 눈물을 흘렸다는 대목에서는 양국관계가 완전히 회복된 것처럼 느껴지기도 한다. 여기까지는 고려가 원·명의 대립 상황을 적극 활용한 것이라고 할 수 있다.

하지만 고려와 원의 밀월관계는 오래 가지 못했다. 1377년 12월 명이 억류하고 있던 고려 사람 358명을 돌려보냈고, 이를 계기로 고려·원 관계가 다시 냉각되기 시작했다. 1378년 3월 명에 사신을 보내 시호와 책봉을 다시 요청했는데, 이는 당연히 명과의 관계 개선에 대한 의지가 있었기 때문에 가능한 일이었다. 또 그것은 원과의 관계 단절을 염두에 둔 행동이었음에 틀림없다. 9월부터는 홍무 연호를 다시 사용하기 시작했고, 이는 곧 원 연호의 사용 중지를 뜻했다. 고려가 원에 접근한 것이 중립외교에 미치지 못하는 것이었음을 드러낸 순간이었다.

고려가 명으로 기울자 원은 고려를 다시 끌어들이기 위해 안간힘을 썼다. 1379년 6월에 사신을 파견해와 연호를 천원(天元)으로 고쳤음을 알렸고, 이듬해 2월에는 우왕을 태위에 책봉했다. 이에 고려는 개원을 축하하고 태위 책봉에 사은하는 사신을 보내 답례했지만, 그것도 잠시일 뿐 1380년 말부터 원과의 교류를 중단하고 말았다. 1380년 7월에 원 사신이 고려에 온 것을 마지막으로 사신 왕래 또한 단절되었다.

결국 원과의 책봉·조공관계는 1377년(우왕 3년) 2월에 재개되어 이듬해 9월까지 2년이 채 못 되는 기간 동안 유지된 셈이었다. 이것을 두고 고려가 원·명 사이에서 중립외교를 펼쳤다고 하기는 어렵다. 비록 짧은 기간이나마 명과 원 사이를 오가는 외교적 노력을 했음을 인정한다 하더라도 양국 간에 균형을 맞추지 못한 것은 분명한 사실이고, 혹시 고려의 대원정책이 명을 자극하여 관계 개선을 이끌어냈다고 할 수도 있지만 고려가 원과의 관계를 단절하면서 얻어낸 것이 거의 없었다. 고려가 명에 기대하고 있던 공민왕의 시호와 우왕의 책봉 문제는 여전히 해결되지 않았고, 오히려 명의 공물 요구에 시달려야 했다. 홍무 연호를 다시 사용하기 시작한 1378년부터 우왕이 책봉을 받는 1385년까지 고려가 명에 대해 저자세외교를 펼쳤음은 앞에서 설명한 바와 같다. 이 기간 동안 원이 건재하며 명과 대립했음에도 고려는 친명정책으로 일관함으로써 그러한 상황을 활용하지 못했던 것이다.

## 3. 친명반원외교의 시작과 끝

### 1) 반원정책의 뿌리

고려가 명과 책봉·조공관계를 수립한 1370년부터 원이 멸망한 1388년까지 약 20년 동안 고려의 외교정책은 분명 현실과 괴리되는 면이 있었다. 즉 실제로는 원·명이 대립하고 있었지만, 고려의 외교정책은 원·명 교체를 기정사실로 받아들인 가운데 친명반원 노선 일변도로 전개되었다. 그 때문에 고려가 원·명 대립의 상황을 이용하지 못하고 오히려 대명외교에서 어려움을 겪게 되었던 것이다. 그렇다면 고려는 왜 원·명 사이에서 중립외교를 펼치지 못하고 반원정책으로 일관했던 것일까?

고려는 1259년 몽골과의 강화 이후 1356년 공민왕이 반원운동에 성공할 때까지 약 100년 동안 원의 간섭을 받았다. 강화 초기 왕조의 존속을 약속받으면서 비교적 우호적으로 출발했던 양국관계는 14세기 들어 원의 정치적 혼란으로 말미암아 불안정해지기 시작했다. 충선왕이 멀리 티벳까지 유배되는가 하면 고려를 없애고 원의 행성으로 만들려는 움직임이 일어나기도 했다. 그 과정에서 원에 기대어 고려에서 세력을 확대하려는 부원세력(附元勢力)이 출현했다. 기황후의 등장은 부원세력이 강화되는 데 결정적인 계기가 되었다.

공민왕은 즉위 직후 왕권을 강화하고 개혁을 시도했지만 부원세력의 벽에 부딪혀 실패하고 말았다. 그러한 때에 마침 원의 쇠퇴상이 고려에 알려졌고, 공민왕의 대원정책은 부원세력 척결에서 전면적인 반원(反元)으로 수정되었다. 1356년 5월 공민왕은 기철(奇轍)·노책(盧頙)·권겸(權謙) 등 부원세력의 핵심 인물들을 살해하고, 부원세력의 거점이었던 정동행성 이문소를 폐지하며, 군대를 출동시켜 쌍성총관부를 공격하는 등 반원운동에 전격 착수했다. 그리고 그것이 성공을 거두어 약 100년 동안 계속된 원의 간섭을 물리치는 데 성공했다.[4]

하지만 공민왕의 반원운동으로 원과의 관계가 완전히 단절된 것은 아니었다. 연호 사용에서 당시 상황을 엿볼 수 있다. 공민왕은 반원운동 직후인 1356년 6월 원의 지정 연호를 사용하지 않겠다고 발표했다. 이

---

4  공민왕의 반원운동에 대해서는 이익주, 「1356년 공민왕 반원운동 재론」 『역사학보』 225, 2015 참조.

조치는 원의 간섭에서 완전히 벗어났음을 천명한 것이었다.[5] 하지만 실제로는 원의 연호를 다시 사용했는데, 이 사실은 1357년부터 지정 연호를 사용한 사례에서 확인된다. 지정 연호가 완전히 폐기된 것은 반원운동이 일어난 지 10여 년 뒤인 1369년의 일이었다. 반원운동에도 불구하고 고려는 독자적인 연호를 만들어 사용하지 않고 원의 연호를 계속 사용했던 것이다.

결국 고려의 반원운동은 원의 간섭에서 벗어나는 것을 목표로 한 것이었고, 원과의 책봉·조공관계를 부정한 것은 아니었다.[6] 고려는 반원운동 이후에도 원에 사신을 보내고 조공하는 등 책봉·조공관계를 유지했다. 고려가 반원운동에 성공했음에도 불구하고 원과의 책봉·조공관계를 청산하지 못한 것은 원 중심의 국제질서를 대신할 새로운 질서가 성립되지 않은 상황에서 불가피한 일이었다.

고려가 어쩔 수 없이 원과 책봉·조공관계를 유지하고 있던 상황에서 원이 고려를 자극하는 일이 벌어졌다. 홍건적의 침략으로 개경이 함락되는 위기에 처했던 고려가 반원운동의 성과를 부정하면서까지 원과의 관계 개선에 나서자 원은 한 걸음 더 나아가 공민왕을 폐위하고 덕흥군을 고려 국왕에 책봉했던 것이다. 1362년의 일이었다. 원의 입장에서는 공민왕에 대한 복수와 더불어 양국관계를 반원운동 이전으로 되돌리고 싶었을 것이다. 그러나 고려의 강력한 반발로 공민왕 폐위는 실행되지

---

5  민현구, 「고려 공민왕대 반원적 개혁정치의 전개과정」 『허선도선생정년기념한국사학논총』, 일조각, 1992, 242~243쪽.
6  이익주, 「14세기 후반 동아시아 국제질서의 변화와 고려-원·명-일본 관계」 『진단학보』 114, 2012.

않았고, 덕흥군을 앞세워 고려를 침략한 원의 군대는 압록강 근처에서 패배하고 말았다. 원은 1364년 10월 공민왕을 '복위'시키면서 공민왕 폐위에 대해 해명하는 문서를 보내왔는데, 여기에는 이례적으로 황제가 사과하는 내용이 담겨 있었다.

원이 공민왕을 폐위하려다 실패한 이 사건은 고려·원 관계를 회복할 수 없을 만큼 악화시켰다. 고려에서는 원에 대한 적대감과 경계심이 높아졌고, 이때 증폭된 반원 감정은 이후 전개되는 원·명 대립에서 고려가 유연한 실리외교를 추진하는 데 큰 장애가 되고 말았다. 또 원과 군사적으로 대립하는 상황에서 그때까지 원과의 외교를 담당해오던 관료들이 친원세력으로 몰려 제거됨으로써 외교 역량의 손실이 불가피했다. 한편, 원으로서도 고려를 자극하여 명과의 대결에서 고려의 도움을 기대하지 못하게 되고 말았으니, 결국 원의 무리한 욕심이 고려와 원 모두에게 치명적인 피해를 입힌 셈이었다.

공민왕이 '복위'한 뒤에도 원과의 책봉·조공관계는 그대로 유지되었지만, 1368년 명이 원의 수도인 대도를 점령하자 곧바로 원과의 관계를 단절했다. 원 황제가 대도를 버리고 상도(上都)로 피신했다는 소식이 고려에 전해진 것이 9월 18일이었고, 이틀 뒤인 9월 20일에는 공민왕은 주원장과 사신을 통하는 문제를 논의하기 시작했다. 그에 따라 11월에 주원장에게 사신을 파견했으며, 이듬해 4월 28일 명 사신이 와서 홍무제의 즉위와 국호를 대명(大明), 연호를 홍무(洪武)라고 했음을 알리자 불과 열흘 뒤인 5월 8일에 원의 지정 연호를 중지하고 다시 사흘 뒤 명에 사신을 보내 책봉·조공관계를 맺을 의사가 있음을 밝혔다. 그리고 1370년 5월 26일 명의 사신이 공민왕 책봉조서를 가지고 도착함으로써 양국 간에 책봉·조공관계가 정식으로 수립되었다.

　이처럼 원·명 대결의 상황에서 고려는 매우 기민하게 대처했다. 하지만 원이 대도를 상실했음에도 불구하고 그 세력이 완전히 소멸한 것은 아니었고, 카라코룸에서 아유시리다라 황태자를 중심으로 세력을 수습하고 명과 대립했다. 1372년 1월에는 명의 군대 15만이 카라코룸을 공격했다가 크게 패했는데, 이는 명이 원 세력을 완전히 제압하기까지 더 많은 시간이 필요했음을 보여준다. 특히 고려와 인접한 요동에서는 원의 요양행성 승상 나하추가 여전히 세력을 유지하고 명의 요동 진출을 막고 있었다.[7] 따라서 고려가 체감할 수 있는 명 중심의 국제질서는 1387년 나하추가 명에 항복하여 요동의 반명(反明)세력이 완전히 소멸한 뒤에야 비로소 수립되었다.

　그렇다면 고려의 친명반원정책은 기민했다기보다는 오히려 성급했다고 할 수 있다. 원·명의 대결이 시작된 시점에서, 아직 승패를 예상하기 어려운 상황에서 친명반원의 태도를 분명히 했던 것이다. 연호 사용을 예로 들면, 명과 정식으로 책봉·조공관계를 맺고 1370년 7월 9일 홍무 연호를 사용하기 이전인 1369년 5월 8일에 이미 원의 연호를 중지함으로써 약 1년 2개월간 연호 없는 기간을 자초했다. 원의 연호는 공민왕의 반원운동이 성공한 뒤에도 거의 끊임없이 사용하던 것이었다. 이렇게 성급한 결정의 원인으로는 1362년 원의 공민왕 폐위 시도에서 비롯된 갈등과, 그것을 극복한 뒤 고려에서 일어난 반원적 분위기 이외에 달리 설명할 길이 없다. 그 일차적 책임은 원인을 제공한 원 측에 있

---

7　박원호,『명초조선관계사연구』, 일조각, 2001, 245~247쪽.

지만, 그 때문에 이후 고려가 실리적인 중립외교를 펼치지 못하게 되었다면, 고려의 감정적인 대응에도 책임이 없다고는 할 수 없을 것이다.

## 2) 철령위 설치를 둘러싼 갈등

1388년에는 철령위 설치를 둘러싸고 고려와 명의 갈등은 절정에 이르렀다. 1385년 우왕이 명으로부터 책봉을 받음으로써 양국관계가 안정되는 듯했으나, 그것도 잠시일 뿐 1387년 명이 나하추의 항복을 받아 요동을 점령한 뒤 새로운 분쟁이 발생했다. 이해 12월에 명이 철령위를 설치하여 고려의 영토 일부를 차지하려 했던 것이다. 당시 명은 스스로 원의 계승자임을 자처하면서 옛날 원의 쌍성총관부가 관할하던 고려의 동북면 지역을 자기 영토로 삼고자 했다. 그러나 이 지역은 쌍성총관부가 설치되기 훨씬 전부터 고려 영토였고, 1356년 공민왕의 반원운동으로 쌍성총관부가 폐지되고 이미 고려 영토로 회복되어 있었다. 이에 대해서는 원에서도 문제를 삼지 않았던 것으로, 명의 주장은 사실상 근거가 취약했다.

철령위 설치 소식이 고려에 알려진 것은 1388년 2월이었다. 그로부터 고려 조정에서 격렬한 논쟁이 벌어졌는데, 외교적 해법을 모색하기보다는 명을 선제공격할 것인가, 말 것인가가 주된 쟁점이 되었다. 명의 태도가 더할 수 없이 강압적이었고, 고려에서는 우왕과 최영이 요동 공격을 강력하게 주장했기 때문이었다. 결국 4월에 요동 공격이 실행되었으며, 그와 동시에 홍무 연호를 중지하고, 관리들에게 원의 관복을 입도록 하는 등 반명친원의 의지를 강하게 드러냈다. 또 5월에는 원에 사람을 보내 명을 협공할 것을 제의하기도 했다. 하지만 이때는 이미 원이

내일을 읽는 한·중관계사

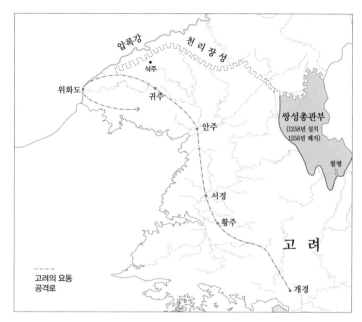

압록강 천리장성

삭주

위화도

귀주

안주

쌍성총관부
(1258년 설치
1356년 폐지)

철령

서경

황주

고 려

고려의 요동
공격로

개경

철령위 위치와 고려의 요동 공격로

명의 공격을 받아 카라코룸 방면으로 후퇴해 있었고, 그곳에서 내분이 일어나 멸망하기 직전이었다. 따라서 원이 고려의 협공 제의에 응하기 란 사실상 불가능했고, 고려의 갑작스런 친원정책 또한 성과를 거두기 어려웠다.

　고려의 요동 공격은 도중에 이성계의 위화도회군으로 중단되었다. 이 를 계기로 이성계가 권력을 장악하고 조선 건국의 발판을 마련했음은 주지의 사실이다. 회군세력은 곧 명과의 관계를 회복하고 철령위 문제 를 외교적으로 해결했다. 그런데 이때 고려를 대하는 명의 태도에서 두 가지 특이한 점이 발견된다. 하나는, 위화도회군 이후 철령위 설치를 다시 거론하지 않았다는 점이다. 위화도회군 직후 고려에 전달된 명의 문서에서는 철령위를 설치하고자 했던 철령 이북의 땅이 고려 영토란 점을 인정하는 듯한 내용이 들어 있었고, 이후 이 문제를 재론하지 않음으로써 고려 영토로 확정되었다. 또 한 가지는 고려의 요동 공격에 대해 아무런 문책도 하지 않았다는 점이다.

당시 고려의 요동 공격은 매우 파격적인 행동이었다. 고려 전기 이래로 고려가 국경 밖으로 출병한 전례가 거의 없었고, 특히 명과의 관계에서는 공민왕이 책봉을 받은 이후 우왕대 내내 책봉·조공관계의 회복을 최우선의 과제로 하여 저자세외교를 펼쳤기 때문이다. 그리고 이유가 무엇이든 간에 책봉·조공관계 아래서 피책봉국이 책봉국을 공격한다는 것 자체가 용납되기 어려운 측면이 있었다. 위화도회군으로 요동 공격을 주도했던 우왕과 최영이 제거되었다고는 해도, 명이 고려의 군사행동을 문제 삼지 않고 오히려 그 빌미가 되었던 영토 문제에서 한 걸음 물러선 것은 뜻밖의 반응이었다.

명으로서도 고려의 요동 공격은 매우 충격적인 사태였고, 고려에 대한 정책을 재검토하는 계기가 되었을 것이다. 그 결과 철령위 문제는 다시 거론하지 않고, 요동 공격에 대한 문책은 이성계 일파에 대한 지지로 대신하며, 고려와 책봉·조공관계를 재확인하는 것으로 결론을 내렸던 것이 아닌가 한다. 그렇게 함으로써 고려와의 전쟁을 피하고 새로 차지한 요동 경영에 주력할 수 있게 되었을 뿐 아니라, 고려에 친명정권이 수립되는 성과를 거두었던 것이다. 또한 고려와의 관계를 안정시킴으로써 동아시아에서 책봉·조공을 통해 명 중심의 국제질서를 확대할 수 있는 기반을 마련했다고 할 수 있다.

내일을 읽는 한·중관계사

철령위 문제가 마무리된 뒤에도 명은 고려에 대한 내정간섭을 시도하지 않았다. 그럴 수 있는 기회가 없던 것이 아니었다. 위화도회군 이후 고려 왕실 측에서 이성계의 권력 장악을 경계하면서 명의 개입을 요청한 적이 있었다. 즉 1388년 10월 명에 사신으로 파견된 이색이 고려에 관리를 파견하여 감국(監國)할 것과 창왕의 친조(親朝)를 허락해줄 것을 요청했다. 감국과 친조가 실현된다면 명의 고려에 대한 간섭이 실현되면서 창왕의 지위가 안정될 것이었다. 그러나 명은 이를 거부함으로써 간섭의 의사는 물론, 고려 왕실을 보호할 생각도 없음을 분명히 했다. 또한 이성계 일파의 창왕 옹립에 대해서도 관여하지 않겠다는 의사를 밝혔다. 계속해서 고려에서 전개된 창왕 폐위와 공양왕 옹립, 공양왕 폐위와 이성계의 즉위 등 일련의 사태에 대해서도 명은 간섭하지 않는다는 원칙을 고수했다.

위화도회군으로 권력을 장악한 이성계 일파가 '폐가입진(廢假立眞)'을 명분으로 창왕을 폐위한 것이나 공양왕의 양위를 통해 조선을 건국할 수 있었던 데는 명의 불간섭이 큰 힘이 되었다. 우왕은 물론이고 창왕과 공양왕이 퇴위되는 데 대해서 명이 아무런 문제를 제기하지 않았던 것이다. 책봉이 단순한 형식적 절차가 아니라 책봉한 군주의 지위를 인정하고 보호하겠다는 약속을 수반하는 것이었으므로 책봉·조공관계에 있던 명이 개입하고자 했으면 얼마든지 가능했을 것이다. 고려 왕실의 입장에서 본다면, 위화도회군 이후 이성계 일파가 권력을 장악한 가운데 명의 보호야말로 왕실을 유지할 수 있는 거의 유일한 희망이었을 것이다. 하지만 명은 불간섭으로 일관했고, 그것은 거꾸로 고려 왕조의 대명외교가 실패했음을 단적으로 보여주는 것이었다.

## 4. 맺음말

고려는 황제국이었다.[8] 국왕을 폐하라고 불렀고, 해동천자라는 이름을 가지고 있었다. 하지만 그렇다고 해서 중국의 천자를 부정한 것은 아니었다. 중원천자, 해동천자 등 여러 천자가 있었고, 그런 만큼 이 세상은 복수의 천하로 구성되어 있다고 생각했다. 이른바 다원적 천하관이었다.

고려 국왕은 자신이 중국의 황제와 대등하다고 생각하지는 않았다. 고려 국왕들은 태조 이래 대대로 중국왕조의 책봉을 받고 조공을 바쳤다. 밖으로는 국왕이고, 안에서는 황제인, 그런 의미에서 '외왕내제(外王內帝)'의 안팎이 다른 체제였다. 이 표리부동함을 용납하면서 대외적으로 실리를 취하고, 대내적으로 황제국의 자부심을 지켰다.

조선은 고려와 달랐다. 스스로를 제후국으로 규정했고, 더 나아가 고려가 황제국이었던 흔적을 지우기까지 했다. 조선의 성리학자들에게 안팎이 다르다는 것은 그 자체로 부도덕한 일이었다. 왜 이렇게 달랐을까? 수많은 이유가 있겠지만 고려와 조선이 처해 있던 국제적 환경의 차이가 중요하게 작용했을 것이다. 고려는 중국이 분열된 다원적 국제질서에서 존재했고, 조선은 명·청으로 이어지는 통일왕조를 상대해야 했다. 중국이 분열되어 있을 때와 통일되어 있을 때 동아시아 국제질서는 달라질 수밖에 없었다. 고려가 황제국을 자처하고 있을 때 베트남도 황제

---

8　이하 고려 황제국에 대한 서술은 노명호, 「고려전기 천하관과 황제국체제」 『고려 역사상의 탐색』, 집문당, 2018 참조.

국을 표방했다.

중국을 중심으로 하는 동아시아 국제질서 속에서 중국의 분열은 주변국들의 운신을 폭을 넓혀주었다. 고려는 10~11세기에 거란과 송의 분열을 이용해서, 12세기에는 금과 남송의 분열을 이용해서 외교적 실리를 취했다. 거란·금과 차례로 책봉·조공관계를 맺었지만, 송·남송과도 교류하며 경제적, 문화적 실리를 얻었다. 13세기 후반 강력한 몽골제국이 등장하면서 동아시아의 다원적 세계는 종말을 고했지만, 고려는 특유의 외교 역량을 발휘하여 국가를 유지하는 데 성공했다.

그런데 14세기 말 원·명이 대립하는 상황에서, 어찌된 일인지 고려왕조의 외교는 유연성을 잃고 친명반원정책으로 일관하는 경직된 모습을 보였다. 친명외교의 대가가 과도한 공물 요구였고, 부당한 영토 요구였으며, 정작 명의 도움이 필요할 때 외면받고 멸망에 이르렀으니 분명 실패한 외교였다. 이 실패는 어디서 비롯된 것일까?

결과적으로 1370년 고려가 명과 책봉·조공관계를 맺은 것은 너무나 성급한 결정이었다. 비록 원이 명에게 수도를 빼앗긴 상황이었지만 원·명 간의 대결이 앞으로 어떻게 전개될지는 아직 불확실했다. 실제로 원은 이후 20년이나 건재하면서 명과 대결을 벌였으며, 고려와 원이 힘을 합쳐 명을 견제할 수 있는 가능성은 여전히 열려 있었다. 하지만 고려는 끝내 그렇게 하지 못했고, 그것은 고려의 성급한 친명반원정책 때문이었다.

고려의 성급한 반원정책에도 이유는 있었다. 1356년 고려의 반원운동을 지켜봐야만 했던 원은 홍건적 침략으로 고려가 흔들리는 모습을 보이자 곧 공민왕을 폐위하고 덕흥군을 책봉하여 고려·원 관계를 반원운동 이전으로 되돌리고자 했다. 고려가 반대하자 군대를 동원하여 침략했지만 곧 패퇴한 데서 볼 수 있듯이 실력이 수반되지 않는 무모한 시도였다. 일설에 의하면 당시 원에서 기황후가 아들 아유시리다라 황태자를 부추겨 사적인 복수를 하려 했던 것이라고 한다. 아무튼 이 시도는 그저 실패로 끝난 것이 아니라 고려에 적대감을 불러 일으켰고, 그 연장에서 고려의 친명반원정책을 앞당겼다. 이후 원은 명과 대결하면서 고려의 도움을 받지 못하게 되었고, 이 점이 원 멸망을 재촉하는 여러 원인 가운데 하나가 되었을 것이다.

　결국 14세기 말 급변하는 국제질서 속에서 원의 무모한 시도와 고려의 성급한 대응이 두 나라가 공멸하는 원인이 되었다고 할 수 있다. 고려왕조의 입장에서 보자면, 원의 잘못된 정책에 감정적으로 대응한 것, 그렇게 함으로써 원·명 대립의 국면에서 유연한 태도를 보이지 못하게 된 것이 망국에 이르는 외교 실패의 핵심이라고 할 수 있을 것이다.

# 5장

# 임진왜란과 조 · 명관계

**한명기**

명지대학교 사학과 교수. 서울대학교 국사학과 및 동 대학원을 졸업했다. 규장각 특별연구원, 《역사비평》 편집위원, 제2기 한일역사공동연구위원회 위원 등을 역임했다. 쓴 책으로는 『임진왜란과 한중관계』 『광해군』 『정묘 · 병자호란과 동아시아』 『역사평설 병자호란 1, 2』 등이 있다.

# 1. 머리말

음력 1593년(선조 26년) 1월 9일, 제독(提督) 이여송(李如松) 휘하의 명군이 평양에서 일본군을 격파했다는 소식에 의주에 있던 선조와 조선 신료들은 감격했다. 지푸라기라도 잡아야 했던 상황에서 명군 덕분에 나라가 다시 살아났다고 여겼던 선조는 신종(神宗) 만력제(萬曆帝)가 있는 북경(北京)을 향해 다섯 번 절을 올렸다. 곧 이어 조선 조정은 이여송을 기리는 송덕비를 세우고 그의 화상(畫像)을 그려 사당에 봉안하고 봄가을로 제사를 지내기로 결정한다. 살아 있는 인물의 공적과 은혜를 기리기 위해 이른바 생사당(生祠堂)을 세운 것이다. 명군의 승리에 조선의 감격이 얼마나 컸었는지를 웅변하는 대목이다.

평양전투 승리 직후 일본군을 추격하던 이여송의 명군은 같은 해 1월 20일 파주의 벽제(碧蹄)에서 일본군의 역습에 휘말려 참패한다. 이여송은 목숨을 겨우 건져 개성으로 물러난다. 그리고 며칠 뒤 이여송은 조선의 도체찰사(都體察使) 류성룡(柳成龍)과 호조판서 이성중(李誠中) 등을 불러 꿇어앉힌 뒤 군법을 집행하겠다고 길길이 뛰었다. 조선 조정이 군량을 제때 보급하지 않아 명군 장졸들을 굶주리게 했다는 것이 이유였다. 류성룡은 "나는 깊이 사죄하면서도 나랏일이 이 지경이 된 것

때문에 나도 모르게 눈물을 흘렸다"고 『징비록(懲毖錄)』에 적었다. 조선의 재상이 눈물을 떨구는 모습에 마음이 짠해진 이여송은 군법 집행을 포기한다. 하지만 며칠 뒤 이여송은 류성룡을 자신의 진영으로 다시 연행하여 곤장을 치겠다고 덤빈다. 류성룡이, 명군 지휘부가 일본군과 강화(講和) 협상을 벌이는 것에 반감을 품고 명군 사자들의 왕래를 방해하기 위해 임진강의 배편을 없애버렸다는 보고를 받았기 때문이다. 보고가 허위였음이 밝혀지면서 류성룡은 두 번째 봉변도 가까스로 면하게 된다.

위에서 언급한 이여송과 관련된 장면들은 임진왜란 이전 조선과 명의 관계에서는 생각하기 어려운 것들이다. 제후국인 조선이 '상국' 명의 무장이자 신하인 이여송을 기리는 생사당을 세우거나 명의 무장이 조선의 고위 신하에게 직접 폭력을 행사하는 것은 평소의 조·명관계에서는 상상조차 할 수 없었던 것이다. 그런데 위와 같은 장면들이 표출되었다는 것은 임진왜란, 그리고 명군 참전을 계기로 조·명관계가 크게 달라졌음을 암시한다.

임진왜란 이전의 조·명관계는 '책봉체제'에 입각하여 전개되었다. 조선은 명의 충순한 번국(藩國)이자 제후국(諸侯國)을 자임하면서 명을 상국(上國)이자 대국(大國)으로 섬기며 사대(事大)했다. 명 또한 조선을 충순한 예의지방(禮義之邦)으로 찬양하면서 번국 가운데 으뜸으로 인정했다. 이 같은 상황에서 정기적으로 북경(北京) 등지에 사신을 보내 황제에게 인사하고 각종 현안들을 보고하고 주청(奏請)하는 것, 조선을 방문하는 명사(明使)들을 접대하면서 칙서(勅書) 등을 받는 것이 조선이 행했던 외교의 주요한 내용이었다.

내일을 읽는 한·중관계사

그런데 임진왜란을 계기로 명의 대군이 참전, 주둔하면서 조·명관계는 물론 조선의 명에 대한 외교 또한 전쟁 이전과는 확연하게 달라졌다. 일본의 침략으로 위기에 처한 상황에서 조선이 해결해야 할 외교적 현안들이 다양해졌다. 당장 명에 사신을 보내 원병을 요청하는 것, 조선에 들어온 명군이 일본군과 싸우거나 주둔하는 과정에서 요구되는 문제들을 해결하는 것, 조선에 들어온 명군 지휘부를 접반하는 것, 명군 지휘부가 일본과의 강화에 매달리는 것에 대응하는 것, 명군 지휘부가 조선의 개혁 방안을 훈수하는 것에 대응하는 것 등 외교적 과제들이 대두되었다.

조선은 위에서 언급한 수많은 대명외교의 현안들에 어떻게 대응했는가? 또 그 과정에서 조·명관계는 어떤 모습을 보였는가? 본고는 바로 이 같은 질문에 답하기 위해 쓴 글이다. 구체적으로는 전쟁 발발과 명군 참전을 계기로 나타난 조·명관계의 변화 양상과 그것이 조선시대 전체의 한·중관계에서 지니는 역사적 의미를 살펴보고자 한다.


## 2. 명 중심 질서에 대한 조선과 일본의 태도

1368년 원(元)을 몰아내고 중원에 군림했던 명(明)은 주변 여러 나라에 조공(朝貢)하라고 채근했다. 조선은 1392년 건국 이후 명에 조공, 사대하면서 명 중심의 중화질서(中華秩序)에 순응하는 태도를 보였다. 그것은 이성계가 1388년의 쿠데타, 이른바 위화도회군(威化島回軍)을 감행하면서 "작은 나라가 큰 나라에 거역하는 것은 불가하다[以小逆大 不

可]"는 명분을 내세웠던 때부터 이미 예견된 것이었다.

한편 일본에서도 남북조를 통일했던 무로마치[室町] 막부의 장군 아
시카가 요시미쓰[足利義滿]가 1401년과 1403년, 명에 조공 사절을 보내
사대의 예를 취했다. 그러자 명은 1404년 책봉사를 보내 요시미쓰를 일
본 국왕으로 책봉(冊封)했다. 책봉된 직후 요시미쓰는 조선에 국서를 보
냈고, 조선이 호응함으로써 조·일(朝日) 국교가 성립되었다. 1404년은
조선과 일본이 명이 주도하는 '책봉체제', '중화질서' 속으로 같이 편입
되었던 해였다.

하지만 이후 조선과 일본의 명에 대한 자세는 확연히 달랐다. 조선은
임진왜란이 일어날 때까지 시종일관 명에 사대의 예를 다했다. 그 와중
에 지성사대(至誠事大)라는 용어까지 등장하고, 조선 스스로 '우리는 사
대하는 나라'라고 강조하기도 했다. 반면 일본에서는 아시카가 요시미
쓰가 죽은 뒤, 천황(天皇)의 신하인 장군이 명에 칭신(稱臣)하는 것은 문
제가 많다는 논의가 비등해졌다. 결국 요시미쓰의 뒤를 이은 4대 장군 아
시카가 요시모치[足利義持]는 명에 대한 조공을 중단하고 책봉을 거부
했다. 영락(永樂) 연호도 사용하지 않았다. 요시모치가 죽은 뒤 6대 장군
요시노리(義敎)는 다시 명에 조공하고 책봉체제로 복귀했다. 일본 내부
의 정정(政情)에 따라 명에 대한 자세를 편의적으로 바꾸었던 것이다.[1]

조선과 일본이 명에 대해 이처럼 다른 태도를 보였던 까닭은 무엇일
까? 우선 지정학적 조건을 거론하지 않을 수 없다. 대륙과 붙어 있는 조
선은 명의 정치 군사적 영향력과 압박에 곧바로 노출될 수밖에 없었다.

---

1    中村榮孝, 『日鮮關係史の硏究』 上, 「室町時代の日鮮關係」, 東京: 吉川弘文館, 153쪽.

실제로 조선은 건국 직후 요동(遼東) 문제, 여진(女眞) 문제 등을 놓고 명과 심각한 갈등을 빚었고 명 태조 주원장(朱元璋)은 조선을 정벌하겠다고 위협하기도 했다. 조선이 시종일관 명에 사대했던 것은 이 같은 상황과 깊이 관련되어 있었다. 1398년 주원장이 죽고 명이 정난(靖難)의 변(變)을 겪으면서 조·명관계는 안정되었다. 15~16세기 조선이 '지성사대'까지 표방하면서 공순한 태도를 보이자 명은 조선을 '예의의 나라[禮義之邦]'이자 '번국 가운데 으뜸'이라고 찬양했다.

반면 바다를 통해 중국 대륙과 떨어져 있는 일본이 체감하는 명의 영향력과 위협은 조선에 비해 제한적일 수밖에 없었다. 일찍이 607년 수양제(隋煬帝)에게 보낸 국서에서 '해 뜨는 곳의 천자[日出處天子]'라고 자처했던 것은 차치하더라도 대륙과 격절되어 있는 일본은 중국에 대해 도전의 자세를 보이기도 했다. 1369년, 조공을 요구하기 위해 명 사신들이 큐슈에 왔을 때 남조(南朝)의 가네나가[懷良] 친왕(親王)이 사신 가운데 다섯 명을 참수하고 통교를 거부했던 것은 대표적인 사례였다.

16세기 후반 전국시대(戰國時代)가 종식되고 통일정권이 등장하면서 일본의 명에 대한 태도는 또 달라졌다. 그 배후에는 대항해시대(大航海時代)의 영향도 자리 잡고 있었다. 1498년 바스코 다 가마가 인도 항로를 개척했던 이래 포르투갈은 동진(東進)을 거듭하여 1511년 말래카를 장악했다. 이후 그들이 동중국해를 들락거리게 되면서 1543년 일본에 조총(鳥銃, 鐵砲)이 전래되었다. 조총은 일본 각지로 확산되어 전국시대의 종식에 큰 영향을 미쳤다. 또 이 무렵 조선으로부터 새로운 제련법[灰吹法]이 유입되면서 일본의 은 생산이 폭증했다. 대외무역의 욕구도 높아졌다. 이 같은 격동 속에서 1587년 도요토미 히데요시(豊臣秀吉)는 일본을 통일한다.

통일 무렵 히데요시는 명 정복[征明], 이른바 당입(唐入)을 내세우면서 대마도주(對馬島主) 소오씨[宗氏]에게 조선 국왕을 입조(入朝)시키라고 요구했다. 조선에 보낸 국서에서 '명을 치는 데 앞잡이가 될 것[征明嚮導]'도 요구했다. '정명향도'는 대마도에 의해 '가도입명(假道入明)'으로 슬쩍 바뀌었지만, 전국시대를 거치면서 커진 군사력과 은의 다량 생산이 상징하는 경제력을 바탕으로 히데요시는 중화질서를 무시하는 태도를 보였던 것이다.

조선의 입장에서 히데요시가 '정명'을 운운했던 것은 이해할 수도, 용납할 수도 없는 망동(妄動)이자 충격이었다. 16세기 후반 조선에서는 숭명의식(崇明意識)이 더 고양되어 지식인들은 명을 조선의 '부모국'이자 '일가(一家)'로 인식했다. 또 조선을 명에 버금가는 문명국이라고 자부하면서 일본을 '섬 오랑캐[島夷]'이자 '화외지국(化外之國)'으로 하시했다. 이 같은 배경에서 조선은 히데요시의 '정명향도' 요구를 무시하는 자세를 보였다. 요컨대, 명 중심의 중화질서가 오래 지속되기를 희구했던[2] 조선은, 경제적·군사적으로 굴기(崛起)했던 일본의 명에 대한 도전 앞에서 당혹할 수밖에 없었다.

---

2   명이 영원무궁할 것이라는 조선 지식인들의 희구(希求)는 16세기 중반 이후 학동(學童)들의 필독서가 된 박세무(朴世茂)의 『동몽선습(童蒙先習)』에 보이는 "대명중천 성계신승 오천만년(大明中天 聖繼神承 於千萬年)"이란 표현에서 상징적으로 나타난다.

## 3. 조선의 청병외교와 명군의 참전

1592년 4월 13일 침략을 개시했던 일본군은 승승장구했다. 오랜 전국시대를 통해 다져진 실전 경험과 신무기 조총이 커다란 위력을 발휘했던 반면, 조선의 방어 태세가 제대로 갖춰지지 못했기 때문에 빚어진 결과였다. 4월 29일, 믿었던 도순변사(都巡邊使) 신립(申砬)이 충주에서 패한 이후 조야에서는 종사가 망했다는 체념의 분위기가 퍼져갔다. 선조가 서울을 버리고 파천할 때 호종(扈從)했던 자는 백 명도 채 되지 않았고 "민심이 이미 떠나버렸다"는 기록이 등장한다.

이 같은 위기 상황에서 조선은 명에 원병을 요청하는 문제를 고민할 수밖에 없었다. 그런데 1592년 5월까지만 해도 조선은 청원(請援) 문제를 논의하면서 명에게 내세울 나름의 명분을 만들어냈다. 그것은 조선이 일본의 침략을 받아 위기에 처하게 된 것은 "명(明)에 충절(忠節)을 다하려다가 미친 왜적(倭賊)에게 분노를 샀기 때문"[3]이라는 선조의 발언에서 명확히 드러난다. 조선이 명을 섬기고 명을 위해 먼저 희생했기 때문에 명이 구원해 주는 것은 당연하다는 명분이었다.

하지만 충주 패전 이후 육전에서 계속 밀리면서 상황은 날로 악화되었다. 같은 해 6월 11일, 평양에 머물던 조선 조정은 평안도로 갈지, 아니면 함경도로 갈지 향후 목적지를 놓고 기로에 섰다. 논란 끝에 의주로 가되 명에 청원하는 것으로 결정했다. 선조는 또한 최악의 경우 요동으

---

3 『宣祖實錄』권26 선조 25년 5월 壬戌. "上曰 予之失國 非有他罪 特以盡節天朝 取怒於
狂賊耳".

로 건너가 명에 의탁하겠다고 강조했다. 신료들은 강하게 만류했지만 선조는 주장을 꺾지 않았다. 이제 종사의 회복과 서울 복귀를 명의 원조에 기대어 도모하기로 결정했던 것이다. 조선 조정은 이덕형(李德馨)을 청원사(請援使)로 임명하여 요동에 파견하는 조처를 취했다.

명은 조선의 요청에 곧바로 응하지 않았다. 1592년 2월 닝샤(寧夏)에서 귀화 몽골인 보바이(哱拜)의 반란이 일어나 산시(陝西) 일대로 확산되고 있었던 데다 조선의 원조 요청에 의구심을 품었기 때문이다. 이미 같은 해 초부터 명 일각에서는 '조선이 일본의 향도(嚮導)가 되어 요동을 탈취하려 한다'는 풍문이 돌고 있었다. 이에 조선은 1592년 3월, 주문사(奏聞使) 한응인(韓應寅)을 북경에 보내 향도설(嚮導說)을 변무한 바 있다.[4]

그런데 임진왜란이 발생했던 이후에도 요동에서는 '조선이 일본군의 앞잡이'라거나 '의주로 오는 조선 국왕은 가짜'라는 와언(訛言)이 퍼지고 있었다. 이 때문에 명의 병부상서 석성(石星)은 요동도사(遼東都司)에 지시하여 조선에 사문관(查問官)을 파견했다. 명이 이렇게 의심했던 것은 조선이 전란의 발생 사실을 급히 보고하지 않은 데다 원병도 일찍 요청하지 않은 것, 선조의 행조(行朝)가 머무는 지역의 방어 태세가 허술했기 때문이었다.[5] 뿐만 아니라 명은 조선을 '막강한 고구려(高句麗)의 후예'라고 인식하여[6] '막강한' 조선이 일본의 공격에 일방적으로 밀리고

---

4  『明神宗實錄』 권246 萬曆 20년 3월 戊辰.

5  許穆, 『記言』 권38 「西垕遺事」.

6  한명기, 「조선시대 韓中 지식인의 高句麗 인식」, 『韓國文化』 38, 서울대 한국문화연구소, 2006.

있던 상황에 의구심을 품을 수밖에 없었다.

우여곡절 끝에 1592년 6월 15일부터 유격(遊擊) 사유(史儒), 부총병(副摠兵) 조승훈(祖承訓) 등이 거느리는 명군 3천여 명이 조선에 들어왔다. 조선 개창 이후 처음 있는 일이었다. 명군이 일단 들어온 이상 이들을 잘 접반(接伴)하여 일본군과의 전투를 제대로 치를 수 있도록 지원하는 것이 조선의 가장 시급한 외교적 과제가 되었다. 당장 사유, 조승훈 등 명군 지휘관에 대한 의전(儀典) 문제, 명군에 군량을 공급하는 문제, 명군이 자행하는 민폐에 대처하는 문제 등이 불거졌다. 선조는 사유와 두 번 맞절을 나눈 뒤 "조선의 존망이 대인들에게 달렸으니 삼가 지휘를 받겠다"고 다짐했다. 유격 정도의 장수와 두 번 절을 나눈 것은 향후 조선의 명군 지휘부에 대한 태도가 어떤 모습일지를 암시하는 대목이었다.

주목되는 것은 명군 병력을 조선에 들여보낸 이후에도 명이 의구심을 완전히 풀지 않았다는 사실이다. 명은 당시 조선의 실상을 탐문하기 위해 많은 정보원들을 조선에 파견했는데 그 가운데는 황응양(黃應陽)도 있었다. 조선은 결국 명의 의심을 풀기 위해 황응양에게, 왜란 발생 직후 고니시 유키나가[小西行長]가 이덕형에게 보낸 서계(書契)를 보여준다. 선초부터 조선은 일본과의 접촉 사실을 명에 숨기려고 했었다. 명에 사대하는 조선이 일본과 접촉할 경우, 명의 문책이 있을까 우려했기 때문이다. 하지만 공모설(共謀說)이 수그러들지 않고 명의 의구심이 이어지는 상황에서 결국 공개하기로 결정한 것이다. 고니시의 서계에는 '일본군의 목표는 중국 침략이고 조선을 일본의 당(黨)으로 삼으려 한다', '조선이 명으로 가는 길을 막았기 때문에 병란(兵亂)에 휩쓸렸다'는 등 일본 측의 주장이 생생하게 담겨 있었다.[7] 세계 공개는 즉각 효과를 발휘했다. 황응양 등은 세계를 확인한 뒤 '수많은 백성들이 도륙을 당했지만 천자를 위한 조선의 마음이 변하지 않았다'며 실상을 명 조정에 알리겠다고 약속했다. 명의 의구심이 겨우 풀리는 순간이었다.

하지만 조승훈과 사유 등이 지휘하는 최초의 명군은 7월 17일 평양성을 공격했다가 일본군에 참패한다. 조승훈 등은 요동으로 도주하면서 조선이 군량을 제대로 공급하지 않고, 일본군 관련 정보를 제공하지 않았다며 패전의 모든 책임을 조선에 전가했다.

우여곡절 끝에 1592년 12월, 명은 이여송이 이끄는 5만의 대군을 다시 투입했다. 명은 왜 조선에 개입했을까? 우선 명 중심의 중화질서를 지키기 위한 의도를 빼놓을 수 없다. 사실상 화외지국인 일본이, 시종일관 명에 충순했던 조선을 장악하도록 방치하는 것은 명이 주도하는 중화질서를 무너뜨리는 것이었기 때문이다.

다음으로는 요동을 지키고 북경, 천진(天津) 등 기보(畿輔) 지역으로 침략의 여파가 미치는 것을 막기 위해서였다. 명은 국초부터 절강(浙江), 복건(福建) 등 동남 연해 지역에서 창궐했던 왜구 때문에 고민했다. 그런데 절강 등지에서 멀리 떨어진 북경에서 볼 때 왜구 문제는 '강 건너 불'이었다. 하지만 조선이 일본에 점령되면 이야기가 달라진다. 조선은 요동과 붙어 있는 데다 조선에서 해로를 이용하면 산동(山東) 등지에 상륙할 수도 있었다. 조선이 망할 경우 요동→산해관→북경 순으로 위협에 노출될 수밖에 없었다. 지정학적으로 요동이 '이(齒)'라면 조선은 그를

---

7  『宣祖實錄』 권28 선조 25년 7월 戊午.

내일을 읽는 한·중관계사

감싸는 '입술(脣)'이었다. 명군이 참전했던 배경에는 순망치한론(脣亡齒寒論)이 자리 잡고 있었다.

또 요동은 평원지대인데 비해 조선은 산악이 많아 방어에도 유리했다. 상대적으로 적은 병력과 전비(戰費)로 일본군을 제압할 수 있다고 생각했다. '위기에 처한 조선을 구원한다'는 명분을 내세워 '시혜자(施惠者)'로 자임할 수도 있었다. 요컨대, 명은 이념적으로는 중화질서를 수호하기 위해, 현실적으로는 요동을 보호하기 위해 조선에 참전했던 것이다.[8]

조선은 이여송 군이 들어온 뒤에도 조선이 명의 충순한 번국이라는 사실, 조선이 갖는 전략적 중요성을 강조함으로써 명의 군원(軍援)을 정당화하는 외교 '카드'로 활용하려고 시도했다. 1593년 1월, 선조는 명군참모 유황상(劉黃裳)에게 "왜노(倭奴)들이 무도하게 상국을 침략하려 하므로 군신(君臣)의 의리에 따라 그를 배격했다가 먼저 침략을 받게 되었다"고 설파했다. 유황상은 발끈하면서 "왜노가 중국을 침범하려면 절강 등지로 상륙하는 것이 정상"이라며 "조선은 그저 명이 구원해준 은혜에 감사해야 할 따름"이라고 반박했다.[9] 명이 자위(自衛)를 위해 참전했다는 조선의 언급에 신경질적인 반응을 보였던 것이다.

명의 참전이 자위 차원에서 이루어졌다는 사실은 훗날 명 신료의 고백에서 명확히 드러난다.

생각건대 지난날 조선전쟁에 처음부터 천하의 병력을 동원했습니다. 무

---

8  한명기, 『임진왜란과 한중관계』, 역사비평사, 1999.
9  『宣祖實錄』 권34 선조 26년 1월 辛酉.

슨 까닭으로 중국의 재력을 고갈시켜 이 구구한 속국을 원조했겠습니까? 조선을 구하는 것이 요동을 지키는 것이고 요동을 지키는 것이 경사(京師)를 보위하는 것이기 때문입니다.[10]

1620년(광해군 12년) 명의 이징의(李徵儀)의 진단이다. 당시 명은 누르하치가 이끄는 후금(後金)의 군사적 도전에 직면해 있었다. 이징의는 후금을 치는 데 조선군을 동원하는 것을 정당화하려고 위와 같이 이야기했다. 명군의 임진왜란 참전이 요동을 보호하여 궁극에는 기보 지역의 안보를 확보하기 위한 조처였다는 것을 암시한다.[11] 그렇다면 '요동 보위'라는 참전 목표가 달성될 경우 명은 어떤 행보를 보일 것인가?

## 4. 명군이 남긴 빛과 그림자

명군의 조선 참전이 몰고 온 여파는 양면적이었다. 명군은 1593년

---

10 『籌遼碩畵』권4 李徵儀「早計防剿以固封疆疏」.

11 오늘날 중국은 임진왜란을 항왜원조(抗倭援朝)라고 부른다. '일본에 맞서 조선을 구원했다'는 뜻이다. 『神宗實錄』 등에 따르면 1592년 이후 '왜범조선(倭犯朝鮮)', '왜구조선(倭寇朝鮮)', '왜경(倭警)', '왜사(倭事)', '동사(東事)' 등의 명칭이 나타난다. 그런데 1610년(광해군 2년) 요동도사(遼東都司)는 조선에 보낸 자문(咨文)에서 임진왜란을 '동원일역(東援一役)'이라 불렀다. '조선을 구원한 전쟁'이라는 뜻이다. 시간이 지나면서 중국이 임진왜란을 부르는 명칭은 '조선을 구원했다'는 사실을 강조하는 방향으로 바뀌는 경향을 보인다. 이에 대해서는 한명기, 「'再造之恩'과 조선후기 정치사」『大東文化研究』59, 2007, 193~194쪽 참조.

1월 7일 평양전투에서 승리함으로써 전세를 뒤집었다. 평안도와 함경도까지 북상했던 일본군은 남쪽으로 철수했고, 조선은 전쟁이 곧 끝날 것이라는 기대에 부풀었다. 이여송을 기리는 생사당을 세운 것에서 드러나듯이 명군은 이제 조선의 '구원군'으로, 명은 조선의 '은인'으로 자리 잡았다. 나아가 명이 베푼 '재조지은(再造之恩)'은 조선이 영원히 잊지 말고 보답해야 할 절대적인 은혜로 추앙되었다.

하지만 일본군을 추격하던 명군이 1593년 1월 20일 벽제(碧蹄)전투에서 일본군에 참패하면서 상황은 급변했다. 명군의 기세는 꺾였고 전쟁의 향방은 다시 안갯속으로 빠져들었다. 그런데 벽제 패전 이후 병부상서 석성(石星)을 비롯한 명군 지휘부는 태도를 바꾸었다. 전투가 아니라 강화협상(講和協商)을 통해 일본군을 철수시키겠다고 공언했다. 그들은 심유경(沈惟敬)을 보내 고니시 유키나가와 협상에 돌입했다.

명은 왜 결전에서 협상으로 방향을 바꾸었을까? 벽제 패전과 전쟁의 장기화에 따라 명군의 사기가 떨어지고 염전(厭戰) 의식이 퍼져갔던 것, 전비 부담이 커졌던 것 등을 고려한 조처였다. 또 명군 지휘부는 '명은 조선을 위해 할 만큼 했다'는 인식을 드러냈다. 그런데 필자가 보기에 무엇보다 중요한 까닭은 명이 참전 목적을 이미 달성했기 때문이다. 비록 벽제에서 패했지만 평양 승리를 통해 일본군을 서울 부근까지 밀어냄으로써 일본군이 요동 쪽으로 다시 북상할 가능성은 크게 낮아졌다. 따라서 '요동 보위'라는 참전 목표가 사실상 달성된 상태에서 인적, 물적 피해를 무릅쓰고 일본군과 계속 싸우는 것은 명의 입장에서 결코 득책(得策)이 아니었다.

명군 지휘부는 조선에 대해서도 자신들의 협상 방침에 순응하라고 요구했다. 뿐만 아니라 일본군을 함부로 공격하지 말라고 강요했다. 심지어 일본군이 영남으로 철수할 때는 조선군의 요격에 맞서 그들을 '에스코트'해주기도 했다. 조선군의 '작전권'이 명군 지휘부에게 이미 넘어가버린 상황에서 조선은 일본군과 전투조차 제대로 벌일 수 없는 곤경으로 내몰렸다.

임진왜란을 계기로 일본을 '영원히 함께 할 수 없는 원수[萬世不共之讐]'로 여겼던 조선에게 명의 변심은 충격 그 자체였다. 하지만 독자적으로 일본군을 몰아낼 전력을 갖추지 못했던 조선은 명의 태도를 바꿀 수 있는 '카드'가 없었다. 명군 지휘부를 찾아가 결전해달라고 간청하거나 북경에 사신을 보내 황제에게 실상을 직접 호소하려고 시도했다. 또 고니시 유키나가의 앙숙이었던 가토 키요마사[加藤淸正]와 접촉하여 고니시-심유경 라인을 견제하려고 시도하기도 했다. 심지어 선조는 일본에 항복하겠다는 의사를 내비치기도 했다. 조선이 항복하면 일본군이 다시 요동을 향해 북상할 것이고, 그러면 명도 어쩔 수 없이 일본군과 다시 결전을 벌일 것이라는 판단에서 비롯된 생각이었다. 일본군을 몰아낼 자체 군사력이 없는 상태에서 어떻게 해서든 명군을 움직이기 위한 고뇌가 반영된 고육책이기도 했다.

명과 일본의 강화협상은 결말을 맺지 못한 채 이어졌다. 서로에게 제시한 조건이 너무 현격하게 차이가 났기 때문이다. 명은 일본군이 조선에서 물러나면 히데요시를 책봉해주겠다고 했다. 반면 일본은 '명 황녀(皇女)의 하가(下嫁)', '조선 사도(四道)의 할양', '조선 왕자와 대신의 납질(納質)', '명일 무역의 재개' 등을 철수의 조건으로 제시했다. 명은 일본을 '책봉체제', '중화질서' 속에 받아주면 일본이 감격할 것이라고 생

내일을 읽는 한·중관계사

각했고, 일본은 스스로 전승국이라고 생각했던 것이다.

강화협상이 교착 상태에 빠지면서 조선의 고난은 극에 이르렀다. 1594년 석성 등은 '조선도 일본과의 강화를 원한다'는 내용으로 황제에게 주문을 올리라고 강요했다. 조선이 반발하자 명군을 철수시키겠다고 위협했다. 뿐만 아니라 명 일각에서는 선조를 퇴위시키거나 조선을 아예 명의 직할령으로 편입시켜야 한다는 주장까지 제기되었다. 싸울 의지는 없이 조선에서 장기간 주둔하고 있던 명군이 끼치는 민폐 또한 극에 이르렀다. 오죽했으면 '명군은 참빗, 일본군은 얼레빗'이라는 속언까지 등장할 정도였다.

명이 강화협상에 매달리면서 조·명관계는 다시 요동쳤다. 명군이 평양에서 승리할 때까지만 해도 명은 조선을 구원해준 '인자한 상국'이자 '믿음직한 대국'이었다. 하지만 벽제 패전 이후 일본을 버겁게 여기고, 어떻게 해서든 전쟁을 빨리 끝내는 데 급급하여 조선을 겁박했던 명은 '곤경에 처한 강대국'이었다. 버거운 '오랑캐' 일본의 도전 앞에서 명은 조선에 맨 얼굴을 드러냈다. 전쟁 이전 조선이 명을 섬기면서 추구했던 자소사대(字小事大)의 이상은 이제 사라져버렸다. 요컨대 강화협상 이후 조선과 명의 관계는 약소국과 강대국의 관계, 힘에 입각한 국제정치의 본질이 적나라하게 표출되는 모습으로 전개되고 있었다.


## 5. 정유재란, 그리고 명에 더 매달렸던 조선

강화협상은 결국 파탄을 맞는다. 1596년 9월 1일, 도요토미 히데요시는 오사카에서 명의 책봉사(冊封使) 양방형(楊方亨)으로부터 '일본 국왕'으로 책봉을 받았다. 용포(龍袍)를 입고 고명(誥命)과 인신(印信)을 받고 명 황제를 위해 만세까지 외쳤다. 하지만 거기까지였다. 명은 히데요시가 순순히 책봉을 받았으므로 명에 칭신(稱臣)하고 향후 중화질서에 순응하리라고 기대했을 것이다. 하지만 자신의 무력(武力)을 믿고 '정명(征明)'까지 표방했던 히데요시는 책봉의 의미를 알지 못했다. 알려고도 하지 않았다.[12] 그는 자신의 요구 조건이 하나도 받아들여지지 않은 것에 격분했고, 1597년 조선에 대한 재침을 명령한다. 정유재란이 일어난 것이다.

정유재란이 일어나기 직전 조선도 여러 경로를 통해 일본의 재침 가능성을 인지하고 대비했다. 일본군의 침공 예상 지역 주변의 산성을 정비하고 청야작전을 준비했다. 도원수 권율과 수군통제사 이순신에게 수륙합동 작전을 추진하라고 지시하기도 했다.[13]

하지만 막상 일본군이 재침하면서 조선은 다시 위기에 빠진다. 무엇보다 이순신이 삼도수군통제사에서 해임되고, 후임으로 임명된 원균이 1597년 7월 칠천량에서 일본 수군에게 참패한 것이 결정적이었다. 바다에서 조선의 방어선이 무너지자 일본군은 전라도에 쉽게 진입했고 천안 부근까지 밀고 올라왔다. 정유재란 시기 일본군은 이전보다 더 잔혹했다. 마구잡이로 학살을 자행했고 무고한 사람들의 귀와 코까지 베어

---

12  桑野榮治, 「동아시아 세계와 文祿 · 慶長의 役」 『제2기 한일역사공동연구보고서』, 한일역사공동연구위원회, 2010, 98~99쪽.

13  서인한, 『임진왜란사』, 서울 국방부전사편찬위원회, 1987.

가는 만행을 저질렀다.

조선은 다시 전율했다. 서울에서는 피난 행렬이 줄을 이었고 선조 또한 중전과 왕자들을 피난시키려 했다. 당시 경략 형개(邢玠) 등 명군 지휘부는 "조선 군신들은 하는 일은 없이 명군만 바라보고 있다"며 질타했다.[14] 선조는 반발하여 광해군에게 선위하겠다고 나섰거니와 정유재란을 계기로 명군 지휘부의 조선에 대한 압박은 더욱 거세졌다. 하지만 여전히 자체 군사력이 미약했던 조선은 명의 원조에 더 절박하게 매달릴 수밖에 없는 지경으로 내몰렸다.

정유재란이 일어나자 명은 10만여 명의 대군을 조선에 다시 투입했다. 무엇보다 원균이 칠천량 해전에서 패하면서 명도 바짝 긴장했다. 일본 수군이 서해로 북상하여 남경(南京), 절강(浙江), 등래(登萊), 직예(直隷) 등지가 위협받을 것을 우려했다. 또 일본 수군이 한강, 대동강, 압록강을 통해 내륙으로 진입할 경우 명군이 고립되고 보급로가 차단되면서 조선이 멸망하고 궁극에는 요동이 다시 위험해질 것이라고 우려했다.[15] 명은 본토의 해방을 강화하는 한편, 임진년에는 보내지 않았던 수군도 조선에 파견했다.[16] 일본군의 위협에 곧바로 노출될 위험성이 커지자 강화협상에 매달리던 때와는 전혀 다르게 주전(主戰)의 방향으로 돌아섰던 것이다.

정유재란이 발생했던 직후에는 명군의 역할이 컸다. 경리어사(經理御

---

14 『宣祖實錄』 권91 선조 30년 8월 丙寅; 9월 己丑.
15 『萬曆邸鈔』 萬曆 25년 10월.
16 한명기, 「정유재란 시기 명 수군의 참전과 조명연합작전」 『軍史』 38, 國防軍史研究所, 1999.

史) 양호(楊鎬)는 1597년 9월 명군을 직산(稷山)으로 남하시켜 일본군의 북진을 저지하는 데 성공했다. 비슷한 시기 이순신이 명량(鳴梁)에서 승리를 거두면서 일본 수군의 서해 진입도 다시 좌절되었다.[17] 일본군은 경상도와 전라도로 물러나 해안에 성을 쌓고 농성에 들어갔다.

하지만 이후 명군은 일본군을 압도하지 못했다. 1597년 11월부터 이듬해 1월까지 명군은 5만의 병력을 동원하여 울산성을 공격했지만 결국 실패했다. 1598년 8월 도요토미 히데요시가 죽고 일본군이 철수하기로 결정하자 명군은 최후의 공세를 펼친다. 같은 해 9월 마귀(麻貴)가 이끄는 동로군(東路軍)이 울산 방향으로, 동일원(董一元)이 이끄는 중로군(中路軍)이 사천 방향으로, 유정(劉綎)이 이끄는 서로군(西路軍)이 순천 방향으로 진격하고 이순신과 진린(陳璘) 휘하의 조·명 연합 수군도 출격하는 사로병진(四路並進) 작전을 개시했다. 하지만 이 작전 또한 실패했다.

왜 그랬을까? 기본적으로 일본군의 저항이 완강했기 때문이지만, 명군 지휘부에게 결전 의지가 별로 없었던 것이 문제였다. 직산 전투에서 이겼던 이후 울산전투에서나 전의(戰意)를 보였을 뿐, 히데요시 사후 벌어진 전투에서는 별다른 전의를 보이지 않았다. 정유재란 시기 명군 총사령관 형개는, 작전 방침을 묻는 참모에게 "겉으로는 싸우지만 속으로는 일본과 강화를 도모한다[陽戰陰和]"는 속내를 털어놓은 바 있다.[18] 본

---

17 趙援來, 『임진왜란과 湖南地方의 義兵抗爭』 서울, 아세아문화사, 2001 ; 이민웅, 『임진왜란 해전사』, 청어람미디어, 2004.

18 『明史』 권320, 列傳 208, 「朝鮮」. "(邢)玠旣身赴王京 人心始定 玠召參軍李應試問計 應試請問廟廷主畫云何 玠曰 陽戰陰和 陽剿陰撫 政府八字密畫 無泄也 應試曰 然則易耳".

정유재란 당시 벌어졌던 울산성전투를 묘사한 〈울산성전투도병풍〉 부분 상세도

질적으로 '남의 나라 전쟁'에 끼여들었던 명의 입장에서는 당연한 것일 수도 있었다. 실제로 일본군이 남쪽으로 퇴각하고, 히데요시 사후 철수를 꾀하면서 명군 지휘부의 위기의식, 그리고 그와 맞물린 결전 의지는 사실상 사라졌던 것이다.

결전 의지가 없는 명군 지휘부는 이순신 등 조선 지휘관들에게는 걸림돌이 될 수밖에 없었다. 이순신의 '상관'으로 군림했던 명 수군 도독 진린은 이순신의 작전을 심하게 견제했다.[19] 심지어 이순신에게 퇴로가 막힌 채 순천(順天) 왜교성(倭橋城)에 고립되어 있던 고니시로부터 뇌물을 받고, 고니시의 연락선이 사천 방면으로 빠져나가는 것을 묵인해주기도 했다. 이순신은 그런 진린을 다독이면서 결전을 종용하고, 고니시 부대를 구출하기 위해 다가왔던 시마즈 요시히로(島津義弘)의 대규모 수군과 노량(露梁)에서 결전을 벌이다가 순국했다. 노량해전의 승리는 '만세불공의 원수'를 그냥 돌려보낼 수 없다는 이순신의 결기가 진린의 견제와 방해를 뚫고 얻어낸 값진 성과였다.

정유재란을 겪으면서 조·명관계는 다시 출렁인다. 벽제 패전 이후 강화협상에 집착하는 명의 태도에 반발했지만, 정유재란 이후에도 명군에게 의지할 수밖에 없었던 조선은 전쟁의 주도권을 완전히 상실했다. 조선군이 스스로 전투를 주도하는 것은 쉽지 않았고, 명군의 작전을 보조하고 지원하는 데 총력을 기울일 수밖에 없었다. 자연히 명군에게 군량 등 물자를 보급하는 것이 가장 절박한 국가적 과제로 떠올랐다. 명군에게 군량을 보급하는 문제 때문에 극심한 스트레스를 받았던 선조는

---

19 『宣祖實錄』 권103 선조 31년 8월 丙寅; 권105 선조 31년 10월 丙辰.

"명군이 오는 것이 기쁘지만 한편으로는 무섭다"고[20] 토로했을 정도였다.

그것은 악순환을 초래했다. 전란으로 굶주림이 만연하는 상황에서 조선 조정은 백성들이 숨겨 놓은 소소한 양의 곡물까지 모두 거둬 명군에게 공급했다. 자연히 넘쳐나는 기민(飢民)들에 대한 구휼은커녕 조선군에 대한 급량도 제대로 이루어지지 않았다. 굶주린 군대는 싸울 수 없다. 1598년 5월, 경주(慶州) 일대에서 조선군을 이끌고 분전했던 박의장(朴毅長, 1555~1615년)은 절규했다. "명군에게 줄 양곡 가운데 썩은 것이라도 조선군에게 보급하면 남쪽을 지킬 수 있다"고 말이다.[21] 온통 명군에 대한 보급에만 매달리면서 조선군의 전투력은 저하되었고 그럴수록 명군에게 더욱 절박하게 매달려야 하는 악순환이 벌어졌다. 정유재란 시기 조선은 명 앞에서 더 작아질 수밖에 없었다.


## 6. 만남과 접촉, 훈수와 개입 의지

임진왜란을 계기로 조선인과 중국인의 만남과 접촉이 폭증했다. 전쟁 이전 조선과 명을 합법적으로 왕래할 수 있는 사람들은 극히 제한되어 있었다. 황명이나 왕명을 받은 사신들, 그들을 수행했던 역관을 비롯한 원역(員役)들, 그리고 허가받은 일부 상인들이 전부였다. 그런데 전쟁을 계기로 10만이 넘는 명군이 조선으로 들어왔고, 조선 국경이 개방되면

---

20 『선조실록』 권89 선조 30년 6월 己丑.
21 朴毅長, 『觀感錄』 二, 戊戌 5월.

서 상인들을 비롯한 온갖 부류의 한인(漢人)들이 조선으로 쇄도했다.

조선에서의 주둔이 이어지면서 많은 명군 장졸들이 조선 여자들과 동거, 결혼 등으로 맺어졌다. 굶주림에 시달리던 조선 사람들 가운데 명군에 의탁해서 목숨을 부지하는 경우도 있었다. 명군이 주둔지 근처에 진제장(賑濟場)을 설치하여 조선 기민들을 구휼하기도 했기 때문이다. 또 조선 고아들을 거두어 기르거나 방자(房子)로 부리는 사람도 있었다. 1598년 이후 명군이 철수할 무렵이 되면, 인연을 맺은 조선인들이 그들을 따라 중국으로 들어가기는 것이 문제가 되기도 했다.

군인 다음으로 조선에 많이 들어온 부류가 상인들이었다. 조선은 멀고 위험했지만 이익이 널려 있기 때문이었다. 명군은 한 달에 1냥 50전씩 은(銀)으로 봉급을 받았다. 상인들은 우선 명군의 봉급으로 뿌려지는 은을 노렸다. 임진왜란 당시 조선에서는 은이 거의 유통되지 않았다. 미곡이나 면포를 화폐로 썼기 때문이다. 명군들은 은이 있어도 필요한 물건들을 제대로 구매할 수 없었다. 명 상인들은 술, 절인 고기, 염장(鹽醬) 등을 싣고 들어왔다. 아예 명군 부대를 따라 전장으로 이동하는 부류들도 있었다. 상인들은 조선 사람들에게 팔기 위해 비단, 털옷, 모자 등을 들여와 종로 등지에서 난전을 열기도 했다. 또 조선 각지를 돌아다니며 은광(銀鑛) 등을 탐색하기도 하고, 철물(鐵物) 등을 수집하여 명으로 가져갔다. 요동(遼東), 산시(山西) 등지에서 온 상인들이 조선 곳곳을 주유하면서 상리(商利) 활동을 벌였던 것은 흥미로운 영향을 남겼다. 조선 사람들도 은을 사용하는 거래에 점차 익숙해졌다. 또 전란의 경제적 후유증을 극복하기 위해 상업(商業)의 중요성을 강조하는 분위기가 확산되기도 했다.

조선에서의 주둔이 길어지면서 명은 조선 내부 사정을 속속들이 알게 되었다. 명 관인들은 그를 바탕으로 조선을 개조하기 위한 수많은 훈수들을 제기했다. 특히 명군 지휘부나 관인들이 가장 빈번하게 비판했던 것은 조선의 숭문주의(崇文主義)와 문약(文弱)이었다. '문치(文治)에 매몰되어 무비(武備)를 팽개쳤기 때문에 전쟁을 초래했다'는 것이 그들의 진단이었다. 명군 지휘부는 조선에 무비(武備)를 강화할 것을 강조하면서 명의 교사(敎師)를 초빙하여 병사들을 훈련하고 군사제도 전반을 명 방식으로 바꾸라고 요구했다.

명군 지휘부는 또한 주자학(朱子學)만을 정통으로 여기는 조선의 학풍을 비판하고 양명학(陽明學)을 수용하라고 강조하기도 했다. 경략(經略) 송응창(宋應昌)은 아예 조선 신료들을 자신의 진중(陣中)으로 불러다가 경서(經書)를 강독하면서 주자학에만 매몰되지 말라고 훈수하기도 했다.

명군의 철수가 임박하자 명군 지휘부는 조선선후사(朝鮮善後事宜)라는 명목으로 각종 개혁 방안들을 쏟아냈다. 그것은 대체로 무비(武備)를 갖춰 국방력을 키울 것, 은광을 개발하고 화폐를 유통시켜 국부(國富)를 키울 것, 형벌을 절제하고 부세를 경감하여 안민(安民)을 이룰 것, 실용적인 기술을 지닌 인재들을 파격적으로 등용할 것, 일본과 교역을 끊음으로써 그들의 침략을 차단할 것 등 다양한 내용을 담고 있었다.[22]

임진왜란 참전을 통해 명은 조선을 '쇠망의 기미가 누적된 나라[積衰

---

22  한명기, 「임진왜란 시기 명군지휘부의 조선에 대한 요구와 간섭」『한국학연구』 36, 인하대 한국학연구소, 2015.

之邦'로 인식했다. 따라서 조선을 방치할 경우 일본의 침략을 다시 받게 되어 명이 다시 조선에 참전하거나 원조해야 하는 사태가 빚어지는 것을 우려했다. 그 같은 사태를 막으려면 조선을 자강(自强)시키는 것이 절실했다. 따라서 조선 군신들에게 '개과천선'과 개혁을 강조하면서 여의치 않을 경우 조선에 한인(漢人) 순무(巡撫)를 파견하여 직할 통치하는 것까지도 언급했다. 요컨대, 임진왜란을 계기로 조선에 대한 전략적 관심과 개입 욕구가 엄청나게 커졌던 명은 조선을 자국 모델에 맞춰 개조하려는 구상까지 가졌던 것이다.

조선은 '선후사의' 운운하는 명의 훈수에 어떤 반응을 보였는가? 무비를 육성하고 군사관계 문물 전반을 명나라 방식으로 바꾸라는 주장은 적극적으로 수용했다. 반면 양명학 수용, 은광 개발, 화폐 유통 등의 훈수에 대해서는 별 관심을 보이지 않았다. 주자학이 이미 체제의 학문으로 자리 잡고 농본주의(農本主義) 사고가 강했던 현실에서 비롯된 태도였다. 반면 조선은 순무를 파견하여 직할통치 운운하는 주장에 대해서는 단호하게 반대했다. 훈수 내용에 따라 각각 다른 입장을 보였던 것이다.


## 7. 맺음말

오늘날의 외교란 주권국가들이 국익을 추구하기 위해, 서로 원만한 관계를 유지하기 위해 대등한 입장에서 벌이는 여러 행위를 가리킨다. 그런데 조선과 명의 관계는 애초부터 대등하지 않았고 외교 또한 불평등하고 비대칭적이었다. 조선은 명에 조공하고 책봉을 받으며 사대한 반면, 명은 조선을 충순한 번국으로 인정하면서 내정에 간여하지 않고 통치의 자율성을 인정했다.

임진왜란이 일어나면서 상황은 크게 달라졌다. 일본군에 쫓겨 의주까지 내몰렸던 조선이 명에 구원을 요청하고 명군이 들어오면서 조·명관계는 달라질 수밖에 없었다. 명은 평양전투 승리를 계기로 조선을 구한 '재조(再造)의 은인'으로 떠올랐다. 하지만 벽제전투 패전 이후 마치 '점령군' 같은 모습을 드러냈다. 전쟁이 장기화되면서 인적, 물적 손실이 커졌던 것, 일본군을 서울 부근까지 밀어냄으로써 '요동 보호'라는 참전 목적이 달성되었던 것을 계기로 명은 더 이상의 전투를 포기하고 협상을 선택했다. 명군 지휘부는 조선의 반발을 억누르고 강화협상을 밀어붙이면서 왕위 교체와 직할통치까지 들먹이며 조선을 압박했다. 그 과정에서 '내정에는 간여하지 않는다'는 '책봉체제'의 불문율이 흔들리고 조선의 위기감은 높아졌다.

명군 지휘부가 독단적으로 강화를 밀어붙였지만 "빨리 전진하여 결전(決戰)해달라"고 호소하는 것 말고 조선이 내밀 수 있는 '외교 카드'는 별로 없었다. 정유재란이 일어난 뒤에도 마찬가지였다. 명군 지휘부는 여전히 '겉으로는 싸우되 속으로는 협상한다[陽戰陰和]'의 태도를 유지했다. 그럼에도 일본 침략군을 몰아낼 능력이 미흡했던 조선은 명군 지휘부와 원만한 관계를 유지하여 일본군 격퇴와 복국(復國)을 도모할 수밖에 없었다. 그것은 명군 지휘부에 대한 접반(接伴)에 성의를 다하고 명군에게 필요한 군량 등을 제공하는 데 집중하는 것일 수밖에 없었다.

오랜 주둔을 통해 조선 사정을 잘 알게 된 명군 지휘부는 여러 가지

「호성선무청난공신도감의궤(扈聖宣武淸難功臣都監儀軌)」에 실린
선조의 논공행상 관련 발언(서울대학교 규장각 소장)

개혁 방안을 조선에 제시했다. 무비(武備)를 키우고 양명학을 수용하고 내정을 개혁하라는 것이 핵심이었다. 철수를 앞두고는 조선의 자강과 관련된 선후사의(善後事宜)들을 쏟아냈다. 조선은 무비를 키우라는 훈수에는 공감했지만 나머지 사안에 대해서는 별 관심을 기울이지 않았다.

조선은 임진왜란을 계기로 명의 두 얼굴을 목도했다. '구원군'과 '점령군'의 양면이었다. "나라가 보전된 것은 명군 덕분이지만 황폐해진 것도 명군 때문"이라는 인식이 대두되었다. 그런데 주목되는 것은 선조가 명군의 양면성 가운데 전자의 측면을 공식적인 기억으로 만들어냈다는 사실이다. 선조는 종전(終戰) 이후 논공행상을 하면서 국난을 극복할 수 있었던 동력을 오로지 '명군 덕분'이라고 강조했다. 파천할 때 자신을 수

내일을 읽는 한·중관계사

행하거나 명에 가서 청원했던 호성공신(扈聖功臣)들을 높이 평가하고 그 가운데 이항복(李恒福)과 정곤수(鄭崑壽)를 원훈(元勳)으로 선정했다. 반면 일본군과 직접 싸워 전공을 세웠던 이순신(李舜臣), 권율(權慄) 등 선무공신(宣武功臣)들은 호성공신보다 상대적으로 낮게 평가했다. 의병 장(義兵將)으로 큰 공을 세운 곽재우(郭再祐) 등은 공신(功臣) 선정에서 도 배제했다. 의주로 파천한 것 이외에는 국난 극복을 위해 이렇다 할 역할을 하지 못해 권위가 실추되었던 선조의 정치적 의도가 담겨 있는 행보였다. 전란 극복을 '오로지 명군 덕분'이라고 강조하면 할수록 이순 신이나 곽재우 등의 공로는 상대적으로 격하될 수밖에 없었던 것을 염 두에 둔 것이기도 했다.

임진왜란 이후 조선에서는 '명군의 참전이 조선을 살렸다'라는 공식 적인 기억이 만들어졌다. 따라서 명군을 불러오는 데 공을 세운 호성공 신이 '국난 극복의 원훈(元勳)'이 되고, 의주까지 피난하여 호성공신을 명에 보내 구원을 요청했던 선조는 어느 순간 '구국(救國)의 군주'로 변 신했다. '선조의 지극한 사대(事大) 덕분에 명 황제가 조선을 구원하는 재조지은(再造之恩)을 베풀었다'는 인식이 조선 사회를 지배하게 된다.

임진왜란 이후 조선에서는 숭명의식(崇明意識)이 고조되었다. 반면 동아시아의 정세는 다시 급변하고 있었다. 누르하치의 건주여진(建州女 眞)이 굴기(崛起)하여 명에 도전하는 상황이 빚어졌다. 이 새로운 전환 기를 맞아 명은 '은인'으로 자부하면서 조선을 활용하여 누르하치를 견 제하려는 이이제이(以夷制夷)를 획책했다. 그 과정에서 조선은 광해군, 인조대를 거치며 명·청 교체의 소용돌이에 휘말렸고 끝내는 병자호란 이라는 비극을 겪었다.

임진왜란을 통해 드러난 명의 행태는 분명한 메시지를 던진다. 애초 조선을 돕는다는 명목으로 참전했지만 일본이라는 만만찮은 '오랑캐'의 도전에 밀려 '중화질서'가 흔들릴 위기에 처하자 명은 초조해진다. 그것은 명이 조선에 대해 강퍅하고 강압적인 '강대국'의 맨얼굴을 드러내는 것으로 표출되었다. 그런데 임진왜란의 여파 속에서 배태된 병자호란을 계기로 조선의 새로운 '상국'으로 등장했던 청 또한 19세기가 되자 똑같은 행보를 보였다. 아편전쟁을 겪은 이래 서구(西歐)와 일본의 도전에 직면했던 청이 1882년 임오군란(壬午軍亂)을 계기로 '책봉체제'의 허울을 벗어던지고 조선을 속방화(屬邦化)하려고 덤볐던 것은 임진왜란 시기 명이 보인 모습의 재판(再版)이었다.

임진왜란이 끝난 지 420년이 지난 이즈음, 한반도 주변의 동아시아 정세는 다시 격동하고 있다. 지역 강국을 넘어 초강대국으로 부상하고 있는 중국의 자신감, 중국을 견제하여 패권을 유지하려는 미국의 조바심, 개헌을 통해 보통국가로 회귀하려는 일본의 초조함 등이 맞물려 동아시아의 미래는 예측불허의 상황을 맞고 있다. 임진왜란의 발생 자체가 그러했듯이 주변에서 강대국들의 대결 조짐이 나타날 적마다 한반도가 어김없이 위기에 빠졌던 전철을 상기하는 것이 절실하다. 나아가 한반도가 또 다시 강대국 간 대결의 장이 되는 것을 근원적으로 차단하고 미·중·일을 견인하여 동아시아의 평화를 이끌어낼 수 있는 역사적 지혜와 상상력을 발휘해야 할 시점이다.

# 6장

# 조선의 대(對)후금·청외교와 병자호란의 발발 원인

**구범진**

서울대학교 동양사학과를 졸업하고 동 대학원에서 석사와 박사 학위를 받았다. 성균관대학교 동아시아학술원, 서울시립대학교 국사학과를 거쳐, 현재 서울대학교 동양사학과 교수로 있다. 쓴 책으로는 『청나라, 키메라의 제국』 『조선시대 외교문서』 『병자호란, 홍타이지의 전쟁』 등이 있다.

## 1. 머리말

조선은 1590년대에 두 차례의 왜란을 겪었다. 그 상처가 채 아물지 않은 17세기 전반, 조선은 원하지 않은 전쟁을 또다시, 그것도 세 차례나 치러야 했다. 첫 번째는 명(明)의 출병 요구로 그들의 후금(後金)에 대한 원정, 즉 '사르후 전투'에 참전하는 바람에 치른 전쟁이었다. 두 번째 전쟁은 후금의 침략으로 일어난 정묘호란이었다. 세 번째는 후금이 국호를 청(淸)으로 바꾼 뒤에 일으킨 또 한 번의 침략 전쟁, 즉 병자호란이었다.

정묘호란 때에는 그럭저럭 화약(和約) 체결로 전쟁을 끝낼 수 있었다. 그러나 병자호란은 '삼전도(三田渡)의 치욕'이라는 말도 있듯이 한국 역사상 최악의 '전쟁 실패'로 기억되고 있다. 전쟁으로부터 400년 가까운 세월이 흐른 지금도 치욕의 기억은 여전히 또렷하다. 근래에는 소설화에 영화화까지 이루어지는 등 병자호란에 대한 관심이 더욱 고조되고 있는 양상이다. 아마도 중국의 '굴기(崛起)'로 한반도 주변 국제질서가 요동치면서 미래 불확실성이 커졌기 때문일 것이다. 강대국들의 틈바구니에서 한국이 '고래 싸움에 새우 등 터지는' 꼴이 되지는 않을까 걱정하는 사람들은 역사 속의 반면교사로부터 병자호란과 같은 불행한 사태의 재발을 막는 데 필요한 교훈이나 지혜를 찾고자 한다.

역사로부터 교훈이나 지혜를 얻으려는 생각은 그 자체를 문제시할 수 없다. 그러나 오늘날 역사의 교훈을 강조하는 대중적인 병자호란 서사에서 종종 발견되는, 당시 조선의 위정자들이 시대의 변화에 눈을 감고 대명의리(對明義理)에만 매달리다가 전쟁을 자초하고 말았다는 인식(이하 '전쟁 자초론')은 그냥 지나칠 수 없는 문제이다. 침략 전쟁의 피해자가 분명한 당시의 조선에 전쟁을 자초했다는 비난까지 가하면서 전쟁 발발의 책임을 묻는 것은 과연 타당한가?

그 타당성을 따지기에 앞서, 침략을 일으킨 청 태종 홍타이지야말로 '전쟁 자초론'을 최초로 제기한 장본인이라는 사실을 상기할 필요가 있다. 인조 14년 병자년 십일월 25일(1636년 12월 21일), 홍타이지는 동지 제천 의식을 거행하면서 조선 침공의 이유를 하늘에 고하였다. 조선이 먼저 '형제 맹약'을 어기는 죄를 저질렀기 때문에 부득이하게 군사를 일으킨다는 것이었다. 홍타이지의 침략 정당화 논리는 전후에 만들어진 '승자의 전쟁 서사'에도 고스란히 반영되었다. 예컨대, 청은 조선으로 하여금 삼전도에 홍타이지의 공덕을 기리는 비석을 세우게 하고는, 조선이 죄를 저질러 전쟁을 자초했다는 이야기를 돌에 새겨 영원히 남기도록 만들었다.

따라서 오늘날의 '전쟁 자초론'은 청이 주장하던 '승자의 전쟁 서사'와 공명하고 있다고 할 수 있다. '승자의 전쟁 서사'에서 정의는 언제나 승자의 편이라고 하지만, 만약 그것이 역사의 실제와 부합한다면 그 타당성 내지 정당성을 인정해야 마땅할 것이다. 그렇다면 '전쟁 자초론'은 병자호란 이전 양국관계의 실상과 부합하는가?

이 글에서는 한편으로 근년의 주요 연구 성과에 기대고, 다른 한편으로 주요 사료의 기록과 사실을 비판적으로 해석하면서, 조선이 병자호란을 자초했다는 '전쟁 자초론'의 타당성을 따져 보고자 한다.


## 2. 조선과 후금의 국교 수립과 정묘화약

'전쟁 자초론'의 타당성을 본격적으로 따지기에 앞서, 조선과 후금 간의 공식 외교관계가 어떤 과정을 거쳐 수립되었으며, 그 성격은 기본적으로 어떤 것이었는지를 먼저 살펴볼 필요가 있다.

적어도 17세기 초까지만 해도 오늘날 중국에서 '둥베이(東北)'라고 부르는 만주(Manchuria) 지역의 대부분은 중국에 속하지 않는 '오랑캐'의 영역으로 간주되고 있었다. 만주 지역에서 명의 직접 지배 영역은 요동도사(遼東都司)의 관할 구역을 둘러싸고 있던 요동변장(遼東邊墻)의 안쪽으로 제한되었다. 변장의 동쪽 너머는 여진인들의 세계였다. 명에서는 여진인의 집단들을 건주여진(建州女眞), 해서여진(海西女眞), 야인여진(野人女眞) 등으로 분류하였다. 건주여진은 두만강과 압록강에 가까운 만주 남부 지역에 살고 있었고, 그 북쪽에는 해서여진이, 그 동쪽에는 야인여진이 분포하였다.

건주여진 출신의 누르하치가 독자적 세력 구축을 위한 군사 활동에 나선 것은 1583년의 일이었다. 급속도로 세력을 키운 누르하치는 이미 1590년대 초에 만주 지역의 최강자로 떠올랐다. 1616년에 이르러서는 마침내 '경기연 한(Genggiyen Han)'을 칭하면서 '아이신 구룬(Aisin

Gurun)'의 성립을 선포하였다. '아이신'은 금(金), '구룬'은 '나라'라는 뜻이므로 '아이신 구룬'은 '금나라'로 옮겨야 하겠지만, 12세기 초부터 약 100년간 만주와 북중국을 지배했던 금나라와 구별하기 위하여 '후금'이라고 부르기로 한다.

후금의 건국을 전후한 시기, 조선은 일본의 재침 가능성과 후금의 침공 가능성을 동시에 걱정해야 하는, 글자 그대로 '북로남왜(北虜南倭)'의 곤경에 처해 있었다. 일본과는 전쟁을 치른 지 20년도 지나지 않았다. 후금과는 적대적인 관계는 아니었지만, 신뢰 불가의 '오랑캐'가 급속도로 세력을 불리는 모습에 긴장을 늦출 수 없는 입장이었다. 광해군대의 조선 조정은 최소한 남과 북의 두 세력과 동시에 적대하는 상황만은 피해야 했다. 이에 '남왜'에 대해서는 일본의 에도(江戶) 막부와 적대관계를 정리하고 국교를 회복하는 방향으로 나아갔고, '북로'에 대해서는 후금의 침공에 대비한 국방 대책을 마련하는 데 부심하였다.

1618년에 이르러 누르하치가 명에 대한 전쟁을 선포하고는 요동 변경의 무순(撫順)을 공격하여 점령하는 사태가 벌어졌다. 보복에 나선 명은 조선에도 파병을 요구하였다. 조선 조정은 격론 끝에 약 1만 3,000명의 병력을 파견하였다. 그러나 후금은 1619년 봄의 '사르후 전투'에서 명의 원정군을 대파하였다. 도원수 강홍립(姜弘立) 휘하의 조선군도 심하(深河) 전투에서 크게 패하였다. 강홍립은 무려 8~9천 명의 희생자를 낸 끝에 4~5천 명의 생존자를 이끌고 후금에 투항하였다.

일찍이 강홍립의 투항이 광해군의 밀지(密旨)에 따른 것이라는 설이 돌았다. 20세기 전반의 일본 학자들은 광해군이 파병 반대론자였다는 사실과 '밀지설'을 결합하여 그가 명과 후금 사이에서 조선의 '중립외교'

를 추구했다는 주장을 내놓았다. 그러나 '밀지설'은 인조반정 이후에 만들어진 근거 없는 낭설일 뿐이다. 심하 전투가 무려 8~9천 명의 희생자를 낼 정도의 격전이었다는 사실과도 모순된다. 광해군이 설령 '중립외교'를 추구했다손 치더라도, 결국에 가서는 명과의 관계를 중시하여 파병을 선택한 이상 그의 '중립외교'는 실패로 끝났다고 해야 하지 않을까?

'사르후 전투' 이후 광해군의 대(對)후금외교 또한 결코 성공적이었다고 볼 수 없다. 지정학적으로 볼 때 명과의 정면 대결에 돌입한 후금으로서는 배후에 위치한 조선의 '중립'이 바람직했다. 실제로 누르하치는 조선의 국왕과 국서 및 사신의 왕래를 통한 '맹약', 즉 국교의 수립을 추진하였다. 그러나 광해군은 자신들을 대등한 국가로 승인하고 국교를 맺자는 후금의 요구에 미온적이었다. 이에 따라 양국관계는 이렇다 할 진전을 보지 못하였다. 결국 조선 땅에 들어와 근거지를 구축한 모문룡(毛文龍) 휘하 명군의 존재가 부각되면서 광해군의 조선과 누르하치의 후금은 끝내 국교를 맺지 못하였다. 험악한 분위기 속에 양국 간 왕래마저 끊겼다. 조선으로서는 후금의 침략에 대한 방비를 강화하지 않을 수 없었다.

1623년 쿠데타로 집권한 인조 정권은 광해군에게 명을 배신하고 '친금(親金)' 노선을 걸었다는 비난을 퍼부었다. 비난의 사실 부합 여부를 떠나, 이는 명 황제의 책봉을 받는 데 필요한 '프레임'이기도 하였다. 또한 이 '프레임'에 따르자면, 인조 정권은 '친명배금(親明排金)' 노선을 걸어야 마땅했다. 그러나 '친명'은 몰라도, 인조 정권이 '배금'을 수사(修辭)나 구호의 차원을 넘어 행동으로 옮긴 적은 사실 없었다. 그렇다고 해서 후금과의 관계 개선을 모색한 것도 아니었다. 광해군 대와 마찬가지로 후금의 침공 가능성에 대비하는 수준에 머물렀다.

이처럼 조선과 후금 간의 적대적 긴장이 해소되지 않은 가운데, 1626년 누르하치가 죽고 홍타이지가 후금의 두 번째 한(汗)이 되었다. 이 무렵의 후금에게는 외교적·경제적 고립의 타개가 절실했다. 특히 조선과의 관계에서는 누르하치가 남긴 두 가지 숙제를 해결해야 했다. 하나는 눈엣가시와 같았던 조선 주둔 명군의 처리였고, 다른 하나는 조선과의 국교 수립이었다. 1627년의 정묘호란은 바로 이러한 숙제의 해결을 겨냥한 전쟁이었다.

정묘호란 때의 후금군이 애초에 설정한 공격 목표는 조선이 아니라 모문룡의 명군이었다. 다만 현지의 상황을 봐서 조선 땅 깊숙이까지 쳐들어갈 수도 있다는 구상이었다. 침공 초기 명군이 바다로 달아나 버리자, 후금의 원정군은 조선으로 공격 대상을 바꾸었다. 하지만 조선을 아예 정복하겠다는 심산은 결코 아니었다. 일찌감치 화의(和議)를 제안하였고, 황해도 평산에서 진군을 멈추었다.

화의의 결과, 정묘년 삼월 3일(1627년 4월 18일) 강화도에서 이른바 '형제 맹약'이 체결되었다. 맹약은 흰 말과 검은 소를 희생으로 잡고 하늘에 대고 맹서(盟誓)의 글을 읽는 후금의 전통적인 방식을 따라 이루어졌다. '강도(江都)의 맹서'라고 불리는 이날의 맹약에서, 양국은 "각각의 영토를 지키고, 사소한 이유로 다투지 않으며, 이치에 맞지 않는 요구를 하지 않는다"고 서약하였다. 장차 화친(和親)을 깨고 군사를 일으키지 않는다는 약속도 하였다. 말하자면 상호우호·불가침조약을 체결한 셈이다. 또한 맹약의 전제 조건으로, 조선과 명의 기존 관계는 그대로 유지한다는 양해가 성립해 있었다.

한편, 강도의 맹서 외에 정묘년 이후의 양국관계에서 결코 홀시할 수 없는 협약이 한 가지 더 이루어졌다. 서로의 영토를 존중하여 침범하지 않기로 약속한 강도의 맹서를 근거로, 조선은 전후(戰後)에도 의주에 계속 주둔하고 있던 후금군의 철수를 요구하였다. 이에 후금은 조선으로부터 앞으로 명군의 육지 상륙을 용인하지 않겠다는 약속을 받고서 의주를 조선에 반환하였다.

요컨대, 1627년 조선과 후금은 강도의 맹서에 의해 상호우호·불가침을, 의주 반환 때의 협약에 의해 명군의 육지 상륙 불허를 약속하였다. 이후 약 10년간의 양국관계를 규정했다고 하는 이른바 '정묘화약'이란 바로 이 두 가지 약속을 핵심 내용으로 한 것이었다.

후금의 입장에서 정묘화약의 체결은 누르하치가 미해결의 과제로 남긴 조선과의 국교 수립 문제를 매듭지음으로써 외교적·경제적 고립을 타개하는 길을 열었다는 의미가 있었다. 한편 조선의 입장에서 정묘화약의 체결은, 1633년 인조가 홍타이지에게 보낸 국서에서 말한 대로, "귀국이 바야흐로 천조(天朝)와 원수가 되고 우리는 그 사이에 끼어 부자와 형제의 은의(恩義)를 둘 다 온전히" 해야 하는 지난한 외교적 과제를 떠맡게 되었음을 의미하는 것이었다.


## 3. 정묘화약 이후 조선의 대(對)후금외교

이제 '전쟁 자초론'에 대한 본격적인 논의에 들어갈 준비가 된 것 같다. '전쟁 자초론'의 틀에서 병자호란의 발발 원인은 보통 이렇게 설명된다. 정묘화약 이후 조선과 후금의 관계는 각종 현안을 둘러싼 마찰과 갈등으로 점철되었고, 그것은 병자호란이 터지기 수년 전인 1633년에 이미 파탄 상태에 이르렀다. 1636년 봄 후금이 홍타이지의 '칭제' 과정에 동참하라고 하면서 사실상 명과의 관계를 단절하라는 요구를 들이밀자, 조선 조정은 척화론이 비등하는 가운데 그들의 요구를 물리쳤고, 이에 홍타이지가 조선의 죄를 묻는 군사를 일으키면서 병자호란이 일어났다.

이러한 설명에 따르자면, 1633년의 관계 파탄과 1636년의 척화 언행은 모두 궁극적으로 대명의리에 매달린 인조 정권이 저지른 '외교 실패'로 규정된다. 그렇다면 '전쟁 자초론'은 병자호란 이전 양국관계의 실상과 부합하는가? 조선과 후금의 관계가 이미 1633년에 파탄 상태에 이르렀다는 주장(이하 '관계 파탄론')의 사실 부합 여부를 먼저 따져보기로 하자.

조선과 후금이 정묘화약 체결 이후 여러 현안을 두고 서로의 시시비비를 따져가며 다툰 것은 사실이다. 다툼이 과열되면서 고도의 긴장이 조성된 적도 있다. 따라서 외교적 현안들에 대한 양국의 줄다리기만 놓고 보면, 정묘화약 이후의 양국관계는 결코 순탄했다고 말할 수 없다. 그러나 정묘화약은 양국의 선린우호를 총론적으로 '선언'하는 데 그친 것이었다. 전쟁을 두 번이나 치른 끝에 겨우 국교를 수립한 두 나라가 각론적 현안을 둘러싸고 마찰과 갈등을 빚은 것은 당연한 노릇이었다.

게다가 외교적 마찰·갈등 및 그로 인한 긴장이 반드시 전쟁으로 이어지는 것도 아니다. 사실 정묘화약 이후 양국관계의 추이를 종합적으로 분석한 최근의 연구에 의하면, 조선과 후금 간에는 마찰과 갈등만 있었던 것이 아니라 극단적인 상황을 피하려는 양보와 타협도 있었다. 그에 따라 1635년 시점의 양국관계는 종래의 주요 현안들이 거의 해결되거나, 또는 적어도 더 이상 심각한 갈등을 야기하지 않는 안정 국면에 진입해 있었다.

여기서 주요 현안들이 어떻게 해결을 보았다는 말이냐는 의문이 제기되는 것은 당연하다. 지면의 제약으로 모든 문제를 다룰 수는 없으므로 '관계 파탄론'의 핵심 논거를 구성하는 두 가지 문제에 초점을 맞추기로 하자. 하나는 1621년 이후 조선 땅에 주둔하고 있던 명군의 문제이고, 다른 하나는 모문룡의 옛 부하로 1633년 후금에 귀순한 공유덕(孔有德), 경중명(耿仲明)의 문제이다.

먼저 조선 영내 가도(椵島)에 근거지를 두고 있던 명군 문제이다. 정묘화약 이후의 몇 년 동안 후금은 명군의 육지 상륙을 불허한다는 약속의 철저한 이행을 요구하면서 여러 차례 조선을 윽박질렀다. 명군의 상륙은 막지 않은 것이 아니라 막지 못하는 것이라는 조선의 해명은 후금의 불만을 잠재우기에 역부족이었다. 결국 1631년에 접어들면서 문제가 심각해지고 말았다. 후금은 명군 문제를 직접 해결하겠다면서 조선에 병선(兵船) 제공을 요구하였고, 실제로 압록강을 건너와 명군을 공격하였다. 그러나 조선은 후금의 '차선(借船)' 요구에 응하지 않았다. 정묘화약에 근거하여, "아국은 귀국과 형제이고, 황조(皇朝)와는 부자(父子)이다. 이제 만약 귀국에 병선을 빌려주어 한인(漢人)들을 죽인다면, 이는 형제의 말을 듣고 그 부모의 가인(家人)을 해치는 것과 같다. 이것이 과연 사람이 차마 할 수 있는 일인가?"라는, 말하자면 '중립'의 논리로 대응하였다.

후금이 조선의 '중립' 논리에 당장 승복한 것은 물론 아니었다. 눈엣

가시가 뽑히지 않은 이상 후금이 앙앙불락한 것은 당연하다. 1633년 초에도 직접 가도를 치겠다며 재차 차선을 요구하였다. 이번에도 조선은 응하지 않았다. 예물과 개시(開市) 문제를 둘러싼 갈등이 겹치면서 양국 간 긴장이 한껏 고조되었다. 조선 조정이 전쟁을 각오할 정도의 심각한 상황이었다.

그러나 양국관계는 곧이어 긴장 해소 국면으로 접어들었다. 사실 당시 가도의 명군은 내부의 분열과 반목으로 지리멸렬한 상태였다. 1633년 상반기에는 공유덕·경중명이 후금으로 귀순하였다. 이어서 후금은 명군의 전략적 요충지였던 요동반도의 여순(旅順)을 공격하여 점령하였다. 홍타이지는 조선에 보낸 국서에서 가도의 명군을 가리켜 "늙거나 나약하여 (명에서도) 버린 사람들에 불과하다"고 하면서, 이제는 더이상 그들을 우려하지 않는다는 입장을 피력하였다. 홍타이지의 평가대로, 적어도 1633년 하반기 이후의 가도는 양국 간에 갈등을 야기할 만한 군사적 변수가 아니었다. 아니, 가도의 명군은 오히려 후금에게도 반드시 필요한 존재가 되어 있었다. 당시 후금은 조선과의 교역을 통해 중국산 물자를 입수하고 있었고, 조선은 다시 가도와의 교역을 통해 후금이 원하는 중국산 물자를 확보하고 있었기 때문이다.

다음으로 1633년 공유덕, 경중명의 귀순에 관한 문제를 보자. '관계파탄론'은 명을 배신하고 후금으로의 귀순을 시도하던 공유덕, 경중명을 조선군이 공격했다는 사실을 관계 파탄의 결정적 증거로 간주한다.

당시 조선 수군이 명군을 도와 공유덕, 경중명의 함대를 공격한 것은 사실이다. 그러나 이 문제에 관한 한 조선의 태도는 분명하고 당당했다. 공유덕 일당이 조선 땅에 상륙하는 사태를 막기 위해서는 공격이 불가피했다는 입장이었다. 홍타이지 역시 1633년 당시에는 이에 대하여 아무런 이의도 제기하지 못하였다. 오히려 그는 "왕이 남조(南朝)[명을 지칭]를 군사로 도와 모씨(毛氏)[모문룡의 옛 부하 공유덕, 경중명을 지칭]를 함께 공격했다고 들었다. (나는) 왕이 스스로 영토(를 지키기) 위하여 어쩔수 없이 (명을) 군사로 도와 (그들을) 공격했을 따름이라고 생각한다"고 말하여, 조선의 공유덕 일당 공격이 정당한 행위였음을 인정하였다.

이처럼 '관계 파탄론'은 사실적 근거가 박약하다. 간혹 거친 언사를 주고받거나 긴장이 고조되는 국면이 없지 않았지만, 전반적으로 조선과 후금은 정묘화약에서 약속한 선린우호의 기조를 그럭저럭 유지하고 있었다. 위에서도 언급했듯이, 특히 조선은 "아국은 귀국과 형제이고, 황조와는 부자"라고 하면서 '중립'의 입장임을 천명하고 있었다. 1631년 인조가 홍타이지에게 보낸 국서에서 밝힌 대로, "서쪽으로는 황조를 섬기고, 북쪽으로는 귀국과 우호하며, 남쪽으로는 일본과 왕래"하는 것이 당시 조선외교의 기본 노선이었던 것이다. 1633년 초의 긴장 국면을 통과한 뒤로는 후금 역시 조선의 '중립'을 인정하였다. 1633년과 1634년에 걸쳐서는 명과의 화의를 원하니 '중립'에 처한 조선이 나서서 중재를 해달라고 요청하는 모습까지 보였다.


## 4. 홍타이지의 '칭제'와 병자호란 발동 동기

'관계 파탄론'이 역사적 실제와 부합하지 않는다면, 병자호란의 발발 원인은 역시 1636년에 일어난 사건들에서 찾을 수밖에 없다. 병자년

(1636년) 이월, 후금이 사신을 파견하여 홍타이지의 '칭제' 과정에 동참하라는 요구를 들이밀었다. 이제 명과의 관계를 끊고 홍타이지의 신하가 되라는 의미였다. 조선 조정에서는 당연히 척화론이 들끓었다. 험악한 분위기 속에 신변의 위협마저 감지한 후금의 사신들은 황급히 서울을 떠났다. 삼월 1일에는 인조가 이른바 '절화교서(絶和敎書)'를 팔도에 하달하였다. 정묘년 이래의 양국관계가 이제 파국에 이르렀으니 조만간 닥쳐올 적의 침공에 대비하라는 내용이었다. 그러나 당장에 후금과의 관계를 단절한 것은 결코 아니었다. 인조는 나덕헌(羅德憲)과 이확(李廓)을 사신으로 파견하였다.

한편, 심양의 홍타이지는 자신의 '칭제' 절차를 착착 진행, 병자년 사월 11일에 '황제 즉위식'을 거행하였다. '칭제'에 맞추어 '다이칭 구룬(Daicing Gurun, 대청국(大淸國))'이라는 새로운 국호도 선포하였다. 홍타이지는 마침 심양에 와 있던 나덕헌과 이확을 '황제 즉위식'에 참석시켜 자신에게 삼궤구고두(三跪九叩頭)를 올리라고 강요하였다. 자신의 '칭제'를 인정하고 신하가 되라는 것이었다. 그러나 두 사람은 목숨을 걸고 완강히 저항하며 한바탕 '소동'을 일으킴으로써 장엄한 '황제 즉위식'에 흙탕물을 끼얹고 말았다.

이처럼 조선의 군신(君臣)은 홍타이지의 '칭제' 과정에 동참하라는 요구를 단호하게 거부하였다. 이것이 전쟁의 발발 원인이 되었다는 해석에는 이론(異論)의 여지가 있을 수 없다. 그러나 여기서는 '전쟁 자초론'에서처럼 전쟁 발발의 책임을 당시의 조선에 물을 수 있느냐가 쟁점으로 떠오른다.

앞에서도 지적했듯이 '전쟁 자초론'을 최초로 제기한 것은 홍타이지

164                                                내일을 읽는 한·중관계사

였다. 그는 동짓날(병자년 십일월 25일)의 고천 제문에서 조선이 정묘화약을 먼저 깼다고 주장하면서 병자년 삼월 1일의 절화교서를 그 근거로 내세웠다. 이 교서는 후금의 갑작스럽고 무리한 요구 때문에 척화론이 들끓는 가운데 나온 것이었다. 조선으로서는 대단히 불운하게도, 심양으로 돌아가던 후금의 사신이 평양으로 가던 파발에게서 교서를 탈취하는 사건이 일어났다. 삼월 20일에 이 문서를 입수한 홍타이지는, 동짓날의 고천 제문 외에 전쟁 기간 조선에 보낸 국서 등에서도 교서의 내용을 근거로 침략의 정당성을 주장하였다.

'전쟁 자초론'을 둘러싸고 벌어진 최근의 논쟁에서도 절화교서의 의미가 핵심 쟁점으로 떠올랐다. 종래의 통설에서는 절화교서를 후금과의 국교를 완전히 끊고 후금에게 복수하자는 의미로 해석하였다. 반면에 수정 해석은 절화교서가 홍타이지의 '칭제' 과정에 동참하라는 요구를 물리치며 후금에 맞서겠다는 정도의 의미였을 따름이라고 본다. 후금과의 관계 자체를 단절하겠다는 의미는 아니었다는 것이다.

어느 쪽의 해석이 옳은지와 무관하게, 후금과의 관계 악화로 전쟁이 일어난다고 할지라도 홍타이지의 '칭제'만은 결코 인정할 수 없다는 의지가 절화교서에 드러나 있다는 점은 분명하다. 그리고 인조의 본의가 무엇이었든 간에 홍타이지가 그것을 정묘화약의 파기를 의미하는 것으로 읽었다는 사실이 더 중요하다.

그러나 그렇다고 해서 홍타이지처럼 절화교서를 근거로 조선이 전쟁을 자초했다는 결론을 내리는 것은 너무 성급하다. 우선, 절화교서의 성격을 상기할 필요가 있다. 그것은 말하자면 일종의 비상 경계령에 해당하는 대내 기밀문서였다. 적의 수중에 들어가리라고 예상한 문서가 아니었다. 유사시에 대비하자는 대내 기밀문서를 대외 선전포고와 동일시하는 것은 상식에도 반한다. 물론 절화교서처럼 민감한 내용의 기밀문서를 후금의 사신에게 탈취당한 것은 결코 작지 않은 '실수'였다. 그러나 우발적 국지전도 아닌, 병자호란과 같은 전면전의 발발 원인을 이런 '실수'의 탓으로 돌릴 수는 없다.

그럼에도 불구하고, 만약 조선이 절화교서로 전쟁을 자초했다는 홍타이지의 주장에 여전히 공감이 간다면, 그가 전쟁이 임박한 무렵에 이르러서야 비로소 절화교서를 문제시하기 시작했으며, 정작 절화교서를 입수한 무렵에는 조선과의 관계를 깨려고 하지 않았다는 결정적인 사실에 주목하길 바란다. 이 점에서는 조선 역시 다를 바 없었다. 인조는 절화교서를 하달한 이후였음에도 춘신사 나덕헌과 회답사(回答使) 이확을 심양에 보냈다. 춘신사란 매년 봄마다 파견하던 정기 사절이었다. 회답사 파견은 홍타이지가 사신을 통해 인조의 왕비 인열왕후(仁烈王后)의 국상에 조문한 것에 감사한다는 의미였다. 홍타이지 역시 절화교서를 수중에 넣은 뒤였음에도 나덕헌·이확 일행의 방문을 받아들였다. 두 나라 모두 관계의 파탄을 원하지 않았다는 말이다.

이러한 결정적 사실에도 불구하고 절화교서에만 매달려 전쟁 발발의 책임 소재를 따진다면, 홍타이지가 만들어 놓은 침략 정당화 논리의 덫에서 헤어나기 어렵다. 이제는 절화교서에서 눈을 뗄 필요가 있다. 한 발 더 나아가 질문 자체를 바꾸어야 한다. '조선은 왜 전쟁의 발발을 막지 못했는가?'라고 물을 것이 아니라, '홍타이지는 왜 전쟁을 일으켰는가?'라고 물어야 한다. 앞의 질문은 어두운 밤 골목길로 귀가하던 도중 깡패에게 폭행을 당한 피해자에게 왜 폭행을 피하지 못했냐고 묻는 것과 별반 다르지 않다. 잘못된 질문은 잘못된 해답을 도출하기 마련이다.

'홍타이지는 왜 전쟁을 일으켰는가?'라고 물을 경우에는 그가 어떤 전쟁을 일으켰는지까지 고려해야 한다. 홍타이지는 정묘호란 때처럼 자신의 형제와 조카들에게 전쟁을 맡기지 않았다. 그는 굳이 친정(親征)을 선택하였다. 여기서 홍타이지가 후금의 한으로 즉위한 이래 여러 차례 친정에 나선 사실이 있지 않느냐는 반론이 제기될 수 있다. 그러나 시기와 장소가 중요하다. '칭제' 이후의 홍타이지가 위험을 감수하며 적국(敵國) 땅 깊숙이까지 들어가야 하는 전쟁을 친정으로 이끈 것은 병자호란이 유일무이하였다.

홍타이지가 동원 가능한 병력을 사실상 총동원하는 일종의 '총력전'을 준비했다는 점도 간과할 수 없다. 종래의 통설에서는 병자호란 당시 청군의 병력이 무려 "12만 8,000명"에 달했다고 말한다. 그러나 근년의 연구에 따르면 당시 청군 병력은 약 3만 4,000명 수준으로 추산된다. 혹 너무 적게 추산한 것이 아니냐는 의문이 들 수 있지만, 당시 청 국내의 총 병력은 3만 1,000명~3만 2,000명 범위에 머물러 있었다. 홍타이지는 그중에서 약 2만 2,000명을 조선에 출정시켰다. 여기에 더하여 '외번 몽고(外藩蒙古)'의 각 집단으로부터 합계 약 1만 2,000명에 달하는 병력을 동원하였다. 약 3만 4,000명이라는 숫자는 병자호란 이전 그가 치른 어떤 전쟁의 병력보다도 큰 것이었다.

병자호란이 홍타이지의 친정이자 총력전이었다는 사실은, 그가 이 전쟁에 얼마나 큰 의미를 부여하였는지를 웅변한다. 그가 언제, 그리고 무엇 때문에 조선을 치기로 결심하였느냐는 질문에 대한 해답은, 그가 굳이 친정과 총력전을 선택한 이유까지 설명할 수 있어야 한다.

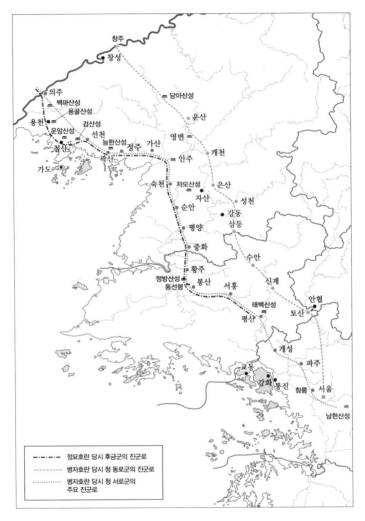

정묘호란 당시 후금군의 진군로와 병자호란 당시 청군의 진군로

질문에 대한 해답의 실마리는 병자년 사월 11일에 거행된 홍타이지의 '칭제' 의식에서 찾을 수 있다. 이날 홍타이지는 심양의 남쪽 교외에서 '황제 즉위식'을 거행하였다. 그는 자신이 "조선을 정복하고 몽고를 통일하였으며 옥새를 획득"한 것을 '칭제'의 명분으로 제시하였다.

'칭제'의 명분 가운데, 몽고 통일과 옥새 획득은 그가 실제로 달성한 차하르 정복의 산물이었다. 홍타이지는 옛날 원 제국의 정통을 잇는 대 칸이었던 차하르의 릭단 칸과 내몽고 초원의 패권을 두고 몇 년간 전쟁을 벌여 승리를 거두었다. 또한 릭단 칸의 유족으로부터 원 황제의 옥새였다는 '제고지보(制誥之寶)'를 얻었다.

그러나 홍타이지가 '황제 즉위식'에서 '칭제'의 첫 번째 명분으로 내세운 '조선 정복'은 사실로 간주할 수 없는 것이었다. 병자년 사월의 '칭제' 시점에서 '조선 정복'이란 정묘호란을 가리킬 수밖에 없는데, 정묘호란은 '형제 맹약'이라고 불리는 정묘화약의 체결로 막을 내린 전쟁이었다. '형제 관계'는 '정복'이라는 말이 함의하는 '군신관계'와는 전혀 다른 차원의 관계였다. 더군다나 그것은 명과 조선의 '군신관계'를 인정한다는 전제 아래 맺어진 관계였다. 따라서 '황제 즉위식'에서 홍타이지가 정묘호란을 '조선 정복'으로 '과대포장'하여 '칭제'의 첫 번째 명분으로 내세운 것은 '무리수'가 분명했다.

무리수를 두면 탈이 나기 마련이다. 앞서 언급했듯이, 장엄한 의식의 현장에서 조선의 사신들은 목숨을 걸고 삼궤구고두를 거부하였다. 홍타이지가 애써 준비한 '황제 즉위식'에 흙탕물을 끼얹는 행위였다. 홍타이지의 입장에서 그 심각성은 아무리 강조해도 지나치지 않다. 자신이 '칭제'의 첫 번째 명분으로 내세운 '조선 정복'이 허구라는 사실을 백일하에 폭로하였기 때문이다.

이왕 자신이 내세운 명분을 정면으로 부정하는 사태가 벌어진 이상, 홍타이지가 자신의 '칭제'를 정당화할 수 있는 길은 하나밖에 없었다. 정묘년의 '조선 정복'은 사실이었으나 뜻하지 않게 조선이 '배신'했을 따름이라고 주장하는 것이었다. 마침 그의 수중에는 '배신'의 증거로 내세우기에 안성맞춤인 절화교서가 있었다. 그리고 사태가 조선의 '배신' 때문이었다면, '배신'의 죄를 묻고 '조선 정복'을 '재확인'하기 위한 전쟁 발동은 당위이자 필연이었다.

정묘호란과 달리, 이번 전쟁의 목표는 처음부터 '조선 정복'이 되어야 했다. 또한 반드시 승리를 거두어 '조선 정복'을 명실상부하게 실현하는 것이 무엇보다 중요했다. 이번 '조선 정복'에 실패한다면, 더 이상 조선의 '배신'을 운운하며 변명을 할 여지도 없이 그의 '칭제'는 정당성을 상실하게 된다. 전쟁의 필승을 위해서는 당연히 최선을 다하는 총력전이 필수적이었다.

또한 남에게 전쟁을 맡길 수도 없었다. 홍타이지의 입장에서 '조선 정복'은 본인의 정치적 권위가 걸려 있는 사안이었으며, 따라서 다른 누구도 아닌 자기만의 업적이 되어야 했다. 따라서 홍타이지는 친정을 선택하지 않을 수 없었다.

지금까지 '홍타이지는 왜 병자호란을 일으켰는가?'라는 질문에 대한 해답과 더불어 그가 굳이 친정과 총력전을 선택한 이유를 생각해 보았다. 양국관계가 파탄에 도달한 시점은 절화교서의 발송 및 탈취가 일어난 병자년 삼월이 아니라 홍타이지의 '황제 즉위식'이 열린 병자년 사월이었다.

여기서 절화교서는 아니었다고 하더라도, 결국 나덕헌과 이확의 '무례' 때문에 홍타이지가 전쟁 발동을 결심하였다면, 역시 조선이 전쟁을 자초했다고 말할 수 있지 않느냐는 의문이 들지도 모르겠다. 당시의 조선에게 명과의 관계 단절이 충분히 가능한 선택지였다는 전제가 성립할 수 있다면, 이런 의문의 제기는 얼마든지 가능하다. 그러나 당시 조선 사람들의 신념과 가치 체계 및 심성에서 명과의 관계 단절은 상상조차 할 수 없는 것이었다. 이는 척화론자뿐만 아니라 주화론자 역시 마찬가지였다.

더군다나 명과의 관계 단절은 단지 신념, 가치, 심성 등 이념적 차원에서만 상상 불가였던 것이 아니다. 현실적 차원에서도 명과의 관계 단절은 선택지가 될 수 없었다. 적잖은 사람들이 당시 조선의 위정자들이 시대의 변화에 어두웠다고 비판·비난하지만, 이는 어디까지나 청의 중국 정복이라는 역사의 최종 결말을 알고 있기에 가능한 결과론적 해석에 불과하다. 병자호란 무렵의 조선은 명의 국력 쇠퇴를 분명히 인식하고 있었지만, 겨우 10년도 지나지 않아 명조가 멸망의 길에 들어서리라고는 상상조차 할 수 없었다. 이 점에서는 명은 두말할 나위 없거니와, 심지어 청조차도 다를 바 없었다. 1644년 청에게 입관의 기회를 제공해 준 이자성(李自成)의 북경 점령은 문자 그대로 돌발 사태였다. 병자년 시점에서 조선의 위정자들이 역사로부터 얻을 수 있었던 교훈은 오히려 이런 것이었다. 황제가 오이라트 에센의 포로로 전락한 1449년 '토목의 변'이나, 투메트의 알탄에게 북경이 포위된 1550년 '경술의 변' 등에도 불구하고 명조는 여전히 건재하다.

설령 조선 조정과 사신의 '미숙'한 언동이 병자년 이월 이후 양국관계의 급격한 악화와 파탄을 재촉했다고 인정할지라도, '전쟁 자초론'이나 홍타이지 본인의 주장처럼 전쟁 발발의 책임을 조선에 돌려서는 곤란하다. 책임의 소재를 엄밀히 따지자면, 홍타이지야말로 양국이 정묘화약 이후 어렵사리 만들어온 외교 규범의 전면적인 전복을 시도함으로써 이 모든 사태의 근본적 원인을 제공한 장본인이었기 때문이다.

애초에 후금 국내에서 홍타이지의 '칭제'는 차하르 정복과 옥새 획득을 근거로 추진된 것이었다. 조선과는 아무런 관계도 없었다. 그런데 '칭제'를 수락하는 자리에서 홍타이지가 돌연 "조선국의 왕은 (나의) 형제"라고 하면서 "이제 사신을 보내어 이 이야기를 조선 왕에게 들려주고 싶다"고 하였다. '칭제' 문제를 조선과의 외교 문제로 비화시킨 것은 다름 아닌 홍타이지였던 것이다. 이 사실은 전쟁의 책임 소재와 관련하여 그 중요성을 아무리 강조해도 지나치지 않다. 홍타이지의 발상은 그 자체가 정묘화약을 정면으로 부정한 것이었기 때문이다. "조선국의 왕은 (나의) 형제"라는 홍타이지의 말마따나 정묘화약은 그와 인조의 관계를 '형제'로 규정한 것이었다. 인조에게 명 황제와의 관계를 끊고 자신의 신하가 되라고 요구한 것은 그 자체로 '형제 맹약'을 파기하는 행위였다.

홍타이지 또한 자신이 그런 요구를 들이민 순간 이미 맹약을 파기한 셈이 된다는 사실을 잘 알고 있었다. 그는 동짓날의 고천 제문에서 인조의 절화교서를 맹렬히 비난하였지만, 정작 절화교서가 나온 경위에 대해서는 일언반구도 꺼내지 않았다. 조선에 자신의 '칭제' 과정에 동참하라고 요구한 일은 물론이거니와 조선이 그 요구를 거부한 일에 대해서도 침묵하였다. 자신의 요구 자체가 하늘에 대고는 차마 거론할 수 없는 부당한 것임을 민감하게 의식했기 때문일 것이다.

요컨대, 병자호란은 홍타이지가 자신의 정치적 야망과 어젠다를 달성하기 위하여 일으킨 전쟁이었다. 당시의 조선으로서는 전쟁을 피할 길이 없었다. 다만 전쟁에 승리하여 그의 야욕을 물리치거나, 아니면 최소한 전쟁에 패하지 않음으로써 그의 '조선 정복' 기도를 좌절시키는 길밖에 남아 있지 않았다.


## 5. 맺음말

인조 14년 병자년 십이월, 기어이 전쟁이 일어나고 말았다. 홍타이지가 압록강을 건너 의주 땅에 발을 디딘 것은 십이월 10일이었지만, 그보다 이틀 앞선 십이월 8일에 청군의 날랜 기병 300명이 몰래 강을 건너 서울을 향해 달리기 시작했다. 옛날 달력의 인조 14년 십이월 8일은 오늘날에 사용하는 그레고리력으로 1637년 1월 3일에 해당한다. 동장군이 기승을 부리는 겨울의 한복판이었다. 청군의 선봉대는 얼어붙은 땅과 강물 위를 질주하여 겨우 엿새 뒤인 십이월 14일 서울에 도착하였다. 실로 놀라운 속도였다. 이날 인조는 강화도로 파천(播遷)하려 했지만, 질풍처럼 들이닥친 청군이 길을 끊은 것 같다는 소식에 허둥지둥 남한산성으로 갈 수밖에 없었다. 십이월 16일 청군의 증원 부대들이 도착하여 산성 주위에 포위망을 구축하기 시작했다. 이어서 청군의 후속 부대들이 속속 남하, 옛날 달력으로도 해가 바뀐 정축년 정월 10일까지 전 병력의 집결을 완료하였다. 그 사이에 청군은 인조를 구원하러 올라온 조선의 근왕 부대들을 하나씩 하나씩 격퇴하였다. 정월 30일(1637년 2월

24일), 마침내 인조는 한강가의 삼전도로 나와 홍타이지에게 삼궤구고두의 예를 올렸다. 전쟁의 개시에서 종결까지 걸린 시간은 날수로 겨우 53일이었다.

병자호란은 그렇게 끝이 났다. 오늘날의 우리에게 만약 당시의 조선을 비판할 자격이 주어진다면, 무엇이 문제였다고 말할 수 있을까? 앞에서 보았듯이 인조대의 조선 조정에 '외교 실패'로 전쟁을 자초하였다는 식의 비난을 가하는 것은 부당하다. 누군가에게 병자호란의 전쟁 책임을 물어야 한다면, 그 책임은 홍타이지에게 물어야 마땅하다. 그러나 병자호란이 조선의 '전쟁 실패'였다는 것은 부정할 수 없는 사실이다. '전쟁 실패'에 대해서는 무엇이 문제였는지 한번 따져볼 만하다.

오늘날 많은 사람들이 병자호란 패전의 참극을 무책임과 무능력의 극을 달린 조선의 위정자들이 전쟁에 대한 대비를 전혀 하지 않은 탓으로 돌린다. 그러나 사실은 결코 그렇지 않았다. 최근의 연구에 따르면, 조선은 조정의 강화도 파천과 각 지역 군·민의 산성 입보를 통해 전쟁을 지구전으로 이끈다는 방어전략을 수립하여 전쟁 발발에 대비하고 있었다. 조선의 방어전략은 기본적으로 정묘호란의 경험으로부터 얻은 교훈에 근거한 것이었다.

그러나 역사란 언뜻 반복되는 것처럼 보이지만 똑같이 반복된다는 보장은 결코 없다. 병자호란 당시의 청군은 정묘호란 때와는 전혀 다르게 움직였다. 개전 초기 청군은 서울을 기습 타격하는 전격 작전과 전방의 조선군 방어 거점들을 그대로 지나치는 통과 작전을 구사함으로써 조선의 방어전략을 무력화시켰다. 그 때문에 강화도 파천에 실패한 조선 조정은 남한산성에 고립되고 말았다. 조정이 고립된 순간, 조선의 '전

　　　　　　　　　　　　　　내일을 읽는 한·중관계사

쟁 실패'는 기정사실이 된 것이나 다를 바 없었다.

그렇다면 청은 어떻게 해서 조선의 전략을 완전히 무력화시키는 작전을 구상할 수 있었던 것일까? 정묘호란을 경험하기로는 청도 다를 바 없었다는 사실을 상기해야 한다. 그들이라고 해서 정묘호란의 경험으로부터 교훈을 얻지 말라는 법은 없었다. 실제로 홍타이지는 유사시 조선 조정이 정묘호란 때처럼 강화도로의 파천을 시도하리라고 예상하고 있었다. 또한 심양과 서울을 왕래하던 사신들의 보고를 통해 조선이 평안도·황해도 각 지역에 산성을 수축하여 유사시 입보할 준비를 하고 있다는 사실도 파악하고 있었다. 청의 작전은 '지피지기(知彼知己)'라는 병가(兵家)의 상식에 충실한 결과였던 것이다.

역사에서 이런 종류의 가정은 무의미하지만, 청군이 정묘호란 때와는 전혀 다른 작전을 구사한 것처럼, 조선 역시 정묘호란 때와 달리 전쟁 발발 전에 미리 강화도로 파천하였더라면 전쟁의 결과가 크게 달라지지 않았을까? 1232년 고려 조정은 일찌감치 강화도로 천도함으로써 그 후 약 30년 동안이나 대몽(對蒙) 항쟁을 이어갈 수 있었다. 마찬가지로 인조가 최명길 등의 조기 파천론을 따랐다면 역사가 바뀌지 않았을까? 물론 인조가 조기에 강화도로 파천한 상태에서 전쟁이 일어났다면 고려의 대몽 항쟁 시기처럼 육지의 백성들이 이루 말할 수 없는 고난을 겪어야 했을 터이지만, 그래도 삼전도의 치욕만은 피할 수 있지 않았을까?

그러나 병자호란 전야의 조선 조정은 조기 파천의 결단을 내리지 못하였다. 한편으로 전쟁의 발발에 대비하고 있었지만, 다른 한편에서는 외교적 수단으로 전쟁의 발발을 막을 수도 있다는 희망 또한 끝까지 포기하지 못하였다. 청과의 관계를 아예 끊기보다는 외교적 왕래를 유지하면서 그들의 내부 분열을 획책하는 것이 더 낫다는 명의 '훈수'도 있었다. 조선 조정은 척화파의 격렬한 반대를 뚫고 청과의 관계 복원을 위한 외교 접촉을 시도하였다. 청 또한 외교 접촉 자체를 거부하지는 않았다. 그러나 조선의 관계 복원 시도는 애초에 성공 가망이 없는 것이었다. 이 무렵의 홍타이지가 원한 것은 '형제 관계'의 복원이 아니라 전혀 다른 차원의 '군신 관계' 설정이었다. 인조가 홍타이지에게 '칭신'하지 않는 한 전쟁은 피할 수 없었건만, 조선 조정은 청군이 심양을 떠나 압록강을 향해 달려오고 있던 그 순간에도 종래 매년 파견하던 추신사(秋信使)를 보낼 것이냐 말 것이냐를 두고 격론을 벌이고 있었다.

여기에 더하여, 부정확한 정보들도 조선 조정이 결단을 주저하는 데 한몫을 하였다. 청에 내부 분열의 소지가 있다는 명의 '훈수'는 근거 없는 희망적 관측에 불과했다. 병자년 가을 명의 내지 약탈에 나선 청군이 큰 손실만 입고 돌아왔다는 정보는 최악의 '오보'였다. 이런 잘못된 정보들은 조선 조정이 막판까지 외교적 노력의 성사 가능성에 대한 미련을 버리지 못하는 데에 일조하였을 것이다. 그렇다면 조선의 '전쟁 실패'는 궁극적으로 '지피지기'에 실패했기 때문이라고 할 수 있지 않을까?

내일을 읽는 한·중관계사

# 7장

# 병자호란 직후 조·청관계와 조선중화주의

**우경섭**

서울대학교 인문대학 국사학과를 졸업하고 동 대학원에서 석사와 박사 학위를 받았다. 서울대학교 한국문화연구소 선임연구원, 인하대학교 한국학연구소 HK 교수를 거쳐, 현재 인하대학교 문과대학 사학과 교수로 있다.

# 1. 머리말

조선왕조의 17세기는 '사대와 당쟁'의 시기로 기억된다. 개국 이래 명나라 중심의 중화주의적 세계관에 안주해온 조선의 유교 지식인들이 북로남왜(北虜南倭)의 동아시아 질서 변동에 적응하지 못한 결과 임진왜란과 병자호란의 참화를 '자초'했다는 것이다. 그리고 양란 후에도 현실을 직시하지 못한 채 안으로는 예송과 같은 공허한 당쟁을 지속했고, 밖으로는 이미 사라진 명에 대한 사대주의에서 헤어나지 못했다는 것이 이 시기에 대한 일반적 통념이다. 더 나아가 17세기 조선에 뿌리내린 '사대와 당쟁'의 고질병이 18~19세기 자주적 근대화를 향한 진보를 가로막아, 결국 20세기 초반 일제 식민지로 전락했다고 평가된다.

특히 식민지 조선의 역사를 뼈아프게 성찰했던 20세기 전반 민족주의 사학자들은 조선후기 중화주의적 세계관을 망국의 근원으로 지목했다. 사대적 유교사상이 민족 고유의 진취적 기상을 압살함으로써 조선의 역사가 나락으로 떨어졌다고 인식한 신채호부터, 오직 정주학만을 신봉한 조선시대 유학자들의 정체는 그저 개인의 사사로운 이익을 도모하며 중화적전(中華嫡傳)을 드리우려는 무리들이라 일갈한 정인보까지, 대부분 민족주의 사학자들은 조선 후기 역사의 사대적·퇴행적 성격을 신랄히 비판했다.

재조지은(再造之恩)과 존주대의(尊周大義)의 명분 아래 명나라 황제의 제사를 위해 설립된 만동묘(萬東廟)와 대보단(大報壇)이 바로 사대주의 의 징표였다. 1920년 권덕규는 「가짜 명나라 사람 머리에 몽둥이 한 방(假明人 頭上에 一棒)」이라는 논설에서 조선 유학자들을 가리켜 "심장도 창자도 없는 지나 사상의 노예"라 정의했다. 그리고 "충효의 가르침을 제 땅과 제 민족을 위해 쓰지 아니하고 자기와 아무 관계없는 다른 놈에 게 들이 바치니, 그 더러운 소갈머리야 참으로 개도 아니 먹겠다"고 비 난했다.

20세기 전반 민족주의 사학자들이 '민족'과 '근대'의 관점 아래 제기한 사대주의 담론은 식민지 학술사의 흐름 속에서 재검토되어야 하겠지만, 이는 조선사의 타율성을 강조하던 일제 식민사학자들의 인식과 결론을 함께했다. 그 결과 광해군의 '중립외교'를 빌미로 반정을 일으킨 인조의 사대적 외교 노선이 호란을 '자초'했다는 1930년대 이나바(稻葉岩吉)의 학설이 17세기 조선사의 가장 중요한 상식으로 자리잡게 되었다. 또한 비현실적·비주체적 주자학자들에 맞서 새롭게 등장한 이른바 '실학자'들의 자주적·민족적 학풍, 특히 북학에 대한 상찬 역시 조선 후기 대외관계의 핵심적 해석으로 자리 잡게 되었다.

지금 관점에서 보자면, 1644년 명·청 교체 이후에도 명에 대한 의리를 내세우며 청의 정통성을 부정하던 조선 후기 지식인들의 중화주의적 세계관은 선뜻 수긍하기 어렵다. 당시로 돌아가 조선의 상황을 곰곰이 되돌아보면, 그들을 사대주의자로 비난하기에 앞서 먼저 해명해야 할 물음이 있다. 약소국 지배층이 권력을 유지하기 위해 선택할 수 있는 가

　　　　　　　　　　　　　　　　　　　내일을 읽는 한·중관계사

장 손쉬운 방법이 제국으로부터 권위와 원조를 부여받는 것일진대, 당시 조선 지식인들은 왜 청조의 실존하는 위세를 거부하고 사라진 명나라에 대한 의리를 내세웠을까? 그리고 병자호란 패전 이후 시원스레 청나라를 인정하고 열과 성을 다해 사대했다면 조선은 식민지 신세를 면할 수 있었을까?

병자호란 패전의 결과 오랑캐라 멸시하던 청에 사대하게 된 조선인들은 지난 200년간 명 주도의 안정적 동아시아 질서 아래 현실적 의미를 체감할 수 없었던 중화주의의 모순을 절감하게 되었다. 그리고 앞으로 조선이 취해야 될 상반된 방향을 놓고 고심해야 했다. 첫째는 청의 패권을 인정하고 마음을 다해 사대하는 현실적 노선이었고, 둘째는 청의 정통성을 부정하며 중화문명의 유지와 회복을 기약하는 이념적 노선이었다. 흔히 상상하듯, 중화주의적 세계관에서 탈피해 근대적·민족적 노선을 정립해가는 길은 17세기 중반 동아시아 정세 속에서 가능하지 않았다. 오직 청에 사대하느냐 하지 않느냐의 선택밖에 없었다.

요컨대, 병자호란과 명·청 교체 이후 조선의 역사는 '오랑캐' 청이 중원을 제패한 엄혹한 현실과, 국초 이래 간직해온 왕조의 중화적 정체성을 견지해야 한다는 이상적 염원 사이의 분열을 절충하고 보합하려는 분투의 과정이었다.


## 2. 병자호란의 충격과 북벌론

1637년 1월 30일, 병자호란은 남한산성의 항복으로 종결되었다. 패전한 조선은 명과의 관계를 끊고 청을 황제의 나라로 섬기게 되었다. 그리고 그들의 정치·군사·경제적 강요를 일방적으로 받아들여야 했다.

조선을 제압한 뒤 중원 진출에 총력을 기울이던 청조는 가장 먼저 정명전(征明戰)에 투입할 군사와 군수의 지원을 강요했다. 그러나 거의 50년 간 지속된 전란으로 피폐해진 조선의 현실은 파병을 감당할 만한 상황이 아니었다. 더구나 임진왜란 때 원군을 보내준 명의 재조지은에 대한 배신이라는 죄책감, 그리고 명이 부활할 경우 보복을 면치 못할 것이라는 현실적 우려는 파병을 주저하게 만들었다. 하지만 패전국의 처지에서 청의 강압을 거부할 수 없었고, 결국 1637년부터 1642년까지 지속적으로 조선군을 파견하여 명 침공에 동참했다.

개국 이래 소중화(小中華)를 자부해온 조선의 입장에서, 청의 위압에 굴복해 중화의 적통인 명을 저버리게 된 이러한 상황은 대단히 곤혹스러웠다. 이는 왕조의 존립 근거인 중화주의적 세계관을 스스로 부정함에 다름없었다. 조선 조정은 명과의 비밀 접촉을 통해 남한산성의 항복과 정명전 파병이 부득이한 선택임을 해명하고 양해를 구하려 했다. 그러나 청은 조선의 동향을 예의주시하며, 친명반청의 분위기가 감지될 때마다 인조의 폐위 또는 재침의 가능성을 협박하고 반청 논의의 주모자들을 잡아들였다. 1640년과 1642년 두 차례에 걸쳐 조선의 반청 인사들을 심양으로 잡아간 이른바 심옥(瀋獄)이 대표적인 사례였다.

더구나 1644년 명·청 교체 이후, 청의 현실적 지배를 수긍하려는 분위기가 점차 대세를 이루어갔다. 항복 직후부터 이미 인조는 패전의 원인을 신하들의 당쟁 탓으로 돌리며, 과거의 잘잘못을 따지지 말고 책임을 함께 나누자는 상투적인 교서를 내렸다. 그리고 신하들에게 청 연호의 사용을 요구하는 등 보신에 급급하며, 주화론의 입장에서 전쟁을 이끌었던 김류와 김자점을 계속 중용했다. 반면 김상헌 등 척화신들을 '나라를 망친 무리'라 비판하며 그들에게 패전의 책임을 지웠다. 결국 종묘사직과 백성의 안위를 위해 불가피했던 항복의 명분은 인조와 대신들의 구명을 위한 가식에 지나지 않았던 것이다. 전란 이후 나라가 나아갈 방향을 제시할 현실적 능력도 도덕적 명분도 갖추지 못했던 그들은 그저 당면한 현실을 받아들이고 청의 강압에 추종할 뿐, 다른 방도를 마련할 겨를이 없었다.

청의 권위에 가탁하여 정치적 입지를 확보하려는 이른바 친청파(親淸派) 세력도 등장했다. 특히 청으로 건너가 출세한 평안도 은산의 노비 출신 정명수의 횡포는 이루 말할 수 없었다. 훗날 정1품 영중추부사까지 오른 그는 광해군 때 사르후 전투에 참여했다가 포로로 잡힌 뒤 역관으로 입신하여, 1643년(인조 21)부터 청 황제의 칙사 자격으로 조선을 드나들며 전횡을 일삼았다.

조선의 역관·잠상·서리들과 결탁해 양국 간 경계를 넘나들며 독자적인 정치세력을 구축했던 정명수의 모습은 동아시아 정세의 격변에 순응하여 입신양명을 성취했던 모범 사례로 간주되기도 하였다. 남한산성에서 맺은 정축화약(丁丑和約)으로 양국 간 영역과 백성의 경계가 명확해짐에 따라 더 이상 청에서 조선인을 받아들이지 않게 된 뒤에도, 적지 않은 사람들이 청으로 망명해 정명수와 같은 영화를 누리고자 하였다.

1644년 3월 숭명반청(崇明反淸)의 대의를 기치로 일어난 심기원의 역모는 친청과 반청의 대립이 사회적으로 공론화되었음을 보여주는 사건이었다. 인조반정의 공신이자 조정 중신이던 심기원까지 민심에 영합

해야 할 반란의 명분으로 '친청파 타도'의 구호를 제기했던 점, 그리고 잇따라 일어난 역모 사건들에서 심기원과 임경업의 이름이 계속 거론되던 정황은 당시 조정의 친청적 흐름에 반발하던 여론을 짐작케 한다.

1644년 4월 청이 명을 대신해 북경을 차지하자, 인조와 조정 대신들의 친청 행보는 더욱 노골화되었다. 약소국의 지배층으로서 기득권 유지를 위한 손쉬운 방법인 협력과 충성의 길을 선택했던 것이다. 인조는 자발적으로 청의 북경 점령을 축하하는 진하사(進賀使) 파견을 제안했고, 영의정 김류는 사신의 품계를 높여 대신을 보내야 한다고 거들었다. 1646년 6월 청군에 붙잡혀 압송된 임경업을 심기원 옥사에 연루시켜 죽인 뒤, 영의정 김자점은 임경업을 압송해준 청의 은혜에 감사하는 마음을 정기 사신 편에 전한다면 공경함에 소홀할까 염려되므로 대신 가운데 별도의 사신을 정해 보내야 한다고 건의했다.

청의 강압이 지속되고 시세를 구실 삼은 친청파들이 권력을 장악했던 인조 말년에, 청에 대한 복수는 거론조차 하기 어려웠다. 그러던 중 1649년 인조가 세상을 떠나고 둘째 아들 봉림대군이 왕위를 이어받으니, 바로 효종이다. 남한산성 항복 당시 19세였던 효종은 1637년 2월 소현세자와 함께 심양으로 끌려가 1645년 귀국할 때까지 8년간 인질 생활을 겪었다. 청의 고관들과 교유하던 형 소현세자와 달리, 그는 속내를 감추며 두문불출하는 가운데 아버지 인조와 멸망한 명나라를 위한 복수의 의지를 가다듬었다고 한다.

효종은 즉위하자마자 왜에 대한 방비를 명분으로 성곽을 수축하고 무기를 개수하는 등 가슴에 품었던 북벌 의지를 실천에 옮기기 시작했다. 그리고 북벌을 보좌할 세력으로 척화파의 영수 김상헌 및 송시열, 송

준길 등 산림(山林)세력을 등용했다. 그들은 1645년 소현세자가 죽은 뒤 원칙론을 내세우며 자신의 세자 책봉에 반대했던 사람들이었다. 그럼에도 불구하고 효종이 자신의 책봉을 지지한 김자점 등 친청파를 배제하고 김상헌과 산림을 등용한 까닭은 청에 대한 복수설치(復讐雪恥), 즉 북벌을 결행하려는 의지 때문이었다.

효종의 뜻을 짐작하던 산림들도 호란 이후의 은거에서 벗어나 조정에 출사하여 청 정벌의 계책을 보좌하고자 하였다. 특히 송시열은 13개 조의 시무책을 담은 「기축봉사(己丑封事)」를 올려 북벌의 이념적 당위성을 제시했다. 그는 청에 대한 복수는 사사로운 감정의 문제가 아니라 세상의 이치[天理]와 인간의 윤리[民彝]를 구현하는 도덕적 당위임을 역설했다. 그리고 10년, 20년을 기약하여 복수를 추진한다면, 설령 중원을 소탕하지는 못하더라도 청에 대한 굴종을 청산하고 중화문명 수호의 대의를 지켜나갈 수 있으리라 전망했다.

그러나 친청파 김자점이 조정의 동태를 청에 밀고하는 일이 벌어졌다. 청은 군대를 압록강 부근에 집결시키고 여섯 명의 사신을 잇달아 보내어 자초지종을 캐물었다. 그리고 영의정 이경석 등을 의주 백마산성에 구금했다. 이를 계기로 송시열 등 산림들이 조정에서 물러나고, 효종 역시 북벌을 유보할 수밖에 없었다.

그런데 1650년(효종 1년) 말 조선에 대한 강경책을 주도하던 도르곤 (多爾袞)이 죽고 순치제가 친정하며 내부 정세가 안정되자, 청조는 세폐를 감해주고 감시를 늦추는 등 조선에 대한 유화책을 펴기 시작했다. 이러한 변화에 힘입어 효종은 김자점 세력을 제거하고, 어영대장 이완과 병조판서 박서 등을 중용하여 본격적인 북벌 준비에 나섰다. 핵심 군영인 어영청과 훈련도감 및 친위부대인 금군을 강화하고, 군역 정리와 노비 추쇄 등을 통해 군사를 확보하며 조련과 열무(閱武)에 열중했다. 지방에서는 영장(營將)을 복설하고 속오군에 대한 급보(給保)를 시행했으며, 강화도와 남한산성을 요새화하는 것 이외에도 안흥과 자연도(지금의 영종도)에 진을 설치하는 등 진보(鎭堡)와 성곽을 정비했다.

아울러 화포·궁전(弓箭) 및 조총을 개량하고 화약 제조를 위한 염초를 확보하는 등 화기수 양성에 각별한 노력을 기울였다. 마침 동진하던 러시아 세력을 막기 위해 청이 조총수 파병을 요청하자, 조선 조정은 병자호란 직후 마지못해 군사를 보냈던 태도와 달리 선뜻 수락했다. 그리고 1654년(효종 5년)과 1658년(효종 9년) 두 차례에 걸쳐 변급과 신류가 이끄는 조총수들이 나선정벌(羅禪征伐)에 참여하여 실전 경험을 축적할 수 있었다.

그러나 양란을 겪으며 고갈된 국가 재정 및 연이은 흉년과 전염병으로 인한 경제적 부담은 북벌을 추진하는 데 가장 큰 걸림돌이었다. 게다가 긴장된 조·청관계 아래에서, 사신 왕래를 중심으로 한 외교 비용 또한 만만치 않았다. 조선이 청에 파견하는 사신의 경비와 예물뿐 아니라 걸핏하면 조선을 감시하러 나오는 청사 접대비용은 정상적인 재정 운용을 방해할 정도로 막대했다. 이러한 분위기 속에서 김육의 대동법(大同法)과 같은 안민론(安民論)이 제기되는 가운데, 북벌에 대한 반대 여론이 높아갔다. 효종은 이에 1657년 송시열을 다시 불러 북벌의 계책을 상의했는데, 이 무렵 두 사람이 구상했던 북벌의 구체적인 면모가 「악대설화(幄對說話)」를 통해 전해진다.

1659년(효종 10년) 3월 독대한 자리에서, 효종은 청이 건국 직후의 강건한 기상을 잃고 나태함에 빠져 오래 지속되지 못할 형세라 진단했다. 그리고 10만 명의 정예 포수를 양성해 자신의 나이 50세가 되는 10년 뒤를 기한으로 삼아 북벌에 전념하고자 하는 뜻을 밝혔다. 청이 북경에 입성한 뒤 요동과 심양의 천리 길에 활을 잡고 말 탄 자가 전혀 없는 만큼, 저들이 예기치 못한 틈에 요동으로 진격한다면 수만 명의 조선인 포로와 중원 한족들의 호응에 힘입어 성공할 수 있으리라 기대했다. '과단성 있게 감행하지 못함이 걱정될 뿐, 성공 여부는 걱정하지 않아도 될 것'이라 단언할 정도로, 효종은 북벌의 성공을 자신했다. 그러나 이러한 발언이 있은 지 두 달 만에 효종이 갑작스레 세상을 떠나면서, 남한산성의 치욕과 명나라 멸망을 복수하려던 북벌 계획은 끝나고 말았다.

## 3. 남명 멸망과 조선중화주의

현종 즉위 이후 북벌은 더 이상 추진되지 않았다. 그러나 명의 잔존세력, 특히 남명과 관계를 맺기 위한 비밀스런 노력은 계속되었다. 남명은 명 멸망 이후 황실 일부가 중국 남부로 도주하여 세운 임시 왕조였다. 만력제의 손자 복왕(福王) 주유숭(朱由崧)이 1644년 5월 남경에서 홍광제(弘光帝)로 칭한 것이 그 시작이었다. 이후 당왕(唐王) 주율건(朱聿鍵)과 노왕(魯王) 주이해(朱以海)가 세력을 규합해 명의 부흥을 도모했지만, 얼마 못 가 내분으로 자멸하거나 청군에 진압되었다. 1646년 11월에는 만력제의 손자 계왕(桂王) 주유랑(朱由榔)이 영력제(永曆帝)로 즉위하여 한때 중국 남부 7개 성을 점령하고 항전을 이어갔다. 그러나 청군의 반격에 못 이긴 영력제는 결국 면전(緬甸: 미얀마)으로 도주했다가 오삼계(吳三桂)에 붙잡혀 1662년 살해되었다.

남명의 존재는 1644년 11월 인질로 억류되어 있던 소현세자 일행에 의해 처음 알려졌다. 홍광제의 세력 때문에 강남 지역 조운(漕運)이 끊겨 북경의 경제 상황이 악화되었다는 소문이었다. 뒤이어 북경에 다녀온 사신들이 탐문한 결과, 운남·귀주·광동·광서 등지에 명나라 황실이 온존한다는 소식이 연이어 전해졌다. 효종대에 들어서도 조선 조정은 남명의 근황에 계속 귀를 기울였다. 북경을 다녀온 사신들이 운남에서 세력을 확대해가던 영력제의 동향, 그리고 청나라 경경왕(敬景王)이 영력제의 군대에 대패해 전사한 사실 및 이를 둘러싸고 벌어진 청조의 내분을 알려왔다.

중국 남부에 황실이 건재하다는 말이 전해지자, 조선 지식인들은 명 중심의 중화질서가 회복될 가능성에 고무되었다. 효종 역시 북벌을 준비하며 남명을 중심으로 한 명나라 유민의 내응(內應)을 기대하고 있었다. 그러나 청의 압박이 엄존하던 상황 아래 남명과의 실제 교빙은 성사될 수 없었다. 더구나 1650년대 후반부터 남명이 수세에 처했다는 소식이 전해졌다. 1655년 3월에는 청에 항복한 한인 장수 홍승주(洪承疇)가 영력제의 군대를 전멸시키는 등 청군이 각처에서 승전을 거두며 중국 남부를 장악했다는 사실이 보고되었다.

결국 1662년 4월 영력제의 체포 소식이 들려왔다. 현종은 소문의 진위를 의심하며 아마 황족 중 한 명이 잡힌 듯하다고 애써 자위했고, 영의정 정태화도 과장된 소식을 어찌 쉽게 믿을 수 있겠냐고 반문했다. 그러나 곧이어 영력제의 생포 소식을 알리는 조서가 당도하자, 정태화 자신이 이를 축하하는 사신으로 북경에 가야 했다. 그리고 영력제와 황족들이 모두 살해되었다는 소식을 가지고 귀국했다.

영력제의 죽음으로 18년간 유지된 남명왕조가 막을 내렸다. 남명의 멸망은 한족뿐 아니라 조선 지식인들의 거취에도 큰 영향을 미쳤다. 이제 명의 부활을 기대하는 사람은 별로 없었다. 청의 중원 지배는 돌이킬 수 없는 현실로 받아들여졌고, 이후 남명의 소식은 표류해온 한인들을 통해 간간이 이어질 뿐이었다.

남명의 존재가 조선에 직접 영향을 미친 바는 거의 없었다. 하지만 남명 멸망의 사상적 충격은 결코 적지 않았다. 명이 중흥할 가능성이 사라진 현실에 직면하여, 조선 지식인들은 국초 이래 간직해온 중화주의적 세계관을 재고하게 되었다. 중화문명의 계보가 단절된 상황에서 소중화라 자부해온 조선의 정체성을 어떻게 설정할 것인가? 이러한 문제의식 아래, 이제 조선이 중화문명의 정통성을 계승하게 되었다는 조선중화주의(朝鮮中華主義)의 이념이 출현했다. 멸망한 명을 대신해 중화문명을 보존해야 할 책무를 자임하며, 동아시아 유교문화의 중심지로서 조선왕조의 위상을 설정했던 것이다.

조선중화주의를 정립한 인물은 송시열이었다. 그는 병자호란 패전과 명 멸망 이후 조선이 지향해야 할 전범을 남송대 주자에게서 찾고자 하였다. 여진족 금나라의 침략을 받던 시기에 북벌의 시대적 책무를 자임했던 주자의 삶과 학문을 표준으로 삼아 조선왕조가 나아갈 방향성을 제시하려 했던 것이다.

주자와 그의 시대에 대한 역사적 공감은 화이론(華夷論)에 기반하고 있었다. 이적의 침략이라는 동일한 경험 아래 형성된 이 같은 주자관은 이때부터 조선 사상계의 특징적인 면모로 자리잡게 되었다. 예의로 집약되는 유교문화의 담지 여부를 화이분별의 기준으로 설정하고 화이의 가변성을 강조했던 주자의 문화적 화이론에 근거하여, 송시열은 조선이 중화문명의 계승자가 될 수 있는 가능성을 다음과 같이 설명했다.

> 중원 사람들은 우리를 가리켜 동쪽 오랑캐[東夷]라고 부른다. 비록 그 명칭이 아름답지 못하지만, 어떻게 진작하고 흥기하느냐에 달려 있을 따름이다. 맹자가 말하기를, '순(舜)은 동쪽 오랑캐요, 문왕(文王)은 서쪽 오랑캐이다'라고 하였으나 진실로 성인과 현인이 되었으니, 우리라고 추로(鄒魯)가 되지 못할까 걱정할 것이 없다. 과거 칠민(七閩)은 실로 남쪽 오랑캐의 소굴이었지만, 주자가 그 땅에서 태어나자 본래 중화의 예악문물이 번성했던 지역들이 도리어 그곳을 따르게 되었다. 그러므로 과거 오랑캐의 땅이 오늘날 중화가 되는 것은 오직 변화하기에 달려 있을 뿐이다. (『송자대전』 권131, 雜錄.)

송시열의 조선중화주의는 17세기 중반 이후 청의 치세가 점차 안정됨에 따라, 청조 중심의 동아시아 질서에 순응해가던 세태를 제어하려는 의도를 담고 있었다. 청의 중원 지배를 되돌릴 수 없는 현실로 간주하며 청에 대한 신복(臣服)을 기꺼이 용인하고, 호란기 척화론과 효종대 북벌론 등 조선왕조의 중화주의적 정체성이 부정되던 현종 연간의 사상적 흐름에 대한 비판이었던 것이다.

송시열을 비롯한 조선중화주의자들은 명에 대한 의리와 청에 대한 복수가 은혜와 원한의 감정적 차원을 넘어서는 도덕적 당위임을 설파하고자 했다. 이를 위해 공자의 존주대의(尊周大義)를 조선왕조의 정체성

내일을 읽는 한·중관계사

으로 규정하고, 기자(箕子)의 동래(東來)에서 연원하는 중화문명 계승의 흐름을 도식화하였다. 그리고 임란 당시 원군을 파견한 만력제와 국망으로 자결한 숭정제에게 중화문명 수호의 의미를 부여하고, 명을 대신해 조선왕조가 짊어지게 된 중화적 정체성을 그들에 대한 기념 행위로 표상하고자 하였다.

숭정제의 어필 '비례부동(非禮不動)'을 봉안한 속리산 화양동의 환장암(煥章菴)이 바로 조선중화주의의 이념을 체현한 상징적인 장소였다. 송시열은 이제 요·순 3대의 정치와 공자·주자의 가르침이 전해지던 중원 땅이 비린내 가득한 오랑캐 소굴로 전락했음을 한탄하며, 나라가 망하자 장렬히 순절하여 '비례부동'의 가르침을 실천한 숭정제의 정통성이 효종의 북벌 이후 조선에 전해졌음을 계보화하고자 하였다. 그리고 이제 조선이 주나라의 예의로 상징되는 중화문화의 정수를 간직하게 되었다고 주장하며, 이를 조선왕조가 나아가야 할 시대정신으로 삼으려 했다. 환장암의 이러한 상징성은 그의 사후 제자들이 두 명황의 제사를 거행한 만동묘와 더불어, 숙종이 창덕궁 후원에 세운 대보단으로 계승되었다.

명·청 교체 이후 조선의 정체성을 동아시아 유교문명의 계보 가운데 설정했던 조선중화주의는 명에서 전해지는 중화적 가치를 핵심으로 삼고 있었다. 그러나 주목해야 할 바는, 그것이 중국의 한족 왕조에 대한 맹목적 추종 내지 종속을 의미하지 않았다는 사실이다. 송시열에게 명나라란 역사적 실체가 아닌 계보적 관념이자, 혈통과 왕조를 초월한 문화적 진리[道]의 계승자를 의미했다. 이러한 예는 명나라의 정치와 문화에 대해 그다지 호의적이지 않았던 태도를 통해 엿볼 수 있다.

송시열은 강력한 황제권 아래 관료들의 정치 참여와 언론 활동을 위축시키고 환관을 중용했던 명대의 정치제도 전반에 대해 대단히 비판적이었다. 그리고 명의 사상과 문화 역시 박절하게 평가했다. 주자의 절대적 신봉자였던 그가 '이단'인 양명학이 유행하던 명나라 학풍을 추종했을 리 만무하고, 명나라 학자들의 예학에 대해서도 주자의 본뜻과 어긋난다는 이유를 들어 혹평했다. 또한 "나는 평생 명나라의 글을 좋아하지 않았다"고 단언하며 조선 문단을 풍미하던 명나라 문풍을 배격했다. 송시열 이후에도 명의 정치와 사상·문화에 대한 긍정적 평가를 찾아보기 쉽지 않듯이, 조선중화주의자들은 한족왕조의 실체 자체를 중화로 받아들이지 않았다.

종족과 지역이 아닌 문화적 관념으로서 조선중화주의의 특징은 고구려 을지문덕을 재발견하는 과정에서도 간취된다. 송시열은 을지문덕이 별다른 명분 없이 천자에 저항했다면 마땅히 춘추필법에 따라 단죄되었을 터이지만, 아버지를 시해하여 인륜을 저버린 수양제를 징치한 행동은 예의로 집약되는 중화문명 수호의 공로가 있다고 높이 평가했다. 예의라는 보편적 가치의 준수 여부에 따라 중화인지 아닌지가 판별된다는 이러한 인식은 조선 지식인들의 중화[周] 관념이 현실의 한족왕조[明]와 일치하지 않았음을 보여준다. 송시열이 그저 대국에 대한 맹목적 충성심에 가득한 '사대주의자'였다면, 을지문덕에 대해 그처럼 고심하지 않았을 듯하다.

도덕적 흠결로 인해 중화의 정통에서 제외되었던 수양제와 반대로, 만력제와 숭정제가 만동묘와 대보단에 제향되던 과정 역시 조선중화주의의 선택적 계보화의 과정으로 주목할 만하다. 재조지은의 주인공 만력제에 대한 존숭은 일견 당연한 것처럼 보인다. 그러나 거기에는 훗날 '사무사(思無邪)'라는 표현이 붙어다니는데, 그것은 임란 당시 원군 파견이 명나라의 이익을 지키기 위한 현실적 선택이 아니라 중화질서 수호를 위한 순수한 행위였다는 꼬리표였다. '사무사'란 말을 통해 만력제의 중화적 가치가 인정될 수 있었던 것이다. 또한 숭정제는 단지 명나라의 불쌍한 마지막 황제이기 때문에 만동묘와 대보단에 향사된 것은 아니었다. 명나라 멸망 당시 목매어 자결한 행동이 '국망군사(國亡君死)'의 춘추의리에 부합했다는 의미가 부여된 이후에야 그는 중화문명의 정통적 계보 안에 위치할 수 있었다.

한족의 정통 왕조임에도 불구하고 도학적 의미 부여에 따라 중화의 계승자(숭정제)가 되기도 하고 정벌의 대상(수양제)이 되기도 했던 정황은, 역사적 실체로서 명나라 자체가 중화로 간주되었던 것은 아니었음을 보여준다. 조선중화주의에서 명에 대한 계승 의식이란 명·청 교체 이후 조선이 유일한 중화문명의 계승자임을 입증하기 위해 수행되었던 선택적 계보화의 방법이었다.


## 4. 전란의 여파: 포로와 유민

17세기 중반 이후 청조의 안정에 따라, 조·청관계 역시 호란 직후 극도의 긴장에서 점차 벗어나게 되었다. 그러나 양국관계의 기저에는 정리되지 못한 과제들이 잠복해 있었다. 특히 명·청 교체를 전후해 발생한 포로와 유민 등 대규모 이민자들의 처리 문제가 현안으로 대두했다.

우선 피로인(被擄人)이라 칭해지던 조선인 포로 문제를 살펴보면, 청군은 병자호란이 끝나고 철수하는 길에 수십 만 명에 달하는 조선인을 심양으로 잡아 갔다. 주화파의 일원으로 동아시아 정세에 대해 비교적 객관적 시각을 지녔던 최명길조차 청에 끌려간 조선인이 50만 명에 이른다고 추산했다. 남한산성에서 전쟁의 시종을 지켜봤던 나만갑 역시 심양의 시장에서 팔려간 사람만 60만 명 이상이라 추정했다.

청이 건국 초부터 조선인의 귀화를 장려하고 포로 획득에 집착했던 원인은 무엇보다 경제적 필요 때문이었다. 당시 청은 농경 위주의 생산 체제로 발돋움하기 위해 농사를 담당할 인적 자원을 확보하는 일이 급선무였다. 그리고 1620년대 이후 몽골의 여러 부족들이 귀순하여 부양할 백성이 급격히 증가했고, 명과의 전쟁이 시작되면서 만주족 성인 남성 대부분이 전투에 투입되어야 했다. 따라서 장기간의 전쟁을 뒷받침할 노동력의 획득이 무엇보다 절실했다. 아울러 전쟁 포로를 정당한 절차에 따라 획득한 전리품으로 중시하던 유목민의 전통 또한 중요한 요인이었다.

호란 직후 수십 만에 달하는 피로인 문제로 조선사회가 겪은 혼란과 곤혹은 이루 말할 수 없었다. 대부분 조선인 포로들은 만주족 귀족의 노예로 살아갔고, 사람시장(人市)에서 물건처럼 거래되었다. 가족들이 찾아가 청인에게 비용을 지불하고 되사오는 속환(贖還)이 성행하자 포로의 몸값은 감당할 수 없을 만큼 치솟았다. 속환되어 귀국한 부녀자들은 오랑캐에게 실절(失節)했다는 이유로 버림받으면서 이른바 환향녀(還鄉女) 문제가 사회적 이슈로 대두했다.

또한 청은 강화 당시부터 '압록강을 건너기 전 탈출한 자는 불문에 부치지만, 일단 청의 영토에 들어왔다 도주한 자는 다시 잡아 보내야 한다'고 요구했다. 이에 따라 조선 조정은 탈출에 성공해 고향으로 돌아온 이른바 주회인(走回人)들을 색출하여 청으로 쇄환(刷還)해야 했고, 이들은 청군에 끌려가 발뒤꿈치가 잘리는 고통을 겪었다.

조선 조정은 국가의 경비를 내주어 일부 포로를 속환하기도 했다. 그러나 주로 종실과 고관의 가족들이 대상이었을 뿐, 수십 만의 포로 전부를 그리 데려올 수는 없었다. 게다가 포로를 전리품으로 간주하던 청인들은 피로인 속환을 가족과 주인 사이의 개인적 매매라는 차원에서 이해했다. 한때 피로인 문제의 교섭과 해결을 위해 속환도감(贖還都監) 설치와 속환사(贖還使) 파견이 논의되었지만, 조선 조정이 청조와 공식적으로 교섭할 여지는 별로 없었다.

주회인 쇄환을 둘러싼 혼란과 갈등은 전쟁 이후 오랫동안 끊이지 않았다. 청은 도망한 조선인들을 돌려보내라 수시로 종용했다. 심지어 쇄환에 성의를 다하지 않는다는 이유를 들어, 국왕의 입조 또는 폐위까지 거론하며 조선을 압박했다. 이에 조선에서는 행방을 찾을 수 없는 주회인을 대신해 가족을 잡아 보내거나, 압록강을 건너기 전 탈출한 사람들, 혹은 전혀 무관한 사람들까지 마구잡이로 체포해 보내는 일이 벌어졌다. 그리고 주회인 문제로 인한 조정의 곤욕을 사전에 방지하기 위해 압록강 변장(邊將)들이 강을 차단하여, 오도가도 못한 도망자들이 강물에 뛰어들어 자살하는 참상이 벌어졌다.

1666년(현종 7년) 7월, 병자호란 때 포로로 잡혀갔다 탈주한 안추원(安秋元)이라는 인물로 인해 청이 사신을 파견해 국왕 현종을 직접 조사한 사건은 당시 주회인 문제가 지닌 미묘하고 엄중한 성격을 보여주는 대표적 사례였다. 포로 생활 28년 만인 1664년 탈출에 성공해 고향으로 돌아온 안추원은 생계가 막막하자 다시 압록강을 건넜다가 청군에 체포되었다. 청조는 주회인을 쇄환하지 않은 조정의 책임을 물으며, 공모한 대신들까지 처형하겠다고 협박했다. 이에 현종은 북쪽을 향해 무릎을 꿇고 용서를 청했고, 벌은(罰銀)을 물은 뒤 처벌을 면할 수 있었다. 이 사건은 남한산성 이후 또다시 국왕이 오랑캐에게 무릎 꿇은 일로 기억되었다. 이후에도 청은 쇄환에 대한 강경한 입장을 고수했고, 심지어 병자호란 이후 37년이 지난 1674년(숙종 즉위년)까지도 주회인 문제가 그치지 않았다. 그러나 조정은 이미 포로와 관련된 외교적 대응과 교섭을 사실상 중단했고, 그들과 관련된 사안은 정부 차원이 아닌 개인과 집안의 일로 방치되었다.

한편, 명·청 교체를 전후해 조선으로 건너온 명나라 출신 한인들의 처리 문제 역시 조선 조정을 곤혹스럽게 만들었다. 청은 정축화약에 근거하여 조선으로 도망한 한인 및 여진인, 즉 향화인(向化人)의 송환을 지속적으로 요구했다. 그중에서 특히 외교적 난제로 떠오른 사안이 명나라 유민을 자처하던 이른바 황조유민(皇朝遺民)의 처리 문제였다. 숭명반청의 사조가 남아 있던 조선의 입장에서 본다면, 청에 복속하기를 거부하고 명나라 백성의 정체성을 간직하던 한인들을 붙잡아 강제 압송하기란 내키지 않은 일이었다. 게다가 남명이 온존하며 청과 남북으로 대치하던 현종대 초반까지도, 향화인 송환 여부는 섣불리 결정하기 어려운 문제였다.

당시 조선에는 17세기 초부터 1644년까지 압록강을 건너 한반도로 이주한 수십 만 명의 한인들이 존재했다. 그들 중에는 우선 임진왜란에 참전했다 1600년 철군이 시작된 뒤에도 부상·범죄·가난 등을 이유로 귀환을 거부하고 눌러앉은 명군 도망병이 있었다. 그리고 1618년 후금이 명에 대해 본격적인 공세를 시작하면서 전쟁터가 되어버린 요동을 떠나 모문룡(毛文龍)의 동강진(東江鎮)이 있던 평안도 지역으로 이주한 약 20만 명의 요민(遼民)들도 있었다.

또한 청조가 북경을 차지한 뒤부터, 명나라 사대부들 가운데 조선으로 망명한 사람들도 생겨났다. 이들의 숫자는 도망병이나 요민에 비할 바 아니었지만, 명나라의 명벌(名閥) 출신이 다수 포함되었다는 점에서 조선사회에 적지 않은 충격을 주었다. 그중에는 임란 당시 병부상서 석성(石星)을 비롯하여, 이여송(李如松)·마귀(麻貴)·진린(陳璘) 등 명군 지휘부의 가문이 주류를 이루었다. 임란이 끝난 뒤 곧바로 만주족과의 전투에 참여했던 그들은 청조 치하에서 살아가기 어려운 실정이었으므로, 명이 베푼 재조지은에 대한 보답을 기대하며 대거 조선으로 망명해 들어왔다.

한편 병자호란 직후 인질로 끌려갔던 봉림대군은 1645년 조선으로 귀환하며 함께 억류되었던 일군의 한인들과 동행했다. '수룡팔성(隨龍八姓)'이라 칭해지던 왕이문(王以文) 등 여덟 명은 효종의 각별한 보살핌 아래 반청복명(反淸復明)의 대업을 함께 도모했다. 이들은 어의동(於義洞) 인근에 모여 살며 황조인촌(皇朝人村)을 형성했는데, 19세기 후반까지도 그 후손들은 황조유민의 정체성을 자부하며 귀화 한인들의 구심점으로 활동했다.

그 밖에도 개별적으로 건너와 조선에 정착한 한인들도 이루 헤아릴 수 없었다. 조선 조정은 그들을 삼남 지역의 바닷가나 외딴 섬 또는 내류 깊숙한 곳에 이주시키고, 쇄환을 위해 청 사신이 입국할 경우 그들에게 알려 도주를 돕기도 하였다. 그러나 청의 거듭된 요구를 거부할 수 없었던 조정은 귀화 한인들에 대한 구체적인 정책을 마련하지 못한 채, 정축화약의 규정에 따라 그들을 붙잡아 압송하는 일이 그치지 않았다.

양국 간 긴장이 다소 누그러진 현종 연간 이후, 조선 조정은 고휼(顧恤)의 차원에서 세금과 군역을 원칙적으로 면제하는 등 귀화 한인들에 대한 우대 방침을 마련하기도 하였다. 그러나 실제로 이들은 여러 궁가와 아문으로부터 무단적 수탈을 받는 처지에 놓여 있었다. 간혹 한인아병(漢人牙兵)이라는 명목으로 훈련도감에 소속되어서도 고기잡이로 고초를 받았고, 군사 훈련 때에는 왜군 역할을 맡는 등 차별과 천대가 심했다.

이때 주목되는 점은 귀화 한인들에게 법률적으로 규정된 신역이 없었다는 점이다. 그들은 본디 '타국인'이므로 고휼의 대상일 뿐 신역을 부담하지 않았다. 이는 그들이 여전히 명나라의 신민이지 조선의 백성이 아니라는 사실을 의미했다. 그들 스스로도 처음에는 명나라의 신하임을 자부하며 조선의 관직을 거부하고 중국어 사용을 고집했다. 그러나 시간이 흐름에 따라 중원 회복의 가능성이 사라져버렸음을 깨닫고, 점차 조선왕조의 통치 체제 안으로 편입되기를 원했다.

'원래' 중화의 백성이던 귀화 한인들의 존재는 명 멸망 이후 '새로' 중화의 계승자가 되었음을 자부하게 된 조선인들에게 복잡한 고민을 야기하였다. 그들은 비록 재조지은의 이데올로기 아래 '황조유민'이라는 관념적 지위를 얻을 수 있었지만, 조선의 사족들과는 구별되는 상이한 집단으로 존재할 수밖에 없었다. 더구나 청의 강압 아래 놓인 조선의 현실

아래에서, 그들은 쇄환 문제로 인해 청의 공연한 주목과 간섭을 초래하는 당혹스런 존재였다.


## 5. 삼번의 난과 조·청관계의 안정

남명이 멸망하고 강희제의 친정이 시작된 이후부터 중원의 정세는 안정기에 접어들었다. 이에 따라 조선에 대한 청의 감시와 견제 또한 완화되면서, 현종 중반 이후 평온한 관계를 유지하게 되었다. 군사적 긴장이 지속되던 인조~효종 연간에 비해 이 시기에 우선 주목되는 변화는 조선과 청조 사이의 사신 왕래가 눈에 띄게 감소했다는 점이다.

조선 지식인들에게 사행의 기회는 해외 경험을 할 수 있는 유일한 창구이자, 사무역을 통해 경제적 이득을 남길 수 있는 중요한 기회였다. 아울러 북경의 서양 선교사들과 접촉하며 한역서학서(漢譯西學書)를 비롯한 새로운 문물을 수입하던 통로이기도 하였다. 그러나 조선을 의심의 눈초리로 대하며 강압적 요구를 일삼던 청조에 다녀오는 사행길이 그리 달가울 리만은 없었다. 명으로의 사행을 조천(朝天)이라 칭했던 것과 달리 청으로 가던 사행을 연행(燕行)이라 불렀던 데서 알 수 있듯이, 청으로 가는 사신길은 '천자를 뵈러 가는 제후의 직분'이라는 사행 본연의 의미로 용납될 수 없었다.

동지사행을 중심으로 한 연행의 가장 중요한 책무는 세폐와 공물을 전달하는 일이었다. 이는 천자에 대한 제후의 예물이자 조공·책봉관계의 핵심 의례였다. 청은 양국관계가 엄중하던 시기에 공물의 품질을 트

집잡아 돌려보내며 의도적으로 긴장을 고조시키기도 하였다. 또한 수시로 파견되는 청의 칙사를 접대하는 비용 또한 호조의 1년 재정에 맞먹을 정도로 상당한 부담이었다. 그러나 현종대 후반 이후 양국 간 긴장이 진정됨에 따라 청사의 파견 횟수와 더불어 상납하는 뇌물의 부담도 눈에 띄게 줄어들었다. 이처럼 청의 군사적·외교적 강압 및 경제적 부담이 감소한 반면, 17세기 후반부터 월경 채삼으로 인한 국경 분쟁이 새로운 현안으로 대두하기 시작했다.

조선과 청은 1627년 정묘호란 강화 당시 압록강을 경계로 삼아 국경을 침범치 않기로[各守封疆] 맹세한 바 있었다. 이러한 약속은 병자호란으로 깨졌지만, 대체로 압록강과 두만강을 경계로 삼는다는 원칙은 계속 유지되었다. 조선은 표면적으로 북변의 경계를 준수할 것을 백성들에게 끊임없이 주지시켰다. 그러나 병자호란 이후 평안도와 함경도의 전쟁 피해를 복구하고 조정의 세수를 확보하기 위해, 더 나아가 왜관 무역을 뒷받침하기 위한 방편으로 인삼의 사무역을 허용하고 있었다. 따라서 북변에서는 현지 수령의 묵인 또는 방조 아래 월경 채삼하는 백성들의 수가 갈수록 증가했다.

더구나 1644년 북경 점령 이후 만주족 대부분이 중원으로 이주하고 뒤이어 봉금(封禁)이 실시되면서, 소수의 팔기병만 남은 요동으로 건너가 채삼과 수렵을 일삼고 심지어 농사를 짓는 조선인의 숫자가 점점 늘어났다. 명·청 교체에 즈음한 민감한 시기만 하더라도 1642년 2월에 길주·갑산의 백성 65명이, 1643년 9월에는 강계의 백성 40여 명이 인삼을 캐던 중 청에 체포되었다. 그리고 얼마 되지 않아 다시 50여 명이 국경을 넘어 청인 두 명을 사살하는 사건이 일어났다.

처음에 청은 붙잡은 조선인들을 처벌 없이 돌려보내는 등 유화적인 태도를 보였다. 그러나 곧 월경 채삼 문제가 조선 조정의 묵인 아래 이루어짐을 간파하고 당사자뿐 아니라 해당 지방관 및 관련자들에 대해 강력한 처벌을 요구했다. 하지만 청의 봉금정책 이후 압록강·두만강 이북이 무인지대가 됨에 따라 국경을 넘기가 더욱 수월해졌기에, 월경하는 조선 변민들은 줄지 않았다. 더욱이 압록강 너머에서 청인들을 살해하는 사건까지 잇따라 일어났다.

대부분의 월경 사건은 청의 항의와 재발 방지 요구, 그리고 이에 대한 조선의 관련자 색출 및 처벌의 형식으로 처리되었다. 조선 조정은 해당 지방관을 문책하고 주모자를 국경에 효시하는 선에서 사건을 마무리하고자 하였다. 그러나 청은 때때로 사문사(査問使)를 파견해 국왕에게까지 책임을 묻기도 하였다. 월경 채삼 문제로 인한 이러한 마찰은 갈수록 심해져서, 18세기 조·청관계의 핵심 현안으로 비화되었다.

한편 1673년 오삼계가 운남에서 거병한 뒤 복건의 경정충(耿精忠)과 광동의 상지신(尚之信)이 가세한 삼번의 난이 일어났다. 게다가 대만의 정경(鄭經) 세력 또한 이에 호응하면서, 중국 남부는 다시 전란에 휩싸였다. 1681년까지 계속된 삼번의 난은 입관 이후 점진적 유화책을 펼치던 청조로 하여금 새삼 조선을 의심하고 견제하게 만든 계기가 되었다.

남명 멸망 이후 중원 정세를 관망하던 조선 지식인들은 오삼계의 거병 소식을 접한 뒤 명의 부활에 대한 일말의 기대감을 품게 되었다. 윤휴는 이를 기회로 삼아 효종의 죽음과 함께 중단된 북벌을 재개할 것을 숙종에게 건의했다. 그러나 현종 연간 이후 청 주도의 동아시아 질서에 적응해가던 조선 조정이 북벌을 다시 추진할 기력은 전혀 없었다. 더구나 조정 일각에서는 청의 현실적 지배를 인정하는 차원을 넘어, 그들의 정통성까지 인정하려는 분위기가 대두하기 시작했다. 대표적인 사례가 1676년과 1678년의 변무사(辨誣使) 파견이었다.

숙종 초반 두 차례 파견된 변무사는 청에서『명사(明史)』를 편찬하며 『황명통기(皇明通紀)』『십육조광기(十六朝廣記)』『양조종신록(兩朝從信錄)』등 명대 야사에 의거하여 인조반정을 '찬탈'이라 서술하려는 움직임을 막기 위한 목적이었다. 조선의 요구는 첫째,『양조종신록』등의 기록을『명사』에 반영하지 말고, 둘째,『명사』의 출판에 앞서 그 인본을 조선에 먼저 확인해달라는 것이었다. 그러나 삼번의 난 이후 조선을 의심하던 청조는 두 차례 모두 변무에 대한 확답을 주지 않았다. 그리고 조선이 보낸 예물을 돌려보내는 등 불쾌한 반응을 보였다.

당시 조선 조정이 변무 자체를 달갑게 여긴 것은 아니었다. 다만 인조반정을 찬탈로 규정한 내용이『명사』에 기록되어 후대에 길이 전해질 것을 고려한다면, 미리 변무사를 파견해 관련 서술을 바로잡는 일이 필요하다고 여겼기 때문이었다. 그러나 역사서 편찬이 지닌 정통론적 의미를 헤아려본다면, 변무사 파견이 불가피하다는 주장은 현실의 필요에 따라 청의 정통성을 인정할 수 있다는 논리로 해석될 수 있었다.

인조반정 변무는 조선의 생존에 직접 영향을 미치는 사안이 아니었다. 더구나 인조반정을 찬탈이라 서술한 주체는 청이 아니라 명의 지식인들이었다. 이러한 점을 감안하면 이때의 변무사 파견은 그간 형세의 우열로 인해 부득이하게 사대 관계를 유지하던 차원을 넘어, 청의 정통성까지 수긍하려는 움직임이기도 하였다. 이적인 청나라로부터 인조반정의 의미를 재평가 받으려는 변무사 파견 논의에 대해, 송시열은 "피로

내일을 읽는 한·중관계사

써 옷을 씻는 것"이라 표현하며 부당함을 비판했지만 조정은 사신 파견을 강행했다. 결국 이 문제는 1726년(영조 2년)에 이르러 청이 조선의 요구를 수용함으로써 마무리 되었다.

삼번의 난으로 조성된 조·청 간 긴장은 중원 정세의 안정에 따라 다시 완화되었다. 강희제가 1681년 난을 평정하고 1683년 대만의 정씨 세력을 진압하여 중원을 명실상부하게 통일함으로써, 이후 청조는 초기의 혼란을 극복하고 전성기에 접어들었다. 이에 따라 양국관계는 19세기 말까지 커다란 갈등 없이 안정된 상태를 유지하였다. 그러나 안정된 조·청관계란 이제 조선이 청조의 중원 지배를 돌이킬 수 없는 현실로 수긍하며, 청조 중심의 동아시아 질서에 예속되어갔음을 의미했다.

양국 간 이 같은 관계를 상징하는 일이 1685년(숙종 11년) 8월의 이른바 삼도구(三道溝) 사건이었다. 압록강 건너 삼도구에서 인삼 채취에 나선 조선인들이 황제의 명을 받아 지도를 제작하던 청의 관리들에게 조총을 쏘아 부상시킨 일이 일어났다. 이를 빌미로 청은 삼번의 난 당시 조선이 청의 사정을 염탐하고 북벌을 추진한 정황을 비롯하여, 청사에 대한 소홀한 접대와 인조반정 변무 요청 등 그간 양국 사이에서 논란이 되었던 사안들을 추궁했다. 그리고 조선이 번국의 본분을 망각했다고 비난하며, 이러한 사태의 원인이 '임금이 못나고 나약하며[其君昏懦], 신하들은 제멋대로 방자하기[其臣恣肆] 때문'이라는 책망과 더불어 숙종에게 벌은 2만 냥을 부과했다.

국왕이 직접 청나라 황제에게 문책 받은 이 사건은 조선 조정에 큰 모욕으로 받아들여졌다. 이러한 수모를 피하기 위해 조정은 그간 가급적 회피하던 영칙례(迎勅禮)를 행하기 시작하며 청과의 외교 마찰을 피하려 노력했다. 또한 월경의 근원인 북변의 채삼을 불허하고, 인삼의 유통로를 차단함으로써 교역 자체를 금지했다. 이후 약 20년간 시행된 이같은 금삼(禁蔘) 정책은 청과의 충돌을 피하기 위해 인삼으로 얻을 수 있는 이익을 포기하며 강구한 적극적인 월경 방지책이었다.

요컨대, 삼번의 난을 진압하고 중원을 통일한 이후, 청조는 전성기에 접어든 자신감에 기반하여 조선과의 관계를 안정적으로 유지하고자 하였다. 조선 역시 변무사 파견에서 볼 수 있듯이, 청나라의 패권을 용인하며 그 현실적 지배력을 감내하는 방향으로 외교를 펼쳐 나갔다. 이 같은 안정적 상황은 조선이 이제 청조 중심의 동아시아 질서에 예속되어가기 시작함을 의미했다. 그렇다고 조선의 지식인들이 지난 300년간 견지해온 중화적 정체성까지 포기할 수는 없는 노릇이었다. 명 멸망 이후 조선이 중화문명의 정통성을 계승했다는 조선중화주의의 세계관은 18세기 강희·옹정·건륭제로 이어지는 청의 성세를 목도하며 '북학'이라는 새로운 사상적 고민으로 표출되기 시작했다.


## 6. 맺음말


'오랑캐' 청에 사대하며 중화적 정체성을 간직하고자 했던 힘겨운 현실 속에서, 17세기 중반 형성된 조·청관계의 기본 구도는 서양의 출현이 본격화된 19세기 중반까지 지속되었다. 숙종·영조·정조 등 이른바 탕평군주들 또한 대보단 제사로 상징되는 왕조의 중화적 정체성을 결코 포기하지 않았다. 그러나 조선중화주의의 이념 안에서, 병자호란 직후의

내일을 읽는 한·중관계사

핵심 고민이었던 반청의 문제의식은 점차 사라지고 유교문명의 계승이라는 정통론적 의미가 더욱 두드러지게 되었다. 18세기 이후 양국 간 평화가 유지되는 가운데, 조선은 청 주도의 동아시아 질서에 적응해가며 스스로의 정통적 위상을 확보하고자 노력했던 것이다.

조선 후기 당대인들의 이 같은 고민을 염두에 둔다면, 이제 17~19세기 한·중관계사의 흐름을 비현실적이고 비주체적인 사대주의로 규정해온 전통적 독법은 폐기될 필요가 있다. 정말 조선이 강대국에 대한 굴종을 내면화한 사대주의자의 나라였다면, 새로 등장한 청나라를 충심으로 섬기면 그만이었을 것이다. 그들이 만약 시원스레 청나라를 인정하고 본받았다면, 조선은 20세기 초반 식민지 신세를 면할 수 있었을까? 후대에 사는 우리가 다 알고 있듯이, 청일전쟁의 결과는 결코 그런 상황으로 귀결되지 않았을 것임을 보여준다.

더 나아가, 당시 조선이 중화라는 고루한 껍데기를 집어던지고 일본과 같이 서구적 근대화에 성공했다면 지금 한국의 역사는 아름다워졌을까? 19세기 후반 이른바 근대화에 성공한 국가들이 예외 없이 걸었던 역사적 노정, 즉 다른 나라에 대한 식민침탈과 그것을 둘러싼 전쟁에서 '근대'적 조선만이 자유로울 수 있었을 것 같지는 않다.

명·청 교체 이후 약 250년이 흐른 19세기 말, 동아시아 질서의 대변동이 다시 일어났다. 그리고 이에 재빠르게 순응했던 이완용 등 현실론자들은 을사보호조약 체결에 앞장서며 다음과 같이 강변했다.

새 조약의 주된 취지로 말하자면, 독립이라는 칭호가 바뀌지 않았고 제국이라는 명칭도 그대로이며, 종사는 안녕하고 황실도 존엄합니다. 단지 외교

한 가지 문제만 잠시 이웃 나라에 맡긴 것이니, 우리가 부강해지면 되찾을 날이 있을 것입니다. …… 만약 나라에 저들(조약을 반대하는 사람들)처럼 충성스럽고 의로운 자들이 있었다면 그때 안 된다고 고집했어야 하고, 그래도 안 되면 난리를 일으켰어야 하고, 그래도 안 되면 죽었어야 합니다. 그런데 한 사람도 그러한 의거를 일으킨 자를 보지 못했는데, 이제 큰일이 벌어지자 갑자기 후회하며 새 조약을 파기할 수 있고 옛 국권을 되찾을 수 있다고 말한단 말입니까? 일이 성사되지 못함은 말할 필요도 없거니와, 끝내 국가 간 감정적 사태가 야기되는 일이 일어남을 염려하지 않을 수 있겠습니까? (『고종실록』 권46, 고종 42년 12월 16일.)

조선과 일본의 강약을 직시하여 잠시의 굴욕을 감내하고 나라를 보전하자던 그들이 조롱했던 바와 같이, 명분과 의리를 내세워 소요를 일으키고 이기지 못할 전쟁을 불사했던 사람들도 있었다. 만약 중화라는 신념 아래 강대국 청의 정통성을 인정하지 않았던 17세기 조·청관계의 실상을 비현실적이라 비난한다면, 20세기 초반 일본에 맞서 승산없는 싸움을 벌이다 죽음을 '자초'한 의병들의 행적은 과연 어떻게 평가할 수 있을까? 청에 사대할 수밖에 없었던 엄중하고 냉혹한 현실과 유교국가로서 간직해온 중화적 정체성의 딜레마 속에서 힘겹게 진행되었던 17세기 조·청관계의 역사는 그런 맥락에서 여전히 현재적 의미를 지니고 있다.

# 8장

# 근대 전환기 한·중관계와
# 상호인식의 변화

**서영희**

서울대학교 국사학과를 졸업하고 동 대학원에서 석사와 박사 학위를 받았다. 문화재청 근대문화재 전문위원, 한국역사연구회 연구위원장 등을 역임했으며, 현재 한국산업기술대학교 지식융합학부 교수로 있다. 쓴 책으로는 『대한제국정치사연구』 『일제침략과 대한제국의 종말』 『한국의 대외관계와 외교사 근대편』(공저) 등이 있다.

# 1. 머리말

　1876년 조선의 개항은 구래의 한·중관계에 근본적인 변화를 초래하는 계기가 되었다. 일본은 강화도조약(조일수호조규) 제1조에 조선은 '자주지방(自主之邦)'이라고 명기함으로써 조선에 대한 중국의 종주국 인식을 부정하고자 했다. 청은 이러한 일본을 견제하기 위해 이이제이 정책으로 서양열강, 특히 미국과 조선의 수교를 권고하고, 실제로 조약 교섭 과정을 주선했다. 나아가 1882년 임오군란을 진압한 이후에는 조청상민수륙무역장정에 '속방(屬邦)' 규정을 명문화하고 본격적인 내정간섭 정책으로 전환하였다. 이로써 소국은 큰 나라를 섬기고 대국은 작은 나라를 보살핀다는 '자소사대(字小事大)'를 명분으로 했던 전통적인 한·중관계는 해체, 혹은 근대적 재편의 기로에 놓이게 되었다.

　조선은 비록 청의 권고에 의해 미국과 조약 체결에 나섰지만, 조미조약을 계기로 영국, 독일, 러시아, 이탈리아, 프랑스, 오스트리아·헝가리 등 서구열강과 잇달아 조약을 체결하고 개화정책 추진을 본격화했다. 여전히 보수적인 유생층의 반발에도 불구하고 고종과 개화세력은 개항 이후 새롭게 조성된 대내외 환경 속에서 개화정책을 추진하는 데 열심이었다. 하지만 임오군란 이후 청이 속방화정책을 추진하면서 청에 대한 입장 차이로 개화세력 내부에 균열이 시작되었다. 청의 종주권을 인정하는 온건 개화파와 청으로부터 완전히 탈피하여 일본의 지원으로 근대화를 추진하려는 급진 개화파가 분기한 것이다.[1]

청은 1884년 갑신정변마저 진압한 이후에는 원세개(袁世凱)를 조선총리교섭통상사의라는 직책으로 임명하여 조선 조정을 압박하고 개화정책을 방해했다. 원세개는 상왕처럼 군림하면서 고종 폐위를 시도하기도 했다. 이 과정에서 고종과 조선 왕실의 반청의식은 심화되었고, 미국 혹은 러시아를 끌어들여 청의 압박으로부터 벗어나려는 시도가 계속되었다. 1894년 동학농민전쟁이 발발했을 때도 청은 군대를 직접 파병하여 속방체제를 유지하고자 하였으나, 일본의 개입으로 청일전쟁이 발발했다. 결과는 다 알다시피 일본의 승리였고, 마침내 중국 중심의 동아시아 질서는 와해되었다. 시모노세키조약으로 청이 조선의 '독립자주'를 인정함으로써 중화질서를 토대로 한 한·중관계는 공식적으로 종지부를 찍었다고 볼 수 있다.

조선은 갑오개혁 기간 중 종묘 서고문과 홍범 14조를 통해 청으로부터 독립을 확실히 하는 한편, 1897년 황제국으로서 대한제국 선포를 통해 국제사회에서 동등한 근대 주권국가로 인정받고자 했다. 1899년에는 한청통상조약이 체결되어 한·중관계도 마침내 근대적 조약관계로 전환하였다. 하지만 한청통상조약 체결 과정에서 보여준 청의 태도는 여전히 옛 종주국으로서 대한제국에 대한 속방 인식을 완전히 탈피하지 못한 모습이었다. 한청통상조약 이후 한·중관계는 형식상 상호 대등한

---

1    서영희, 「개화정책의 추진세력」 『한국사 38』, 국사편찬위원회, 1999 참조.

근대적 외교관계의 모습에 도달했지만,[2] 청의 속국 인식은 이후에도 상당 기간 지속된 것으로 보인다.[3] 흔히 순망치한으로 표현되는 지리적 연접성뿐 아니라 동아시아 세계의 보편적 유교문명권의 자장(磁場) 속에서 강고하게 지속되어온 한·중관계의 유산이라고 볼 수 있다.

이 글은 이상과 같은 한·중관계의 근대적 전환기에 한국의 외교 당국자 및 지식인들이 구래의 중화주의적 세계관에서 벗어나 어떻게 만국공법(국제법)이 지배하는 근대적 국제질서에 적응해가는지, 또 당시 격변하는 동아시아 질서 속에서 한·중 양국의 상호인식은 어떻게 변모되어 가는지 살펴보고자 한다.

## 2. 근대적 조약체제와 중화주의적 세계관의 갈등

개항 이후 조선은 빠르게 근대적 조약체제로 편입되었으나, 구래의 중화주의적 세계관은 여전히 조선 지식인들에게 긴 그림자를 드리우고 있었다. 특히 청이 임오군란 이후 전통적인 종주국 개념을 넘어서 실질적인 '속방화'정책으로 전환하면서[4] 조선 지식인들의 혼란과 갈등은 더욱 고조되었다.

---

2   서영희, 「한청통상조약 이후 韓中 외교의 실제와 상호 인식」 『동북아역사논총』 13, 2006 참조.
3   박장배, 「현대 중국학계의 고구려사 연구사업의 등장 배경」 『역사와현실』 55, 2005, 157쪽.
4   金正起, 「청의 조선정책」 『1894년 농민전쟁연구 3』, 역사비평사, 1993 참조.

임오군란 당시 청군 파병을 요청한[5] 김윤식과 어윤중은 군란 이후 친청 정치세력의 중심으로 급부상하였다.[6] 군란 수습 후 조영하와 함께 진주사(陳奏使)로 파견된 김홍집도 청에 외국인 고빙(雇聘)과 차관 제공을 요청하면서 청에 의존한 개화정책 추진을 표방하였다. 김윤식과 어윤중은 앞서 이홍장과 통상조약 체결에 대해 협의할 때도 청이 요구하는 '속방' 조항 삽입을 수용할 정도로 중국의 종주권을 인정하는 입장이었다. 조미조약에서는 미국 측 반대로 속방 조항은 삭제되었지만, 대신 "조선은 본디부터 중국의 속방이지만 내치, 외교는 자주하여 왔으며, 중국의 속방으로서 조선이 갖는 의무는 미국과 아무런 관계도 없다"는 속방 조회(照會)가 청의 요구로 미국 측에 보내졌다. 당시 김홍집이 청이 파견한 마건충(馬建忠)의 감독 하에 슈펠트(Robert W. Shufeldt)와 조미조약 체결을 주도했다. 청은 조미조약 체결에 대해 광서제에게 보고하면서 "조선을 지켜 잃지 않았다"고 자평한 반면, 미국은 조선이 자주국이라는 데 더 주목했다.[7]

속방 조항은 임오군란 이후 조청상민수륙무역장정에서 비로소 명문화되었다. 장정은 전문에서 오랜 번속국인 조선을 속방이라 지칭하면서 각국과 구별되는 최혜국 대우를 요구했고, 제1조에서는 조선 국왕을 청

---

5  임오군란 당시 청의 파병 경위와 대(對)조선 정책의 결정 과정에 대해서는 쟝팅푸, 『淸日韓外交關係史』, 민족문화사, 1990, 99~109쪽 ; 權赫秀, 『19세기말 韓中關係史 硏究』, 백산자료원, 2000, 92~102쪽.

6  原田環, 「1880年代後半閔氏政權と金允植」 『朝鮮史研究會論文集』 22, 1985 참조.

7  송병기, 「조미조약의 체결」 『한국사 37』, 국사편찬위원회, 2000 참조.

의 북양대신과 동격으로 규정했다.[8] 청은 장정을 통해 형식적인 조공-책봉체제에서 더 나아가 실질적인 속방화정책으로 전환을 추구했던 것이다. '사대이례 자소이덕(事大以禮 字小以德; 예로써 큰 나라를 섬기고 덕으로 작은 나라를 보살핌)'이라는 유교적, 도덕적 명분이 사라지고 식민지적 지배를 지향했다는 평가도 있다.[9] 하지만 청에 대해서 '자주'는 가하나 '독립'은 불가하다고 생각했던[10] 친청 정치세력들은 이러한 청의 속방화정책에 저항하지 않았다.[11] 그들은 근본적으로 청과의 종속관계 유지가 조선의 자주권 상실을 의미하는 것이 아니라고 생각하고 있었기 때문이다.[12]

반면 유길준은 서구열강과 만국공법(국제법)에 의거해 통상조약을 체결하고 근대적 국제관계를 맺었으면서도 여전히 중국과 종속관계에 묶여 있는 이중체제의 모순을 양절(兩截)체제라고 명명하며 비판했다. 양절체제란 앞뒤가 잘린 것, 앞뒤가 일치하지 않아 모순되는 체제가 동시

---

8  최덕수 외,『조약으로 본 한국 근대사』, 열린책들, 2010, 789쪽 "朝鮮久例藩封典禮所關
   一切均有定制……水陸貿易章程係中國優待屬邦之意……"

9  김정기,「조선정부의 청차관 도입(1882~94)」『한국사론』 3, 1978 ; 김정기,「청의 조선정
   책1876~1894」『1894년 농민전쟁연구』 3, 역사비평사, 1993.

10 송병기, 앞글, 302쪽 ; 秋月望,「魚允中における自主と獨立」『年譜朝鮮學』 1, 九州大學
   朝鮮學研究會, 1990.

11 김경태,「중화체제 만국공법 질서의 착종과 정치세력의 분열」『한국사 11-근대민족의 형
   성』, 한길사, 1994 참조.

12 趙景達,「朝鮮における大國主義と小國主意の相克」『朝鮮史研究會論文集』 22, 1985.

에 존재한다는 것이다.[13] 김윤식이 중국에 대한 사대와 근대적 조약체제라는 이중적 국제질서를 '양편(兩便)' 혹은 '양득(兩得)'이라고 인식하고 있었던 것과는 대조적이다. 김윤식은 조선이 중국에 대해서는 속국이지만 각국에 대해서는 자주라는 것이 양쪽 모두 편리하다거나, 우리나라 같은 약소국은 중국 같은 대국이 지켜주지 않는다면 존립조차 어려운데 중국의 속국이라면 우리를 가벼이 보지 못할 것이라고 주장했다. 또한 각국과 평등한 권리를 사용하는 자주권을 잃지 않으면서도 사대 의리에도 거슬리지 않는 것이 양득이라는 논리까지 펴고 있었다.[14] 개항 이후 조선이 만국공법 질서에 편입되고 있었음에도 전통적 중화체제와의 이중체제가 서로 모순되지 않는 것으로 인식하고 있었음은 물론, 중화체제를 기반으로 근대 국제사회에 진출하는 것이 더 유리하다고 생각했던 것이다. 사실 양절체제를 비판한 유길준마저도 한때는 청 보호 하의 중립론을 주장하는 등 청에 대한 인식과 입장 정리는 이 시기 개화관료와 지식인들에게 세계관의 전환 문제가 걸린 어렵고도 무거운 숙제였다.

　김옥균이 이끄는 급진 개화파가 김윤식 등 온건 개화파와 결정적으로 갈라서게 된 것도 청에 대한 입장 차이 때문이었다. 임오군란 발발 당시, 마침 일본에서 귀국하는 중이었던 김옥균은 대원군 납치 소식을

---

13　유길준, 「방국의 권리」『서유견문』 ; 原田環, 「朝鮮の近代化構想-俞吉濬と朴泳孝の獨立構想」『史學研究』143, 廣島史學硏究會, 1979 ; 月脚達彦, 「開化思想の形成と展開-俞吉濬の對外觀を中心に」『朝鮮史硏究會論文集』28, 1991 ; 정용화, 『문명의 정치사상-유길준과 근대한국』, 문학과지성사, 2004, 219~220쪽.
14　정용화, 「전환기 자주외교의 개념과 조건: 19세기 한국 외교의 반성을 통하여」『국제정치논총』43집 2호, 2003 참조.

듣고 분개하여 이후 온건파와 절교를 선언했다. 김윤식은 처음에 김옥균도 환재 박규수 문하에서 함께하며 동지로서 나라 일을 걱정했으나, 임오군란 이후 청이 간섭하며 자주권을 침탈함에 분개하여 일본공사와 함께 갑신정변을 일으켰다고 회고했다.[15] 청으로부터 완전한 독립과 동도(東道), 즉 유교적 가치 질서의 폐기를 주장했던 급진 개화파는 갑신정강 제1조에도 청이 납치해 간 대원군의 환국과 조공 폐지를[16] 올릴 만큼 중화체제로부터 완전한 탈피를 추구했다.

그런데 김옥균도 갑신정변 실패 후에는 대청 인식에 모종의 변화가 있었음을 추론케하는 자료도 존재한다. 1886년, 김옥균은 이홍장에게 보낸 편지에서 청을 맹주로 한 조선의 중립국화를 제안하고 있다.[17] 앞서 언급한 유길준의 「중립론」(1885년)과 거의 비슷한 시기이다. 나중에 양절체제를 비판했던 유길준도 「중립론」에서는 "중국은 우리나라와 몇천 년 동안 봉공수책(奉貢收冊: 조공을 받들고 책봉을 받음)해온 나라로서, 다소 시무에 떨어졌다고는 하나 중국에 청하면 중립을 달성할 수 있을 것이다"라고 하며, 우리나라가 믿고 친하게 지낼 나라는 중국밖에 없다고 주장했다.[18] 갑신정변이 청군의 진압에 의해 실패로 돌아간 후 청의 위력을 실질적으로 깨달은 때문일까?

김옥균은 한때 일본의 아시아 연대론에 깊이 감명 받아 「흥아지의견

---

15  김윤식, 『續陰晴史』下, 국사편찬위원회, 1960, 577쪽.

16  「甲申日錄」『金玉均全集』, 아세아문화사, 1979, 95쪽.

17  「與李鴻章書」『金玉均全集』, 152쪽.

18  서영희, 「개화파의 근대국가 구상과 그 실천」『근대 국민국가와 민족문제』, 지식산업사, 1995, 275쪽.

(興亞之意見)」을 작성하고 한·중·일 3국이 공존 화맹하여 서양 침략에 대응하자는 삼화주의(三和主義)를 표방했다.[19] 김옥균이 1894년 3월, 청의 이홍장을 만나기 위해 상해로 향했을 때 그의 목표는 한·중·일 3국 간 연대를 주장하는 삼화주의였을까? 아니면 청이 보호하는 한반도의 중립화 구상이었을까? 현재로선 정확히 알 수 없다. 1880년대 조선의 지식인들이 아직은 청이 주도하는 중화질서가 잔존하고 오히려 청의 속방화정책이 강화되는 와중에서 구래의 중화주의적 세계관을 유지할 것인지, 아니면 서양열강이 주도하는 근대적 국제질서에 편승할 것인지, 혹은 일본이 주도하는 새로운 아시아를 선택할 것인지를 두고 극심한 세계관의 혼란과 갈등을 겪고 있었던 현실을 보여주는 일례라고 할 수 있다.

한편, 개항과 개화정책 추진을 결정한 장본인인 고종은[20] 청에 대해서도 새로운 관계 정립을 시도하고 있었다. 1881년 1월 역관 이용숙을 이홍장에게 보내 해금(海禁) 해제과 통상을 요청했고, 1881년 10월과 1882년 2월에도 어윤중을 파견하여 사대사행의 폐지와 사신의 북경 상주 등을 논의하게 했다.[21] 조선이 일본과 러시아의 위협을 받고 있고 구미 제국도 통상을 요구하고 있으므로 이에 대처하기 위해서는 청과의

---

19 조재곤, 「한말 조선 지식인의 동아시아 삼국제휴인식과 논리」『역사와 현실』 37, 2000, 161쪽. 김옥균은 이름도 이와타 슈사쿠(岩田周作)에서 이와타 산와(岩田三和)로 개명했다고 한다.

20 고종에 대한 재평가와 이와 관련된 논란에 대해서는 이태진, 『고종시대의 재조명』, 태학사, 2000 ; 이태진 외, 『고종황제역사청문회』, 교수신문사, 2005 등 참조.

21 서영희, 「개화정책의 추진세력」『한국사 38』, 국사편찬위원회, 1999, 87쪽 ; 연갑수, 「개항기 권력집단의 정세인식과 정책」『1894년 농민전쟁연구 3』, 역사비평사, 1993, 111쪽.

사대 전례를 폐기하고 내수 자강을 도모해야 한다는 명분을 내세웠다.[22] 실제로 조선의 청에 대한 사행 태도는 이전과는 크게 달라지고 있었다. 고종은 천진에 파견되는 어윤중과 이조연에게 "사대의 범절은 마땅히 성의껏 해야 하지만 형식에 구애되어 백성과 나라에 해를 끼치는 것은 구례라고 해서 그대로 할 수 없다"고 하교하기도 했다.[23]

반면 보수적인 정부대신들 중에서는 좌의정 송근수의 상소에서 보이듯이 여전히 사대 사행의 지속을 주장하는 이들도 적지 않았다. "…사명(使命) 한 가지 문제에 대해서 말한다면, 처음에 비록 형세상 대적할 수 없었기 때문에 마지못해 머리를 숙이고 통분한 마음을 참아온 것은 더는 어쩔 수 없는 일이며, 또한 그렇게 해온 지도 벌써 200여 년이나 됩니다. 지금 하루아침에 갑자기 딴 의견을 주장하며 사신의 왕래를 중지시키자고 한다면 실제 형편이 그에 따라 궁색하고 외면상 자못 의심을 사게 될 것입니다."[24]라고 하여 사대사행의 준수를 주장하고 있다. 병자호란 이후 복수설치(復讐雪恥)를 주장하던 조선의 성리학적 지식인들이 북벌론 포기 이후 스스로 청에 대한 사대를 내면화한 모습이라고 생각된다.

조선과 청의 종속관계와 만국공법 질서가 더 이상 양립할 수 없다는 것은 서구열강과의 관계가 본격화되면서 보다 명확해졌다. 조미조약의 결과에 따라 1883년, 조선 주재 초대 미국공사로 푸트(Lucius H. Foote)

---

22 『淸季中日韓關係史料』 제2권, 中央硏究院, 591~592쪽 ; 이병천, 「개항기 외국상인의 침입과 한국상인의 대응」, 서울대 박사 학위 논문, 1985 참조.
23 『고종실록』 고종 19년 2월 17일.
24 『고종실록』 고종 19년 3월 29일.

가 내한하자 조선도 그에 대한 답례 형식으로 민영익을 정사로 하는 사절단을 파견했다. 1887년에는 박정양을 초대 미국공사로 파견하고, 곧이어 워싱턴 D.C.에 공사관 건물을 매입하는 등 청의 주선 없이 독자적으로 직접외교에 나설 것임을 분명히 했다. 청은 주미공사가 각국과 교섭할 때 반드시 청국공사의 지도를 받을 것 등을 명시한 '영약삼단(另約三端)'을 제시하며 속방체제 지키기에 안간힘을 썼다. 박정양은 이를 무시하고 독자적으로 외교활동에 나섰다가 청의 요구로 결국 소환되었지만,[25] 조선이 청의 속방체제를 거부한다는 것을 공개적으로 천명한 사건이 되었다. 조선의 국제법적 지위를 놓고 묄렌도르프(Paul Georg von Möllendorff)와 데니(Owen N. Denny) 사이에 논쟁이 벌어졌을 때, 유길준은 「국권」이라는 글에서 조선은 청에 대해 증공국(贈貢國: 조공국)이지만 다른 독립 주권국과 동등하게 수호통상조약을 체결하고 상대국에 사절을 파견할 권리가 있다고 주장했다.[26] 전통적인 사대자소체제 하에서 조공국인 조선의 '내치와 외교는 자주'라고 했던 청이 외교를 간섭함은 부당하다는 지적이었다.

조선은 사대사행의 관행에도 문제를 제기함으로써 실질적으로 조공-책봉체제를 와해시키고자 했다. 1887년 공도(貢道)가 왕래에 불편하다는 이유로 청 조정에 개도(改道)를 요구하고, 1888년 청의 예부 관원에게 뇌물을 줘서 그해 춘하(春賀) 사절 파견 면제를 꾀한 것, 1890년 4월, 조대비가 죽었을 때 청에 정식으로 알리는 사절을 보내지 않고 원

---

25  한철호, 「독립외교의 추진」 『한국사 39』, 국사편찬위원회, 1999 참조.
26  쓰기아시 다쓰히코(최덕수 역), 『조선의 개화사상과 내셔널리즘』, 열린책들, 2013, 68~74쪽.

세계에게만 알려서 청 조정의 불만을 산 것 등은[27] 이미 형해화된 사대 관행의 실제를 보여주는 사례이다. 또한 1887년에 이미 '대조선개국사 백구십육년'이 새겨진 화폐를 주조할 정도로 청의 연호 대신 독자적인 기년을 사용하겠다는 의지도 표출했다. 1895년 시모노세키조약 제1조로 일본에 의해 조선과 청의 종속관계가 해체된 것이 아니라, 이미 1880년대부터 조선은 스스로 중화체제로부터 벗어나려는 노력을 부단히 계속하고 있었던 것이다.

## 3. 청의 속방화정책에 대한 저항: 연미책과 조러밀약

청의 속방화정책을 견제하기 위해 고종은 서양열강과 수교를 확대하는 한편, 영토적 야심이 없다고 판단한 미국에 의존하는 연미책을 추진했다. 이에 개화정책을 막후에서 지휘하던 왕실의 측근 민영익이 전면에 나서서 보빙사로 파견되었고, 보빙사 귀국 이후 미국으로부터 서기(西器) 수용이 급속히 추진되었다. 1883년 12월 창설된 기연해방영(畿沿海防營)에 미국인 군사교관을 초빙하고 라이플 총 4천 정을 주문한 것은 임오군란 이후 심화되어온 청의 군사적 영향력을 배제하기 위한 노력이었다. 1884년 1월에는 양잠시설과 상해-인천, 부산-나가사키 간 기선 운항을 미국회사에 허락하고, 5월 민영익이 미국에서 구입한 가축들로 목장을 개설했다. 9월에는 대궐에 쓸 전등 장비를 주문하고, 10월

---

27  王明星, 『韓國近代外交與中國(1861-1910)』, 中國社會科學出版社, 1997, 117쪽.

알렌이 병원을 개원했다.[28]

　그런데 연미책이 진행되면서 그간 일본에 의존해 개화를 추진하고자 했던 급진 개화파들이 소외되기 시작했고, 그들이 조급한 마음에 일으킨 갑신정변이 또다시 청에 의해 진압되었다. 이후 청의 내정간섭은 더욱 강화되고 친청세력의 독주도 심화되었다. 갑신정변 당시 고종은 미국에 지원을 호소했으나 미국은 불개입 원칙을 고수하며 조선왕실의 기대를 채워주지 못했다.

　미국의 태도에 실망한 고종은 다시 청을 견제할 세력으로 러시아를 끌어들이고자 제1차 조러밀약을 추진했다. 1885년 1월, 고종이 몇몇 내관들과 상의하여 비밀리에 러시아에 보호를 요청했고, 외교고문 묄렌도르프로 하여금 주일 러시아 공사관과 접촉하여 조선의 중립과 영토 보장, 군사교관의 파견을 제안했다는 사실이 밝혀지자 외무독판 김윤식은 맹렬히 반대했다. 결국 밀약은 깨지고 이 과정에 개입한 묄렌도르프도 사임해야 했다. 청은 고종과 왕실을 견제하기 위해 임오군란 때 납치해 간 대원군을 환국시키고 원세개를 조선총리교섭통상사의로 임명하여 조선에 대한 압박을 강화했다.

　고종은 1886년 3월에도 다시 미국인 외교고문 데니, 왕실의 측근 민영환, 김가진, 김학우 등 신진 개화파들과 함께 제2차 조러밀약을 추진했다. 그러나 역시 원세개와 친청세력의 강력한 반발로 밀약은 무산되고 오히려 고종 자신이 폐위 압박에 시달리게 되었다. 원세개는 '조선대국론(朝鮮大局論)'에서 내정개혁 10개조를 내걸고 국왕의 정국운영 배

---

28　서영희, 「개화정책의 추진세력」 『한국사 38』, 국사편찬위원회, 1999 참조.

　　　　　　　　　　　　　　　　　　　　내일을 읽는 한·중관계사

제와 개화정책 중단을 종용했다. 또한 김윤식과 함께 고종을 폐위하고 대원군을 복귀시켜 민씨척족을 몰아내자는 음모를 꾸미다가 민영익의 밀고로 김윤식이 오히려 실각했다.[29] 김윤식이 유배의 길을 떠난 후,[30] 고종은 민씨척족들을 대거 진출시켜 정권 기반을 확고히 했다. 이들을 기반으로 고종과 왕실이 직접 주도하는 개화를 추진하기 위함이었다. 하지만 1880년대 후반 왕실이 주도하고 척족과 외국인 고빙인사, 실무형 신진 개화세력 등에 의존한 개화정책은 모두 실패로 돌아갔다. 부족한 근대화 자금을 각국 차관으로 해결하려던 시도는 청의 방해로 번번이 실패했다. 청은 자기 나라 차관을 강요하면서 조선의 자주적 근대화 추진을 방해했다.

한편, 청의 속방화정책에 대한 대응으로 고종이 선택했던 러시아는 당시 자국 내 사정으로 볼 때 밀약이 성공했더라도 조선을 도울 여력이 없었다. 19세기 후반 러시아는 본토에서 너무나 먼 태평양 진출은 계획하지도 않았고, 무엇보다 적극적으로 조선정책을 추진할 만한 국력이나 재정 여유가 없었다. 그럼에도 불구하고 조선이 러시아를 끌어들인 것은 『조선책략』의 방아론(防俄論)을 정면으로 거부한 코페르니쿠스적 발상의 전환이었다. 청은 러시아의 남하를 막기 위해 『조선책략』이래 조선의 집권세력에게 과도한 공러(恐露)의식을 불어넣어 왔다. 청의 이홍장이 1876년 조·일 수교와 1882년 조미조약 체결을 권고한 데는 러시아의 남하를 견제하려는 목적도 있었다.

---

29  原田環,「1880年代後半閔氏政權と金允植」『朝鮮史研究會論文集』22, 1985.
30  김윤식, 『續陰晴史』下 582쪽, '追補陰晴史'.

그런데 조선은 역으로 청을 견제하기 위해 러시아를 선택했다. 그것이 독일인 외교고문 묄렌도르프의 아이디어였건, 혹은 전통적인 '원교근공(遠交近攻)'의 원리를 응용한 명성황후의 수원정책(綏遠政策: 먼 나라를 끌어들여 가까이 하는 정책)에서 나온 것이든,[31] 이후 러시아는 한반도의 생존을 위한 외교전략의 한 축이 되었다. 오랫동안 동아시아의 패자로 군림해온 청이 제시한 방아론의 틀을 깬 것은 곧 조선이 중화질서의 세계 밖으로 나아가겠다는 강력한 의지의 표출이었다.

## 4. 대한제국 선포와 한청통상조약 체결: 근대적 조약관계로의 전환

청일전쟁의 결과 중국 중심의 동아시아 질서는 종말을 고했다. 시모노세키조약(청일강화조약) 제1조에서 청은 조선이 완전무결한 '독립자주국'임을 확인하고 이러한 독립자주를 해치는 청에 대한 공헌전례(貢獻典禮: 조공)를 모두 폐지하기로 약속했다.[32] 시모노세키조약으로 중화질서를 토대로 한 한·중관계는 공식적으로 종지부를 찍었다고 볼 수 있다.

---

31 『高宗實錄』 1897년 11월 22일 「어제행록(御製行錄)」에서 고종은 수원정책(綏遠政策)이 명성황후의 아이디어라고 하면서 서양인들도 이에 감탄했다고 평가했다. 서영희, 「명성왕후연구」 『역사비평』 57, 2001 ; 서영희, 「명성왕후 재평가」 『역사비평』 60, 2002 참조.
32 日本外務省 편, 『日本外交文書並主要年表』 上, 165쪽.

내일을 읽는 한·중관계사

하지만 청으로부터 독립한 대신 다시 일본의 보호국이 될 뻔했던[33] 조선은 삼국간섭과 아관파천의 우여곡절을 거쳐 1897년 대한제국을 선포했다. 조공-책봉체제라는 구래의 동아시아적 관념에서 보면 대한제국의 황제국 선포는 매우 이례적인 것이었다. 원래 제국(帝國)의 군주를 의미하는 황제라는 칭호는 여러 제후국들을 복속시킨 계서적 질서의 정점에 있어야 사용할 수 있다고 생각되었기 때문이다. 하지만 메이지유신 이후 근대 일본이 이미 동아시아적 위계질서를 부인하고 '제국'을 칭했듯이,[34] 대한제국 또한 근대적 주권국가로서 중국(청)으로부터 완전한 독립 의지를 제호(帝號)로써 천명하고자 했다.

러시아 공사관에서 돌아온 고종이 국정운영의 면모를 일신하는 차원에서 적극 추진한 칭제 상소에는 전·현직 관료층을 비롯하여 지방유학(幼學), 관학유생(館學儒生), 개신유학자, 시전상인 등 각계각층이 참여했다.[35] 상소문들에서 주장한 칭제 논리는 대부분 자주독립국가에서 스스로 존호(尊號)할 수 있고, 존호를 통해 국가의 위의(威儀)를 높여 자강(自强)할 수 있다는 것이었다.[36] 특히 유럽제국과 평등한 외교를 펼치는 데는 동양사회에서만 통하는 '제(帝)'와 '왕(王)'의 구별이 오히려 방해가 된다는 주장들은[37] 이미 전통적인 동아시아적 세계관에서 벗어난 것이

33 갑오개혁기 일본의 보호국화정책에 대해서는 모리야마 시게노리(森山茂德), 『근대한일관계사연구』, 현음사, 1994, 18~73쪽.
34 이삼성, 『제국』, 소화, 2015, 213~221쪽.
35 『고종실록』 1897년 10월 13일.
36 『日省錄』 1897년 10월 2일.
37 『日省錄』 1897년 5월 26일 및 9월 29일.

었다. 나아가 만국공법에 의거하더라도 자주국가는 스스로의 뜻에 따라 존호할 수 있으므로 타국이 그것을 승인할 권리는 없다는 국제법에 근거한 주장까지 등장했다.[38] 제국 칭호를 통해 '자주'와 '자강'을 달성하고 국제사회에서 각국과 대등한 근대 주권국가로 행세할 수 있다는 논리였다.

칭제에 대해 여전히 중화주의적 세계관을 고수하는 정통 성리학자들이 반대하고, 독립협회 계열 개화인사들도 허세라고 비판했으나, 고종은 광범위한 여론 형성이 이루어졌다고 판단하고 10월 12일, 환구단에서 황제에 즉위했다. 새 황제국의 국호는 '대한(大韓)'으로 정했는데, 조선이 삼한(三韓)의 땅을 통합하여 하나가 되었으니 '대한'이라 한다 했다. 이에 특진관 조병세는 조선은 기자(箕子)가 옛날에 봉함을 받은 국호이므로 당당한 제국(帝國)이 그 호칭을 계승함은 옳지 않다는 논리로 화답했다.[39] 중국(청)으로부터의 완전한 독립, 구래의 사대관계로부터의 단절을 '대한'이라는 국호에 담고자 한 것이다.

대한제국의 칭제에 대한 열강의 반응은 대체로 회의적이었다. 특히 청일전쟁 패배 이후 시모노세키조약으로 조선에 대한 종주권을 박탈당한 청은 과거의 속국인 조선의 칭제에 대해 '망자존대(妄自尊大)'라고까지 하며 비판적이었다. 고종의 황제 즉위와 환구단 설치, 제국 선포에 대한 승인을 청일전쟁 패배보다 더 자존심 상하는 일이라고 여길 정도였다.[40]

---

38 『日省錄』1897년 10월 1일.

39 한영우, 「乙未之變, 大韓帝國의 성립과 明成皇后 國葬都監儀軌」 『한국학보』 100, 2000 ; 「대한제국 성립과정과 大禮儀軌」 『高宗大禮儀軌』, 서울대학교 규장각, 2001 참조.

40 이하 서영희, 「한청통상조약 이후 한중 외교의 실제와 상호 인식」 『동북아역사논총』 13, 2006 참조.

시모노세키조약으로 조선과 청은 구래의 속방관계를 청산했으나, 아직 근대적 조약관계는 맺지 않은 채 임시로 당소의(唐紹儀)가 총상동(總商董)으로 파견되어 있었다. 4,000여 명이 넘는 재한 청상(淸商) 보호라는 명목으로 부임한 당소의는 미국 유학생 출신으로 근대외교의 경험이 풍부했지만, 과거 속국이었던 조선에 대한 기억도 분명했다. 원세개가 상왕처럼 군림하던 조선에 1889년 부임하여 청일전쟁 직후까지 근무했던 경험 때문이었다.

1896년, 조약 체결을 협의하러 온 역관 박태영에게 당소의는 국왕이 러시아 공사관에 머무르고 있는 상황은 독립국이라고 볼 수 없다면서 조약 논의를 거부했다. 조선 측은 시모노세키조약에서 조선의 자주가 인정되었음을 들어 항의했으나, 당소의는 "자주를 인정함은 옛 법을 실시하지 않는다는 것이고 조약 호환은 평등관계로 본다는 뜻인데 두 경우가 어찌 같을 수 있느냐"는 논리로 반박했다.[41] 조선이 시모노세키조약에서 인정받은 '자주'는 단지 구래의 사대 조공을 폐지하고 번속국의 지위에서 벗어난다는 것이지 중국과 대등한 관계에서 조약을 체결할 수 있다는 의미는 아니라는 것이었다. 대한제국의 칭제에 대해서도 "갑오년 이후 청은 아직 조선이 평행 자주국이 되었음을 인정하지 않고 있는데 하물며 국왕을 황제로 부르는 것을 인정하겠는가"라고 반문했다.[42] 이러한 당소의의 반응은 시모노세키조약에서 국제적으로 인정된 조선의 '독립자주국'으로서의 의미를 단지 조공제도의 폐지 정도로 격하시

---

41 『淸季中日韓關係史料』 제8권 4899쪽.
42 『淸季中日韓關係史料』 제8권 5040쪽.

키는 것이었다.

당소의의 보고를 받은 이홍장도 불쾌하기 그지없다는 반응이었다. 과거의 조공국인 조선이 청일전쟁 이후 동아시아 국제정세의 변화와 만국공법 질서를 등에 업고 대등한 조약 체결을 요구한다는 사실을 쉽사리 수긍하지 못했다. 조선과 청을 묶어오던 조공책봉체제는 이미 오래전부터 형해화된 것이고, 시모노세키조약으로 국제사회에서도 확인되었으나 청은 여전히 속방 관념을 고집하고 있었다.

청의 완강한 반응에 고종은 결국 주한 영국, 러시아, 일본 공사 등에게 청을 압박해줄 것을 요청했다. 당소의는 더 이상 조약 체결을 미룰 수 없는 형편이라는 걸 감지하고 서둘러 본국 정부에 조약 논의를 상신했다. 조선에 4등 공사 정도를 파견해서 옛 번속국을 대우하는 모습을 보여주자는 제안이었다. 대한제국을 대등한 주권국가로 인정해서라기보다는 동아시아 전체가 만국공법 질서로 급속히 재편되어가는 현실을 무시할 수 없었기 때문이다. 동아시아에서 열강의 쟁패가 계속되는 와중에 한·중관계만 무조약 상태로 남아 있으면 자칫 열강의 개입을 불러일으킬 가능성이 있음도 우려했다. 결국 러시아와 일본에 둘러싸여 있는 과거의 번속국 조선을 완전히 포기할 수 없다는 판단 하에 청은 조약 교섭에 나섰다. '영국, 프랑스, 독일 등이 한국에 총영사를 파견했듯이, 혹은 러시아, 오스트리아, 독일 등이 남미의 페루나 볼리비아 같은 작은 나라에도 모두 총영사를 보냈듯이' 통상장정을 확정하고 총영사를 파견한다는 결정이었다. 단 국서 교환이나 상주 외교사절 파견은 없이 '속국의 체(屬國의 体)'를 지켜야 한다는 단서가 붙는 조건이었다.[43]

한·중 간에 상이한 상호인식에 의거하여 시작된 조약 교섭은 1898년

내일을 읽는 한·중관계사

9월, 청이 흠차대신(欽差大臣) 서수붕(徐壽朋)을 임명한 후 근 1년 여가 지난 1899년 9월에야 끝이 났다. 국내외 사정 등을 감안하더라도 그 교섭 과정이 결코 순탄치 않았음을 쉽게 짐작할 수 있다. 교섭 과정의 쟁점들은 영사재판권 철폐, 청국 상인들의 내지 행상 단속과 한성에서 개점 금지, 국경선 획정과 월경민 문제, 홍삼 금수(禁輸) 등이었다. 영사재판권은 상호 인정하는 것으로 결정되었고, 한성에서 개점 금지는 결국 관철시키지 못했으며, 국경선 획정 문제도 결론을 보지 못했다. 양국 간 첨예한 이해관계가 걸린 국경선 문제를 훗날의 논의 사항으로 미룬 탓에 압록강, 두만강 연안 월경민을 두고 한·중 간 갈등이 계속되는 결과를 가져왔다.

이러한 한계에도 불구하고, 한청통상조약의 체결은 대한제국이 구래의 한·중관계를 완전히 청산하고 마침내 청과 대등한 주권국가로서 근대 국제사회의 일원이 되었다는 최종 확인을 받은 것과 같았다. 청 황제는 결국 "대청국 대황제는 대한국 대황제에게 안부를 묻습니다"로 시작하는 국서를 보내왔다. 청 황제의 국서는 대한제국의 독립 자주를 인정한다고 명시적으로 표현했을 뿐 아니라, "두 나라가 함께 아시아에 있으며, 바다와 육지가 연이어 있고, 수백 년 동안 깊이 교제하며 서로 도왔던 순치(脣齒)의 관계임을 절박하게 느낀다"고 고백했다. 청 황제는 "옛날의 좋았던 시절을 깊이 그리워하며 근래의 어려움을 이겨나가자"고 했지만,[44] 그것은 너무나 뒤늦은 손짓이었다.

43  戚其章, 『中日戰爭』, 北京: 中華書局, 1989, 239쪽.
44  『韓淸議約公牘』.

## 5. 대한제국기 한·청관계의 실제와 상호인식

한청조약 체결 이후 대한제국 조야의 분위기는 명실상부하게 대등한 한·중관계를 추구했다. 심지어 재한 청상들에게 분풀이성 행패가 빈발하는 바람에 처음에 그저 열강의 권고에 못 이겨 형식상 대등한 조약을 체결한다고 생각한 청을 당황하게 만들었다. 국제사회에서 추락한 청의 위상에 걸맞게 대한제국기 내내 주한 청국공사의 영향력은 형편없었고, 당연히 친청파 정치세력은 형성되지 않았다. 1년 여 동안 시간을 끌며 마지못해 한청조약을 체결할 당시만 해도 내심 과거의 번속국이라는 인식을 버리지 않았던 청 관료들은 대한제국의 전반적인 반청 여론에 무력감을 느껴야 했다. 원세개 시절 조선에 근무한 적이 있던 당소의는 "갑오 이후에 사정이 완전히 달라져서 한인(韓人)들과 세칙(稅則)을 정립하고 장정을 개수하는 일이 예전보다 어려워졌다"고 불만을 토로하기도 했다.[45] 한국 관리들이 청을 두려워하기는커녕 오히려 오만하게 굴고 열강까지 옆에서 끼어드는 바람에 교섭이 어렵다는 것이다. 1880년대 속방체제 하에서 김윤식 등 친청파 관료들이 국왕의 뜻에 반하면서까지 청의 입장을 대변했던 것과 비교하면 격세지감을 느낄 만한 일이었다.

특히 청에 의해 폐위 압박까지 당했던 고종의 반청의식이 매우 강했고,[46] 『독립신문』 등 개화지식인들은 아예 청을 야만과 반문명의 상징으

---

45 『淸季中日韓關係史料』 제8권 4970쪽.
46 이태진, 「19세기 한국의 국제법 수용과 중국과의 전통적 관계 청산을 위한 투쟁」 『역사학보』 181, 2004.

로 취급했다.[47] 박은식 등 『황성신문』에서 활동한 개신유학 계열의 지식인들은 여전히 청의 역할에 기대를 가지고 동양삼국공영론 등을 주장했으나,[48] 일반적인 여론은 이미 중화주의를 벗어났다고 볼 수 있다. 의화단 사건 이후 청 본토가 각 열강에 의해 분할 점령되고 있던 현실도 대한제국 내에서 청의 위상에 직접적으로 영향을 미쳤다고 볼 수 있다.

대한제국 정부는 재한 청상 문제에 대해 당당히 대응했을 뿐 아니라, 만주 문제로 청이 곤경에 처한 틈을 이용해서 압록강, 두만강 넘어 월경민 문제에도 적극적으로 대처했다. 근대적 국제법에 의거해 자국민 보호와 국경선 획정을 주장하면서 청을 문명의 고향으로서 중화(中華)가 아닌 단지 국경 분쟁의 대상국으로 인식하기 시작했다.[49]

이러한 분위기 속에서 대한제국은 한청통상조약 제2조의 규정에 따라 주청 공사관 설치를 추진했다.[50] 조약 체결로 주한 청국공사는 이미 부임했지만, 주청 한국공사 박제순이 임명된 것은 조약 비준으로부터 2년 이상 지난 1902년 1월 30일이었다. 9월 21일 한국을 출발한 박제순이 북경에 도착하여 청 황제에게 신임장을 제출한 것은 10월 31일로, 조약 체결로부터 무려 3년이나 지난 시점이었다. 그동안 주청공사 파견이 지체된 경위는 옛 종속국이 북경에 와서 서양열강과 어깨를 나란히

47  백영서, 「대한제국기 한국 언론의 중국인식」 『역사학보』, 153, 1997 참조.

48  서영희, 「한국 근대 동양평화론의 기원 및 계보와 안중근」, 『영원히 타오르는 불꽃-안중근의 하얼빈 의거와 동양평화론』, 지식산업사, 2010, 306~312쪽.

49  秋月望, 「朝淸境界問題にみられる朝鮮の領域觀-勘界會談後から日露戰爭まで」 『朝鮮史研究會論文集』 40, 2002.

50  이하 서영희, 「한청통상조약 이후 한중 외교의 실제와 상호 인식」 『동북아역사논총』 13, 2006 참조.

하고 대등한 외교를 펼치는 것을 청이 극도로 꺼려했기 때문이었다. 통상조약을 체결하더라도 '주복(主僕)의 구별'은 명백히 해야 한다고 주장했던 청의 태도로 미루어볼 때 저간의 사정을 짐작하기는 어렵지 않다. 고종은 초대 주청공사로 박제순을 파견하면서 '4천 년 만에' '동등한' 나라가 된 것을 기뻐했다.[51] 사실 박제순은 1880년대에도 조청상민수륙무역장정 제1조의 상무위원 파견 규정에 따라 천진(天津) 주재 독리(督理)로 오래 근무한 경험이 있었지만, 그때는 조선을 대표하여 청 조정과 교섭하는 것이 아니라 청의 지방관과 동급이고 북양대신(北洋大臣) 등에게 결정을 구하는 존재였다.

1902년 10월 3일, 북경에 도착한 박제순은 아직 공사관 건물이 마련되지 않은 관계로 우선 미국공사관 후문 바깥에 있는 쓰러져가는 집 한 채를 빌려서 사용하다가, 1903년 4월에야 정식으로 공관에 입주했다. 〈주청대한공사관지도〉에 의하면, 공사관의 총 면적은 6,380제곱미터이고, 관내에 공사관 직원들의 숙소와 사무실 등 모두 다섯 동의 건물이 있었다. 초대 공사관 직원은 공사 박제순 외에 2등 참서관 박태영(朴台榮), 3등 참서관 김필희(金弼熙), 서기생 김균정(金均楨)과 서병업(徐丙業), 공사 수행원 박일양(朴一陽)이고, 공사 및 참서관이 거느리고 온 종복(從僕)이 총 5인이었다.[52]

초대 주청공사 박제순이 북경에 도착한 후 제일 먼저 한 일은 1902년 10월 19일자로 청 외무부에 국서 봉정 일시를 문의하는 조회를 보낸 것

---

51 『高宗實錄』1902년 9월 21일.
52 韓國外交文書 1902년 10월 22일.

내일을 읽는 한·중관계사

이고, 10월 31일 청 황제에게 고종황제의 국서를 봉정한 후, 주청 한국 공사관의 공식 활동이 시작되었다. 일본, 미국, 영국, 독일, 러시아, 프랑스, 오스트리아 등 각국 공사관과 업무 처리나 상호 방문, 연회 초대 등,[53] 대한제국 공사관의 외교활동은 형식상, 내용상 근대적 외교양식에 전혀 어긋남이 없었고, 청 외무부와 외교 관례를 두고 부닥치는 문제도 별로 없었다. 전통시대 조선, 안남 등 번속국의 사절단이 청 황제 알현 시에 행했던 삼궤구고례(三跪九叩禮: 세 번 무릎 꿇고 아홉 번 머리를 조아리는 예)는 이미 폐지되었으므로 박제순도 서양열강 공사와 똑같이 국궁례(鞠躬禮)로 청 황제를 알현했다. 적어도 형식적 차원에서는 한·청 양국이 대등한 근대적 외교관계에 진입했음을 보여주었다.

주청 한국공사관의 고민은 오히려 한국 상인이나 일반인들이 중국 관내에서 범법 행위로 중국 관헌에게 체포되거나 구금되었을 경우, 혹은 불법적인 내지행상이나 표류 난민들을 처리하는 영사적 업무에 해당하는 일이었다.[54] 한청조약 교섭 당시 논란을 빚었던 영사재판권은 양국이 상호인정하는 것으로 결정되었으나(제5조), 청의 지방관들은 여전히 1882년 조청상민수륙무역장정 제2조를 준용하는 경우가 많아서 문제였다. 예컨대, 중국 내에서 한인들이 범죄를 저지를 경우 한국이 영사재판권을 행사해야 하는데, 중국의 지방관들이 이들을 한국 공사관에 보내지 않고 불법으로 구금하는 것은 아직도 장정 당시의 속방 인식을 버리지 않은 것은 아닌지 의심할 수 있게 하는 사례였다.

---

53  駐淸公使館日記 참조.
54  彙案 1904년 9월 29일 등.

한편, 청 외무부는 대한제국 공사관에 여러 차례 압록강, 두만강 연안의 월경민 문제와 국경 지역 소요사태에 대해 항의하고 본국 정부에 전달할 것을 요청하고 있었다. 1880년대 속방체제 하에서 청은 두만강 북쪽 조선 월경민들을 호적에 편입하고 변발을 강요했는데,[55] 1900년 의화단 사건 이후에는 대한제국 정부가 관원을 파견하여 월경민들을 보호하고 두만강 너머 지역에 대해 실효적 지배를 도모하고 있었다. 청은 북간도 시찰원 이범윤의 활동이 국경 수비병과 접전하는 사태에까지 이른데 대해 강력히 항의하면서,[56] 한·중 간에 천연 경계로 300년을 지켜온 '도문강'을 인정하라고 요구했다.[57] 하지만 대한제국은 이범윤이 주차하고 있는 곳은 한국의 속지(屬地)로서 국경선 확정 문제는 양국이 관원을 파견하여 협의해야 한다고 응수했다. 러일전쟁이 발발하자 양국은 국경선 확정 전까지 잠시 현상을 유지하며 분쟁을 회피하자는 데 합의했다. 하지만 을사늑약으로 불법적으로 일제에 외교권이 넘어가고 주청 한국공사관이 철수하면서, 결국 청일 간에 1909년 간도협약이 체결되고 말았다.

주청 한국공사관 폐쇄는 을사늑약이 체결되기도 전인 1904년 12월, 외교고문 스티븐스(Durham W. Stevens)가 부임하면서부터 추진되었다.[58] 영국인 총세무사 브라운(McLeavy Brown)의 아이디어로 재정 부족

---

55  秋月望,「中朝勘界交涉の發端と展開」『朝鮮學報』192, 1989.
56  秋月望,「朝淸境界問題にみられる朝鮮の領域觀-勘界會談後から日露戰爭まで」『朝鮮史研究會論文集』40, 2002.
57  駐淸來去案 1904년 3월 16일.
58  서영희,『대한제국 정치사 연구』서울대 출판부, 2003, 205쪽.

을 핑계로 공사관 직원들을 귀국시켰다. 또한 공사관 건물 부지는 일본이 매수하게 하는 방법으로 불법적으로 대한제국의 외교권을 제한했다. 주한 청국공사 역시 1905년 12월초 휴가 명목으로 귀국해버렸으므로, 한청조약 체결 이후 한·중 간의 근대적 외교관계는 미처 자리를 잡기도 전에 중단된 셈이었다. 을사늑약, 고종 폐위, 병합조약으로 이어지는 대한제국의 식민지화 과정에 대해 청은 특별한 반응을 보이지 않았으며, 주한 청국공사관을 공식 철수하고 총영사관을 설치하기로 결정했다. 1906년 3월, 주일 청국공사관에 근무한 적이 있는 마정량(馬廷亮)이 총영사로 파견되었다.[59] 과거의 번속국이었다가 잠시 대등한 외교관계를 맺었으나 다시 일본의 보호국으로 전락한 대한제국에 청상의 상업적 이익 보호와 만주 문제를 둘러싼 일본과의 협상이라는 현실적 목표가 있었기 때문이다.


## 6. 맺음말

개항 이후 조선은 서양열강과의 통상조약 체결을 통해 만국공법이 지배하는 근대 국제사회의 일원이 되고자 했다. 청은 임오군란 이후 구래의 조공·책봉체제에 의거한 한·중관계를 실질적 속방화정책으로 강화하면서 조선의 내치, 외교 모두에 적극적으로 간섭하기 시작했다. 이러한 한·중관계의 근대적 전환기에 조선의 지식인들과 각 정치세력들

---

59  은정태, 「을사조약에 대한 청국정부의 인식」 『역사와현실』 66, 2007, 109쪽.

은 전통적인 중화주의적 세계관의 전환과 아울러 한반도 생존을 위한 현실적인 외교방략을 찾기 위해 고군분투했다.

1880년대 조선의 지식인과 위정자들이 서양열강이 주도하는 근대적 국제질서의 와중에서 오히려 속방화정책을 강화하는 청에 대한 태도에서 극심한 혼란과 갈등을 겪은 것도 이러한 전환기적 진통이라 할 수 있다. 청으로부터 '자주'는 가하나 '독립'은 불가하다고 인식했던 김윤식, 어윤중 등 친청세력들은 청이 실질적 속방화정책으로 전환한 사실을 애써 외면한 채, 구래의 중화체제의 틀 속에서 대국인 청의 보호를 받으면서 근대적 '자주' 외교를 펼칠 수 있다는 '양편(兩便)', '양득(兩得)'의 논리를 펼쳤다. 이들의 편의주의적 사고는 청으로부터 완전 독립을 추구했던 김옥균 등으로부터 비판을 받아 개화정치세력의 분열을 초래했을 뿐 아니라, 청의 내정간섭에 저항하는 국왕 고종의 반발을 사 결국 정치적으로 숙청되고 말았다. 고종과 왕실은 청을 피해 연미책, 친러책을 채택했지만, 미국이나 러시아의 적극적인 지원을 얻지는 못했다. 일본에 의존했던 김옥균도 갑신정변 실패 후에는 현실적으로 부족한 자체 역량을 깨닫고 1894년에 청의 이홍장을 만나러 간 사실은 당시까지 강고했던 중국 중심 사고를 엿볼 수 있게 한다.

하지만 청일전쟁으로 중국 중심의 동아시아 국제질서는 결국 와해되었고, 1897년 대한제국은 황제국 선포로 오랜 조공·책봉체제의 멍에에서 완전히 벗어났다. 또한 1899년 한청통상조약 체결은 한·중관계가 마침내 상호 대등한 근대적 외교관계로 진입하는 계기가 되었다. 중국이 가지고 있던 속국 인식은 여전히 근저에 남아 있었지만, 대한제국은 명실상부하게 대등한 한·중관계를 추구했다. 그러나 1902년 10월, 북

경에 최초로 상주 공사관을 개설한 지 불과 2년여 만에 대한제국이 다시 일본의 보호국이 됨으로써 오랜 조공-책봉 시대에 비하면 근대적 평등 외교의 시간은 너무나 짧았다. 이제 막 뿌리내리려던 새로운 한·중 관계는 을사늑약, 병합조약으로 이어지는 대한제국의 망국 과정을 거치면서 다시 한번 변전(變轉)될 수밖에 없었다.

러일전쟁과 을사늑약을 거치면서 유교적 배경을 가진 개신유학자 지식인들 사이에서는 다시 한·중 연대의식이 등장하는 것으로 보인다. 유교라는 보편문화와 중화주의적 세계관을 토대로 한 문명론적 동양주의 입장에서 러일전쟁 이후 일본의 침략성을 확인하는 순간, 다시 청과의 연대를 강조하는 방향으로 돌아선 것은 어쩌면 당연한 선택이었다고 볼수 있다. 1915년 상해에서 출간된 박은식의 『한국통사』가 강한 한·중 연대의식을 표출하고 있는 것도 박은식이 『황성신문』 계열의 동양주의에 입각해 있었기 때문이라고 생각된다.[60] 심지어 의병항쟁에 나섰던 위정척사계열 지식인 유인석은 여전히 화이사상에 입각한 주자학적 관점에서 동양문화의 보존을 주장하면서 동양의 위기는 일본이 신의를 저버리고 동양의 재앙이 되었기 때문이라고 비판했다. 그는 다시 중국을 종주국으로 삼는 중국 중심의 동양평화론까지 피력했다.[61]

반면 문명개화론 계열의 개화지식인들에게 유교문화는 보호해야 할 가치가 아니었고, 이미 문명개화에 성공한 황인종 대표로서 일본을 동양의 맹주로 인정하고 있었으므로, 청은 여전히 동양 위기의 근본 원인

---

60  서영희, 「한국통사의 근대사 인식」 『진단학보』 130, 2018 참조.
61  오영섭, 「의암 유인석의 동양문화 보존책」 『강원문화사연구』 9, 2004 참조.

으로만 인식되었다. 이들은 『독립신문』 단계부터 동양문명의 근원으로서 청을 존중하는 태도보다는 야만과 반개혁의 상징으로 청을 취급하고 있었으므로, 중화에 대한 기대가 전혀 없고 청에 대해 오직 강력한 개혁을 요구할 뿐이었다. 기본적으로 사회진화론적 사고에 입각한 이들 개화지식인들의 문명화에 대한 강박관념은 일본의 중국 침략은 외면한 채 가장 경계해야 할 나라로 러시아를 꼽는 인종주의적 편견을 낳게 했다.[62]

고종황제와 대한제국의 집권세력들은 마지막까지 러시아, 혹은 열강에 의존하는 국제주의적 방식으로 일본의 국권 침탈을 저지하려 했으므로,[63] 청은 연대의 대상으로 고려되지 않았다. 개항 이후 줄곧 구미열강과의 외교를 통해 만국공법이 지배하는 근대적 국제질서에 편입을 중시해온 이들은 열강의 중재에 의한 해법을 모색하며 1907년 헤이그 만국평화회의에 특사를 파견하기도 했다. 1880년대 청의 속방화정책에 저항하여 두 차례나 조러밀약을 추진하다가 폐위 협박에 시달린 경험이 있는 고종과 대한제국 집권세력에게 청은 극복의 대상이지 결코 연대의 대상이 될 수 없었다. 다만 고종황제 등의 연미책과 친러책, 유럽열강과 협의한 중립국화 노선,[64] 마지막으로 러시아에 의존하여 만국평화회의

62  서영희, 「한국 근대 동양평화론의 기원 및 계보와 안중근」 『영원히 타오르는 불꽃-안중근의 하얼빈 의거와 동양평화론』, 지식산업사, 2010, 317쪽.

63  서영희, 「고종황제의 외교전략과 제2차 만국평화회의 특사 파견」 『100년 후 만나는 헤이그특사』, 태학사, 2008 참조.

64  서영희, 「대한제국의 외교」 『한국의 대외관계와 외교사 근대편』, 동북아역사재단, 2018 참조. 대한제국은 미국, 러시아, 일본 등을 상대로 중립국화를 논의하였고, 유럽의 소국 벨기에를 모델로 중립국화를 추진하다가 러일전쟁 발발 직전인 1904년 1월 21일에는 프랑스의 협조로 '전시중립선언'을 했다.

에 모인 국제열강의 여론을 움직여보려 한 국제주의 외교전략은 모두 실패로 돌아갔기 때문에 그 실패의 원인을 냉철하게 분석해볼 필요도 있다. 근본적으로 자위력이 뒷받침되지 않은 동맹전략이나 중립국화전략이 실질적인 효력을 발휘하기는 어려웠다. 당시 경쟁하는 강대국 사이에 존재하는 소국이 취할 수 있는 외교적 선택지로서 어느 한쪽에 편승하여 생존을 도모하거나, 혹은 덜 위협적인 쪽에 의존하는 방법으로 '독립'을 유지할 수 있는 가능성은 그리 크지 않았다. 국제적으로 인정받는 '중립국'을 유지하기에는 자체 역량이 부족한 데다, 무엇보다 러시아와 일본의 대립이 한반도 중립화에 합의할 수 있는 수준이 아니었다.

근대 전환기에 한·중관계의 변화 속에서 한·중 양국 간 상호인식의 격차는 물론, 한국 내에도 중국에 대한 상이한 인식과 대응방식이 존재했다. 오늘날 중국의 급부상과 함께 시작된 동북아 질서의 재편 속에서 한반도 분단체제 극복을 위한 주변 열강과의 관계 설정을 고민할 때도 각각의 방안이 가진 역사적 연원에 대한 이해가 필요하다고 생각된다. 중국이 주도하는 중화질서 속에 안주할 것인가, 아니면 서양열강에 의존하여 근대적 국제질서에 편승할 것인가, 혹은 일본이 주도하는 새로운 아시아를 선택할 것인가를 두고 갈등과 혼란을 겪었던 1880년대 조선 지식인들의 고민은 아직도 계속되고 있다고 볼 수 있다.

**9장**

# 현대 한 · 중관계의
# 변화와 지속
## - 냉전기 · 수교 이후 한 · 중관계의
## 특징과 전환기의 대두 -

### 정상기

직업외교관 출신. 중국문화대학 대륙문제연구소 석사, 건국대학교 정치학 박사. 미국무성 초청 방문학자. 한·중수교 이전 북경에 파견되어 주북경대표부 창설과 수교 기반 조성 작업을 수행했으며, 외교부 아시아태평양국장, 주샌프란시스코 총영사, 주타이베이 한국대표, 외교부 동북아협력대사를 역임했다.

### 강준영

대만 정치대학 동아연구소에서 현대중국정치경제학을 전공해 석사와 박사 학위를 받았으며, 현재 한국외국어대학교 국제지역대학원 중국학과 교수로 있다. 중국 상하이 사회과학원 명예교수이며 한중사회과학학회 명예회장, 한국중국학연구회 부회장으로 있다. 쓴 책으로는 『한권으로 이해하는 중국』 『중국의 정체성』 등이 있다.

## 1. 머리말

한·중 양국은 유가 문화권에 바탕을 둔 조공·책봉관계를 유지하면서 오랜 기간 정치적, 경제적, 문화적으로 끈끈한 관계를 유지해왔다. 그러나 중국 대륙에는 청(淸)조 몰락 후 중화민국(中華民國)이 건국되고, 한반도에서는 대한제국이 일제의 식민지가 되면서 한·중 간의 전통적 관계는 끊어지게 되었다. 한국은 중국 상해에 설립한 대한민국 임시정부가 중화민국 장제스(蔣介石) 정부와 제한적인 한·중관계를 형성했을 뿐이다. 1945년 일본 패망 이후 한반도는 남북으로 갈린 채 미국과 소련에 의한 군정 실시를 거쳤으며, 1948년 남쪽에는 미국의 지원을 받는 대한민국 정부가 들어서고, 북쪽에는 소련의 지원을 받는 조선민주주의인민공화국이 들어섰다. 1950년 북한에 의한 남침으로 한국전쟁이 발발하자 중국은 미국에 대항해 조선(북한)을 지원한다는 항미원조(抗美援朝)를 내세우며 대규모의 병력을 파견하면서 한국전에 개입한다. 결국 중국은 통일 한국의 출현을 저지했고 이 때문에 수교 이전까지 현대 중국은 한국인들에게는 한반도의 통일을 가로막은 적성국으로 각인되어 있었다. 한국전쟁이 끝난 뒤 냉전체제 하에서 한국은 중화민국(오늘날 대만)하고만, 북한은 중화인민공화국하고만 외교관계를 유지해왔다.

그러나 1992년 8월 24일, 한·중 양국은 40년에 걸친 반목을 청산하고 역사적인 수교를 단행했다. 북한이라는 이질적 요소가 있었지만 적어도 사드(THAAD, 고고도 미사일 방어체계) 배치를 둘러싼 갈등이 폭발하기 전까지 한·중관계는 '세계외교의 기적'으로 불리며 표면적으로는 '유사 이래 최고의 관계'를 구가했다. 이 과정에서 한·중 양국은 경제 교류에 초점을 맞추면서 관계 발전을 추동했고, 한국은 중국 성장 효과(China effect)의 직접적 수혜자가 되기도 했다. 특히 중국의 개혁개방정책과 국제경제체제를 적극적으로 편입하는 시도를 목도하면서 많은 한국인들은 중국을 매우 실용적인 이웃 국가로 인식하기 시작했다. 그럼에도 한국은 중국과 북한의 특수관계를 제어할 방법이 없었기 때문에 양국관계는 전체적으로 우호적이었지만 영역별로는 불균형적인 관계를 유지할 수밖에 없었다.

양국은 경제를 우선으로 하되 민감한 정치·안보 이슈는 이견으로 남겨두면서 발전을 추구하는 구동존이(求同存異)정책을 취해왔으나 결국 북핵으로 인한 사드 배치를 둘러싸고 최악의 갈등을 맞이했다. 중국은 다양한 형태의 보복을 단행했고, 2017년 10월 31일 '사드 합의'에도 불구하고 아직도 일부 보복조치는 해제되지 않고 있다. 이러한 중국의 '사드 보복'은 한국 국민의 반중(反中) 정서를 자극했고, 역사·문화적 유대마저 흔들리게 하는 상처를 입혔다. 중국 스스로는 한국이 중국의 안보 이익을 침해했으며 중국 국민들의 감정을 상하게 했다고 주장한다. 한국에서 한·중관계의 근원적 재검토나 '리셋(reset)' 같은 주장이 확대되고 있는 것도 이 때문이다.

현대에 들어서면서 한·중관계는 전통관계의 양자적 규범성보다는 복잡한 시대적 상황을 맞아 다자적 국제관계 관점이 대두되고 있다. 수교 이후 한·중 양국은 수년간은 밀월기를 거쳤으나, 부상하는 중국의 힘을 과시한 마늘 분쟁을 시작으로 고구려 역사 분쟁인 동북공정(東北工程), 북핵 해결에 대한 중국의 미온적인 태도와 천안함 사태 및 연평도 포격에 대한 모호한 입장 등이 결국 미·중 간 구조적 세력 균형 문제와 관련해 사드 배치 문제와 얽히면서 현대 국제관계 범주로 전환한 한·중관계에 대한 재인식의 문제로 중요하게 대두되었다.

본 장에서는 일본의 한국 침탈에 따른 국권 상실기의 한·중관계와 중국의 6·25 참전을 기점으로 한·중 수교 이전까지를 냉전기 한·중관계 측면에서 살펴본다. 이후 한·중 수교 이후의 밀월기를 거쳐 사드 배치 갈등으로 촉발된 작금의 양상을 양국관계의 새로운 전환기로 인식해 이러한 전이 과정에서 나타나는 특징을 변화와 지속이라는 관점에서 살펴보고, 미래지향적 한·중관계를 위해 우리의 대응에 대한 인식과 실천의 틀을 제시하고자 한다.


## 2. 전통관계에서 현대 국제관계로의 전환


전통적 한·중관계의 변화는 청(淸)조와 조선왕조의 몰락과 궤를 같이한다. 기존 중국 중심의 동아시아 국제질서는 1840년 서방 제국주의 세력의 중국 침탈 시발점이 된 아편전쟁을 계기로 새로운 국제적 역학 구조가 형성되면서 종식되었다. 특히 열강들은 청의 주변국에 대한 전통관계를 단절시키려 했고, 청조는 정치·외교·군사·경제 분야까지 간섭하는 제국주의 체제에 근사한 속방(屬邦) 체제로 조선의 국정에 개입하려고 했다. 일본은 이러한 중국의 대조선 정책을 저지하기 위해 1884년 갑신정변을 지원하면서 조선에 청과의 전통관계 청산을 압박했고, 이는 청의 조선에 대한 직접 군사 개입을 초래했다. 조선에 대한 종주국 지위를 유지하고자 했던 청조와 한반도를 대륙 진출의 교두보로 삼고자 했던 일본의 세력 경쟁은 결국 청일전쟁으로 비화되었다. 전쟁에서 패한 청의 대조선 영향력이 감소하자, 조선은 1897년 대한제국의 성립을 선언하고 '세계가 공인하는 자주독립국가'를 선언했지만 1910년 8월 29일 안타깝게도 일제 식민지로 전락했다. 중국도 1911년 신해혁명으로 청조가 막을 내리면서 아시아 최초의 공화정 국가인 중화민국이 탄생했다.

이렇듯 그동안 한·중 양국관계를 규정했던 소위 전통관계는 결국 조선이 일제에 의해 멸망하고, 중국의 전통 왕조 체제가 붕괴되면서 현대적 국제관계로 상호관계가 조정되는 변화를 맞는다. 그러나 1905년 을사늑약으로 일제의 식민지로 전락한 한국의 모든 대외관계 사항은 일본 외교의 범주에서 처리되었고, 중국 역시 혼란기를 지속했기 때문에 현대적 의미의 국가 대 국가의 국제관계는 사실 2차 세계대전 이후 냉전기에 이르러서야 가능할 수밖에 없었다.

이 상황에서 나라를 잃은 대한민국 임시정부와 중화민국 체제의 중국은 항일 공동전선을 매개로 새로운 한·중관계를 전개한다. 1919년 한국에서 일어난 3·1운동을 바탕으로 그해 4월 11일 상해에 대한민국 임시정부가 수립되었고, 당시 쑨원(孫文)의 중화민국 정부는 1921년 임시정부 승인을 약속하기도 했다. 쑨원 사후 국민당을 장악한 장제스의 중화민국 정부는 1932년 일본이 만주국(滿洲國)을 세워 중국 침략을 본격화하자 임시정부를 적극 지원하기 시작한다. 특히 그해 4월 발생한 윤봉길 의거는 중국뿐 아니라 세계에 한국 임시정부의 존재감을 알린 사건으로 중화민국 정부가 물심양면으로 임시정부의 활동을 지원하는 계기가 되었다. 임시정부 요인들의 생활비는 물론, 황포군관학교(黃浦軍官學校)에 한국인 청년들을 입학시켜 군사 훈련을 지원했으며, 1940년에는 충칭에서 한국광복군 발족도 지원했다. 한편 사회주의 계열의 독립운동세력 역시 중국공산당과의 협력을 도모하면서 항일운동을 전개한다. 이들은 장제스 정부가 사회주의 계열 세력이 주장한 조선혁명군의 설립은 허가하지 않고 김구 선생이 주도한 한국광복군 수립만을 지원하자, 중국의 북쪽으로 근거지를 옮겨 중국 북부에서 활동하던 중국공산당 조직과 밀착한다. 이들은 해방 후 북한으로 귀국해 북한군의 주류를 형성하기도 했다. 그 후 1945년 일본의 패망으로 동아시아 정세는 재편되었고, 미군과 소련군이 한반도 남북을 분할 통치하면서 중국의 영향력은 크게 감소했다. 중국은 국민당과 공산당의 내전에 휩싸였고, 남북한은 통일정부 수립에 실패했다. 결국 한국은 1948년 8월 15일, 북한은 9월 9일 각각의 정부를 수립했으며, 국민당의 중화민국은 공산당과의 내전에서 패하여 대만으로 패퇴했고, 대륙에는 사회주의 국가인 중화인민공화국이 수립되었다.

이 시기 한국의 독립운동 세력은 중국의 국민당 및 공산당 양측과 제한적인 관계를 형성했지만 임시정부를 지원했던 중화민국 국민당 정부는 여전히 중국의 자국 이익 중심적인 전략적 선택을 한 것으로 보인다. 이는 국민당 정부가 끝까지 임시정부를 정식 승인하지 않은 데서도 잘 나타난다. 당시 중화민국 정부는 전통적인 종속관계 관념 속에서 한국 독립운동세력을 분리 지원하면서 한국 임시정부를 통해 항일전선을 구축하고 다른 한편으로는 도처에서 세력을 확장하고 있는 공산당세력을 견제하고자 했기 때문이다.[1]

1921년 창당된 중국공산당은 중국 내 한국 독립운동세력들 중 주로 좌익 항일운동 계열의 인사들을 지원했지만, 한편 우익 독립운동세력과도 일정한 관계를 유지하고자 했다. 특히 충칭 임시정부(1940~1945년) 시절에는 당시 연안으로부터 충칭에 파견 나와 있던 저우언라이(周恩來, 중화인민공화국 건국 후 총리 역임), 동비우(董必武, 중화인민공화국 건국 후 국가부주석) 등이 임정의 광복군 발대식이나 3·1운동 기념식에 참석하고, 주은래가 중한문화협회의 명예이사의 역할도 하는 등 임정과 꾸준한 관계를 유지했다. 마오쩌둥 역시 일본 패망 후 장제스와 중국의 장래 문제를 협의하기 위해 충칭에서 체류하던 시기인 1945년 9월 3일, 우리 임정요인 전체를 접견하기도 했으며(마오쩌둥 연보 238쪽), 저우언라이는 중국공산당 서남 지역 대표처 명의로 임정요인들의 귀국 환송연을 베풀기도 했다. 중국공산당의 우리 임정에 대한 이러한 접근은 항일 공동투

---

1    중화민국 정부가 대한민국 임시정부를 승인하지 않은 이유에 대해서는 여러 시각이 존재하지만, 대외적으로는 서구 열강에 앞서 임시정부를 먼저 승인하는 데 대한 부담이 컸고, 국내적으로는 임정을 승인할 경우 국민당 정부의 범위를 벗어나는 독자세력이 되어 자신들의 통제를 벗어날 우려가 있었기 때문이다. 또한 당시 소련 연해주 지역에 있던 독립운동세력과 연계될 수 있다는 점도 우려의 대상이었다. 이를 기화로 연해주 지역의 사회주의 계열 독립운동세력과 공산당세력이 통일전선을 형성하면서 소련의 비호를 받아 전 중국의 공산화를 시도하게 되면 중화민국 국민당 정부의 정치·군사적 전선이 크게 확대될 수 있기 때문이다.

쟁이라는 목표 이외에도 장래 일본 패망 후 한반도의 주인이 누가될지 모르는 상황에서 민족 계열의 임정과 좌익 계열의 독립운동세력 양측과 동시에 관계를 유지하는 차원에서 이루어진 것으로 보인다. 오늘날 중국이 남북한 모두와 우호관계를 유지하려는 것과 같은 이유다.

## 3. 냉전기의 각축: 중국의 6·25 참전

2차 세계대전의 종전으로 세계는 미국과 소련으로 대표되는 양극 냉전체제로 재편된다. 중국에서도 8년에 걸친 항일전쟁이 끝났고, 4년에 걸친 국민당과 공산당 간의 내전에서 마오쩌둥이 이끄는 공산당이 승리하여 1949년 10월 1일 중화인민공화국이 수립된다. 내전에서 패한 국민당의 장제스 정부는 대만으로 패퇴해 중화민국을 유지한다.

일본의 식민지로서 자력이 아닌 연합국에 의해 독립을 얻게 된 한국의 처지는 안타까웠다. 일본은 항복했지만 중국에서 활동하던 임시정부나 광복군은 일본에게 항복을 받을 수 없었고, 한반도에서는 미·소 양군의 점령 통치가 실행되었다. 국민당의 지원을 받던 임시정부 요인들은 미국의 요청에 따라 개인 신분으로 귀국했으며, 러시아 극동 지역에서 활동하던 사회주의 계열의 일부 인사들은 소련의 지원 하에 만주 지역으로 복귀하거나 북한으로 귀국했다. 특히 북한에 이미 공산주의 세력을 구축한 김일성은 국민당과 공산당의 내전에서 인적, 물적으로 중국공산당을 지원했고, 중국공산당이 내전에서 승리하자 당시 중국공산당에 소속되어 싸우던 한인 공산주의 독립운동가들 대부분은 북한으로 귀국했다. 그리고 이들은 한국전쟁 때 북한군의 부대로 남침하는 데 선봉이 된다. 중국의 6·25 참전 이전에 이미 중국 내전을 계기로 중국과 북한 간에는 일종의 혈맹(血盟)관계가 형성된 것이다.

한편, 통일정부 모색에 실패한 한반도 남쪽에는 1948년 8월 15일 미국의 지원을 받는 대한민국이, 북쪽에는 9월 9일 소련의 지원을 받는 조선민주주의인민공화국이 수립되었다. 국제적 냉전체제가 한반도에 그대로 투영되면서 남북한 분단체제가 정착돼 국가와 민족이 분열되는 시련을 맞게 된 것이다. 동북아질서도 대만으로 패퇴한 중화민국 중심의 '중국 질서'는 급격히 힘을 잃었고, 국제질서는 미국과 소련 중심의 냉전체제로 재편되었다. 한·중관계도 한국과 중화민국, 북한과 중화인민공화국의 관계로 고착되고, 미국의 지원을 받는 한국 정부와 소련의 지원을 받는 북한이라는 명시적 냉전 구조가 형성되면서 이념적, 군사적 대치로 이어진다. 1950년 6월 25일 발발한 한국전쟁은 유엔군과 중공군이 개입하는 국제전으로 확대되었고, 중국인민지원군으로 불리는 중공군의 참전은 현재까지도 중국과 북한의 관계를 설명하는 대명사가 된 순망치한(脣亡齒寒)관계를 고착시킨다.

사실, 중화인민공화국 수립 1년도 되지 않아 발발한 한국전쟁은 신생 중국 정권에는 커다란 위협이었다. 마오쩌둥은 국공(國共)내전 시기에 국민당 정부를 지원한 미국이 결국 중국공산당 정권을 계속 위협할 것이라는 '외부 위협 우선론'의 관점에서 참전을 결정한다. 당시 마오쩌둥에게 신생 중국을 위협하는 최대의 적은 아시아에서 공산주의의 확산을 막으려는 미국의 팽창주의가 결국 군사적 개입으로 이어질 것이라는 우려였다.[2] 따라서 마오쩌둥은 산적한 국내 문제가 있음에도 한국전쟁을

내일을 읽는 한·중관계사

미국의 대리전쟁으로 규정하고 국가를 지키기 위해[保家衛國] 북한에 중국인민지원군(志願軍)을 파견한다.[3] 중국은 당시 미 제국주의가 한반도에서 무력을 행사하면서 만주 지역 공격과 본토 폭격을 계획하고 대만해협(臺灣海峽)에 항공모함을 파견하는 등 중국의 국가안보를 직접적으로 위협하기 때문에 참전했다고 주장한다. 한반도에 통일된 친미정권이 들어서면 국경을 직접 맞대야 하는 부담이 있었기 때문에 미국의 38선 돌파를 중국에 대한 생존 위협과 침략으로 간주하고 참전했다는 것이다.

물론 중국의 한국전 개입은 절대로 쉽지 않은 결정이었다. 마오쩌둥은 미군의 38선 돌파를 결정적 참전 요소로 지적하고 있지만, 많은 중국 자료에서 이미 6·25 개전 초기부터 북한을 지키는 것이 중국의 안보와 미국의 향후 활동 공간 제약을 위해 중요하다는 인식을 갖고 있었음이 드러난다. 당초 중국군의 한국전 참전은 소련이 중국군에 대한 공중 지원과 전쟁물자를 지원한다는 조건으로 스탈린에 의해 승인되었지만 중국은 여전히 주저하고 있었다. 그러나 맥아더 장군의 인천상륙작전이

---

2   그러나 이는 표면적 이유라는 시각도 있다. 신생 중국의 위협은 여전히 마오쩌둥의 지도 방식에 반대하는 지도자 그룹과 아직 완전히 제거하지 못한 잔존세력의 존재에 있었다. 주지하다시피 중화인민공화국 수립 당시 중국공산당은 공산당이 완전히 장악한 홍구(紅區) 외에 국민당의 세력 범위가 잔존하는 백구(白區), 일본의 세력이 남아 있던 윤함구(淪陷區)가 존재했음을 인정하고 있다. 따라서 마오쩌둥의 입장에서는 국내 정리가 우선순위였으며, 한국전 참전은 국내 정리의 고육지책이기도 하다.

3   중국인민해방군 펑더화이(彭德懷) 원수를 사령관으로 하는 중공군의 명칭은 7월 10일 이전에는 중국인민지원군(支援軍)이었으나 이후 지원군(志願軍)으로 바뀌었다고 한다. 이는 중국 정부가 정식으로 미국과 유엔을 상대로 정규전을 펼치는 것이 아니라, 민간 차원의 지원임을 강조하려는 전략적 결정이었다.

성공하고, 10월 1일 유엔군이 38선을 돌파하자 김일성은 마오쩌둥에게 긴급 지원을 요청한다. 내부적으로 38선 돌파를 참전의 경계로 설정했던 마오쩌둥은 10월 2일 수차례의 회의를 거쳐 출병을 결정했고, 10월 19일 동북변방군 중 제1진 6개군 18개 사단 30만 명의 병력을 한국전에 투입해 이후 3년간 연 300만 명을 투입했다. 스탈린은 한국전에서 미국과의 직접 대립을 피하려고 중국군의 참전 직전 갑자기 소련 공군의 파견을 연기했는데, 중국이 소련의 공군 지원 없이 참전을 결정함으로써 중국과 북한 간의 혈맹관계는 더욱 공고해진다.

당시 마오쩌둥의 생각은 복잡했다. 사실 미국은 이 전쟁을 확전하려는 의도가 크지 않았고, 당시 미국의 중국백서에 보면 미국은 중국을 소련에 대한 극동의 대항마가 될 수 있을 것으로 생각해 중공 정권을 새로운 파트너로 검토하기도 했다. 이 때문에 미국은 애치슨라인(Acheson line)에서 한국과 대만을 뺐고, 또한 패망한 국민당군을 지원해 아직 자리를 잡지 못한 신중국의 배후를 교란할 수도 있었지만 자제했다. 여전히 공산당과 싸우고 있던 국민당군을 계속 지원했다면 중공군의 대규모 파병은 어려웠을 것이다.

그러나 마오쩌둥은 미국과의 정면충돌을 불사하면서 한국전 참전을 결정했다. 우선, 북한을 지키는 것이 자국 안보에 유리했기 때문이다. 현재까지 이어지는 북한에 대한 전략적 자산 인식이 당시에도 작용한 것이다. 이는 중국 국공내전에서 공산당을 지원한 사회주의 계열 한인들에 대한 보답이기도 하지만 대북 영향력 확보가 주요 배경이었다. 또 하나는 국제 공산사회에서 신생 중국의 입지 강화와 관련이 있다. 중국을 공산세계의 2인자로 두고 컨트롤하려는 스탈린을 극복하면서 공산세계나 제3세계에서 대국으로 자리매김할 수 있는 기회였기 때문이다. 결정적으로는 이 계산들이 맞아 떨어지면 국공내전을 치르느라 쇠약해진 자신의 정치적 입지가 크게 강화될 수 있다고 생각했다. 결국 중국군의 참전은 마오쩌둥의 미국에 대한 막연한 공포심과 정치적 욕심, 그리고 중국식 제국주의 확장 전략의 산물이라 할 수 있다.

한국전 참전을 통해 주요 강대국으로 떠오른 중국은 미·소 냉전시대에 또 다른 대국으로 인정받게 되었으며, 중·소관계에서도 거의 대등한 목소리를 낼 수 있게 되었다. 또 정전협정의 조인국이 되면서 지금까지 한반도 문제의 당사자로 지속적 영향력을 발휘하는 성과도 얻었다. 이는 적어도 냉전기를 거치면서 수교 이전까지 한·중관계를 규정하는 큰 인식의 틀이었으며, 자연스럽게 한국과 대만의 반공(反共) 연대, 북한과 중화인민공화국 간의 사회주의 혈맹 연대라는 이원적 한·중관계를 설정했다.[4]


## 4. 적대에서 국교정상화로

2차 세계대전 종전 이후 형성된 미·소 양극 냉전체제의 경색된 국제

---

4  중국이 잃은 것도 많았다. 3년의 전쟁 기간 중 약 30만 명의 중공군이 인명 피해를 입었고, 미국 및 서방세계와의 관계도 단절되었다. 당초 중국은 해군력을 신장시킨 후 1950년 하반기에 대만에 대한 공격 목표를 가지고 있었으나 한국전쟁을 계기로 미·대만 군사협력이 재개되고, 1954년 미국이 대만과 상호방위조약을 체결함으로서 대대만 통일 기회도 상실하게 되었다.

관계는 1970년대 이후 데탕트(Détente), 즉 화해의 시대 전개로 해빙 무드를 맞았다. 냉전 시대의 종식은 소위 양대 진영론에 근거한 공동의 적에 대한 공동투쟁의 소멸을 의미하며, 외교 목표도 군사·안보 위주에서 경제 교류와 상호의존 확대를 통한 공동번영 추구로 바뀐다. 중국은 대미관계 개선을 통한 소련으로부터의 안보 위협 감소와 국제사회 적극 복귀를 추진한다. 1971년 유엔안보리 상임이사국으로 국제사회에 복귀한 중국은 1972년 미국과 연락대표부를 교환하고, 일본과 수교했다. 1978년 말, 개혁·개방정책 추진을 천명하고 1979년 1월 미국과 수교함으로써 국제사회에 완전히 복귀하는 동시에 경제발전을 위한 안정적 주변 환경을 강조하는 외교노선을 설정하게 된다.

1972년 닉슨 대통령의 중국 방문과 미·중 화해는 남북한 모두에 큰 충격이었다. 남북한은 미·중 화해로 촉발된 국제정세의 변화에 능동적으로 대처한다는 차원에서 한국전쟁 이후 처음으로 남북한 비밀 접촉을 갖고, 1972년 7월 4일 7·4남북공동성명으로 불리는 '자주, 평화, 민족 대단결'이라는 통일 원칙을 발표한다. 한국 정부는 중국, 소련 및 공산권과의 관계 개선이 한반도에서의 긴장 완화에 긍정적인 역할을 할 수 있을 것으로 인식하기 시작했고, 대공산권과의 관계 개선에도 관심을 갖기 시작했다. 1973년 6·23특별외교정책선언(6·23선언)은 바로 한국 정부가 이념과 체제를 달리하는 모든 국가들과 상호 문호 개방을 촉진할 것임을 선언하는 성명이다.

하지만 중국은 여전히 미국의 교두보로서의 한국의 역할에 대한 의심과 북한을 의식해 적극적으로 대응하지 않았다. 이후 1978년 중국이 개혁개방을 천명하고 다자 국제회의나 국제상품 전람회 및 국제체육대회에 적극 참여하기 시작하면서 한·중 교류는 자연스럽게 시작되었고, 1980년대 초부터는 홍콩을 통한 간접교역도 시작되었다. 당시 중국 외교부장 황화(黃華)도 외교부 간부회의에서 "중국의 문은 닫혀 있지만 결코 잠겨 있지는 않다"고 언급한 것으로 전해졌다. 이는 중국도 역시 이 시기를 전후하여 한국의 대중관계 개선 의지에 대해 긍정적인 반응을 보이기 시작한 것으로 평가할 수 있다.

이 상황에서 한·중관계를 진전시키는 돌발 사건이 발생한다. 1983년, 중국 민항기가 납치범들에 의해 춘천에 불시착하는 사건이 발생했고, 중국 정부는 기체와 승객들의 반환협상을 위해 선투(沈圖) 민항국장을 단장으로 한 협상대표단 파견을 통보해왔다. 한국 정부가 이를 수락함으로써 한국에서 처음으로 정부 간 공식회담이 열리게 되었다. 한·중 최초의 공식회담이라는 의의가 있는 이 회담에서 중국은 대한민국이라는 공식 국호를 처음 사용했다. 1985년 3월에는 중국 해군 어뢰정이 한국 영해를 침범했지만 한국이 즉각적인 송환 조치를 취하자 중국 지도부는 특별한 사의를 표하기도 했다. 그 이후 중국 당국은 돌발사태 발생 시 양자 간 협의 창구로 주 홍콩한국총영사관과 신화사 홍콩지사 간의 공식 접촉채널 개설에 동의했다.

중국의 태도도 보다 적극적으로 변했다. 1985년 4월, 개혁개방을 진두지휘하던 당시 중국의 실질적 지도자였던 덩샤오핑은 중국의 경제발전 및 한국과 대만의 단교를 유도하기 위해 한·중관계 발전이 필요하다고 언급했다. 또한 1988년 5월부터 9월 사이에 있었던 수차례의 외빈 접견 시에도 한·중관계에 관해 언급하면서 한·중관계 발전은 양국의 경제뿐 아니라 중국의 통일을 위해서도 필요하다고 언급했다. 이미 덩샤오핑은 한·중 간의 경제문화 교류를 위한 시기가 성숙되었으므로 빨리 더 넓게 추진하는 것이 필요하다고 판단한 것으로 보인다. 다만 민감한 문제인 만큼 신중하게 처리하되 북한의 양해를 얻어야 한다고 지시하면서 한국과의 관계 개선은 마치 바둑의 포석처럼 대만, 일본, 미국, 한반도, 동남아와의 평화 안정을 위해 중요한 의의를 갖는다고 언급했다. 덩샤오핑의 이러한 인식과 지시 이후 중국은 각종 국제대회에서의 한·중 간 교류에 대해 과거의 금기를 깨고 활발히 교류하기 시작했다.[5]

이러한 분위기에서 한국이 개최하는 1986년 아시안게임과 1988년 서울올림픽은 한국이 중국이나 소련을 포함한 공산권 국가들과 교류하는 데 최고의 호재였다. 중국은 1990년 북경아시안게임 개최국이었기 때문에 1986년 서울아시안게임에 대규모 선수단을 파견했다. 또한 중국은 1990년 북경아시안게임을 준비하기 위해 우리의 아시안게임 개최 노하우와 물적 지원을 필요로 했고, 이에 한국도 최대의 지원을 했다. 특히 1988년 서울올림픽 장면이 중국 전역에 실시간 중계되면서 한국의 발전되고 깨끗한 모습과 중국 선수단에 대한 한국인들의 호의적 태도는 중국인들의 한국에 대한 호의적 감정을 유발하는 계기가 되었다. 결국 1990년 북경아시안게임의 성공적 종료와 함께 당시 국제 상황의 변화 및 그동안의 한·중 간 인적, 물적 교류의 축적에 힘입어 양국은 1990년 10월 무역대표부 교환합의서에 서명하게 되었고, 이에 따라 한국은

---

5  당시 중국의 외교부장이었던 첸치천(錢其琛)은 그의 회고록 『外交十記』에서 한·중 수교와 관련한 덩샤오핑의 전략적 인식과 결단을 소상히 밝히고 있다. 『外交十記』, 北京: 世界知識出版社, 2003, 151쪽.

내일을 읽는 한·중관계사

1991년 1월 북경에 무역대표부를 개설하고 본격적으로 수교 기반 조성 활동을 하게 된다.

특히 1991년 11월 서울에서 개최된 아시아태평양경제협력체(APEC) 회의에 중국·홍콩·대만이 동시에 가입했는데, 한국 정부의 중재 노력으로 중국은 주권국가로, 대만과 홍콩은 제한적인 자격으로 가입하게 되었다. 천안문 사태로 인한 고립에서 벗어나 국제무대에 본격 진출을 추진해오던 중국 정부는 한국 정부의 이 같은 중재 노력에 깊은 사의를 표하기도 했다. 또한 노태우 대통령은 회의 참석 차 방한한 첸치천 중국 외교부장에게 한·중관계 개선에 한국 측의 입장을 직접 전달함으로써 상호신뢰가 크게 증대되었다.

때마침 국제질서에도 큰 변화의 물결이 태동하기 시작했다. 1989년 미국과 소련이 몰타회담에서 이른바 '냉전'을 종식하기로 하면서 한국은 1990년 소련과 외교관계를 맺는다. 이러한 변화 속에서 중국은 1989년 천안문 사태로 인한 국제사회의 대중국 제재 조치 이후 서방세계의 중국에 대한 화평연변(和平演變, 서방세계가 무력이 아닌 평화적인 방법으로 사회주의 체제의 전복을 시도한다는 중국식 표현)정책을 경계하기 시작했지만 여전히 경제발전을 위한 개혁개방 조치를 강화했다. 특히 천안문 사태로 인해 대만의 국제활동이 활발해지자 중국으로서는 이를 억제할 필요가 있었다. 이즈음에 중국 지도부는 대만에 대한 타격 및 개혁개방 가속화라는 차원에서 한국과의 수교가 필요하다는 인식을 하게 되었지만 수교를 위해서는 두 가지 조건이 성립되어야 한다고 생각하고 있었던 것으로 보인다. 이는 첫째, 남북한이 유엔에 동시가입함으로써 각각 국제사회로부터 정식 국가로 승인받는 것이며, 둘째, 남북한 상호간에 상대를 인정함으로써 중국이 한국을 인정하는 데 장애가 없어야 한다는 것이었다. 1991년 들어 한국 정부는 남북한의 유엔 동시가입을 강력히 추진했고, 중국의 리펑(李鵬) 총리는 북한에 방문하여 북한의 유엔 가입을 강력히 권유했다. 그 결과 북한은 5·28 외교부 성명을 통해 유엔 가입 희망 의사를 발표했으며, 그해 9월 남북한은 유엔에 동시가입했다. 이는 북한이 소련연방의 해체와 동구권의 체제 변화, 중·소의 원조 급감이라는 어려운 대외환경을 맞이하여 남한과의 관계 개선을 통해 난국을 돌파하기로 대외 기본 방침을 선회한 것이었다. 이에 따라 1991년 12월, 남북한은 상호체제를 인정하고 존중하기로 하는 남북기본합의서에 서명한다.

이로써 중국에게는 한국과 수교할 두 가지 여건이 조성되었다. 이에 따라 중국은 1991년 말에 들어 내부적으로 한국과 수교하는 데 있어 당 고위층 간에 공감대가 형성되었고, 중국 외교부는 이를 위한 구체적인 시나리오 작성에 착수한 것으로 보인다. 특히 중국은 1992년 1월 덩샤오핑의 남순강화(南巡講話)를 통해 '개혁의 심화와 개방의 확대'를 대내외에 천명하면서 수교 방침을 굳힌 것으로 보인다.[6] 첸치천 외교부장은 1992년 4월, 북경아시아태평양경제사회위원회(ESCAP) 총회에 참석한 이상옥 외교장관에게 비밀 유지를 전제로 정부 간 공식적인 수교 교섭 개시를 제안하기에 이른다. 중국 측 제의에 따라 한·중 양국 정부 간의

---

6   1990년대 초 한·중관계 개선이 가속화되면서 북한에 의한 한·중 수교 방해 책동도 심해졌다. 김일성은 1990년 10월과 1991년 11월 중국 방문에서 한·중 수교를 하지 말아달라고 요청하기도 했다.

수교 협상은 빠르게 진행되었다. 양국 간 수교회담은 1992년 5월과 6월에 걸쳐 예비회담 3회, 본회담 1회로 비교적 빠르게 마무리되었다. 정치적 결정보다는 실무적 예비회담을 통해 상호 이견을 충분히 조율하고 수교하자는 단계적 협상을 진행했고, 1992년 8월 24일 북경에서 양국 외교장관이 수교문서에 서명함으로써 국교 정상화에 합의했다. 단계적 예비회담을 거친 것은 양국 간에 이질적 요소가 많아 구체적으로 논의해야 할 사항이 많았음을 반증하는 것이기도 하다.

한·중 수교협상에서 양국은 각각의 협상 목표를 가지고 있었다.

한국은 북한의 무력도발을 억제하고 한반도의 평화와 안정을 유지하는 데 있어서 중국의 역할을 촉구하면서 한반도의 평화적 통일에 대한 중국의 지지를 확보하는 것이 최우선이었다. 당연히 중국의 북한에 대한 편향 외교도 수정해야 했다. 또 중국군의 한국전 참전에 대한 유감 표명을 받아내고, 중국을 유일 합법 정부로 승인하면서 대만과 단교해야 하는 상황에서 대만과 최상의 민간 교류를 유지하겠다는 원칙도 관철해야 했다. 마지막으로 '하나의 중국' 원칙과 관련된 문제 이외에는 수교와 관련하여 어떠한 전제조건도 수락할 수 없다는 방침을 정했다.

중국은 한국과의 수교가 장기적으로 한·미·일 안보구조 약화의 추동 요인으로 작용할 것을 기대했다. 경제적 필요도 있었지만 장기적 차원에서는 남북한 동시 수교국으로서 한반도에 대한 영향력 발휘에도 한국과의 수교는 매력적인 카드였다. 또한 덩샤오핑의 언급대로 한·중 수교를 통해 대만을 국제사회에서 고립시키고자 하는 것 역시 중요한 목표 중 하나였다.

중국이 일반적으로 수교협상에서 가장 강조하는 것이 '하나의 중국'

원칙에 대한 인정이다. 이를 국가안보와 영토주권 수호라는 핵심 이익 (core interest)과 연계하고 있는 중국은 대만의 최대 우방인 한국과의 수교 및 한·대만 단교가 대만에 결정적 타격을 줄 수 있을 것으로 생각했다. 실제로 수교협상에서 중국 측은 집요하게 대만 문제에 집중했다고 한다. 또한 명동의 중화민국 대사관 부지를 중국에 양도해줄 것을 요구했고, 한국 정부는 서울의 중화민국(대만) 대사관을 중화인민공화국 정부에 양도했다. 또한 경제적인 측면에서는 중간 기술력을 보유한 매력적인 제조업 국가인 한국과의 협력이 자신들이 추진하는 경제발전에 긍정적으로 기여하리라 판단한 것으로 보인다.

협상은 중국 측이 한국의 요구에 따라 한반도의 평화적 통일과 비핵화를 지지한다는 입장을 표명하고, 한국은 중국의 요구를 수용해 중화인민공화국을 유일 합법정부로 '승인(recognize)'함으로써 비교적 쉽게 합의에 이르렀다. 물론 중국의 6·25 참전에 대한 한국 측의 유감 표명 요구에 대해 중국 측은, 중국의 6·25 참전이 중국 국경지대에 대한 위협에 대처하기 위한 것이었으며 양국관계 정상화와 무관하다는 입장을 수석대표가 표명하고, 한국 측이 이를 언론에 공개한다는 데 동의하는 대신 수교 성명에서는 빠졌다. 이러한 과정을 거쳐 한·중 양국은 1992년 8월 24일 양국 외교장관이 북경에서 역사적인 수교공동성명을 발표한다.

결국 한·중 양국의 국교수립은 1983년 중국 민항기 송환 교섭으로 양국 정부 간 접촉이 시작된 이후 약 9년이 소요되었다. 이 기간 동안 수교를 촉진하는 여러 가지 환경 변화가 있었는데, 가장 큰 변화는 국제적으로 1980년대 말 냉전체제의 종식으로 각국이 이념보다는 실용주의 외교를 추구하기 시작했다는 점이다. 이에 따라 1989년 헝가리를 선두로 1990년 9월 소련에 이르기까지 대부분의 동구권 국가들이 한국과 수교했다. 중국으로서도 개혁·개방정책의 지속적 추진을 위해 전방위 외교를 강화할 필요가 있었다. 또 1986년 서울아시안게임, 1988년 서울올림픽게임, 1990년 북경올림픽게임 등 중요 국제체육대회가 양국에서 개최됨으로써 자연스럽게 한·중 간 접촉이 활발해졌다. 이와 함께 1991년 11월 아시아태평양경제협력체 회의 참석 차 방한한 첸치천 외교부장에게 노태우 대통령이 직접 수교 의지를 표현했다는 점도 중국으로 하여금 한국과의 수교가 필요하다고 확신시켜준 요인으로 평가할 수 있다. 그러나 무엇보다 가장 중요한 요인은 남북한이 유엔에 동시 가입하고 남북한이 기본합의서에 서명함으로써 북한에 대한 중국의 외교적 부담이 줄어들면서 북한을 크게 의식하지 않고 한국과의 수교를 결정할 수 있게 된 점이다. 사실 한·중 수교회담은 이를 확인하는 과정이었을 뿐이다. 수교회담이 불과 두 달 안에 종료될 수 있었던 것도 이를 잘 말해준다.

그러나 수교 과정에서 몇 가지 점검해야 할 점도 있다. 우선 노태우 정부 말기에 지나치게 서둘러 한국의 국가이익이나 협상 목표를 제대로 관철시키지 못했다는 지적이다. 당시 중국의 필요도 있었던 만큼 끌려가는 협상을 할 필요가 없었다는 주장도 되새겨볼 만하다. 또한 중국의 북한에 대한 편향성을 확실히 제어하지 못함으로써 결과적으로 중국이 북한의 비핵화를 최우선 순위로 추진하지 않았다는 비판도 있다. 사실 수교협상에서 중국이 한·중 양자관계보다는 기존의 '대국외교'적 전략 차원에서 한반도 문제를 주변국 문제로 보는 태도를 견지했음은 주지의 사실이다. 특히 단교하면서 대만을 제대로 배려하지 못했다는 비판도 여전히 남아 있다. 향후 중국과의 협상에서 타산지석으로 삼아야 할 대목이다.[7]

## 5. '성숙한' 관계: 위기의 전조와 사드의 습격

한·중관계는 1992년 수교 당시의 '우호관계' 단계를 거쳐 1998년 '협력동반자관계'를 맺었고, 2003년에는 이를 '전면적 협력동반자관계'로 격상시켰다. 그 후 2008년에는 이명박 대통령의 중국 방문을 계기로 '전략적 협력동반자관계'로 발전했고, 2013년 박근혜 대통령과 시진핑 국가주석은 '성숙한 전략적 협력동반자관계' 설정에, 2017년 12월 문재인 대통령과 시진핑 국가주석은 '실질적 전략적 협력동반자관계'에 합의했다.[8] 양국관계는 적어도 한국의 사드 배치로 인한 갈등이 폭발하기

---

7   상대적으로 1992년 4월 중국은 양상쿤(楊尙昆) 국가주석이 평양을 방문하여 북한을 다독였고, 그해 7월에는 첸치천 외교부장이 평양을 방문해 "한·중 수교 시기가 성숙했음을 전달하면서 북한의 이해와 지지를 구한다"는 장쩌민(江澤民) 국가주석의 친서를 전달했다.

8   중국은 비공식적이기는 하지만 대외관계를 혈맹관계, 전통우호관계, 동반자관계, 선린우호관계, 우호관계로 구분하고 있다. 역사적인 맥락을 갖는 혈맹이나 전통적 우호관계 외에 최고 단계가 동반자관계이며, 최상위 개념은 '전략적'이라는 수식어가 따라야 한다. 중국의 대외관계에서 '전략적'관계의 개념이 모호해지고 내용이 형식적 수사를 초월하는 경우도 있지만, 일단 혈맹이나 전통적 우호협력관계를 제외하고는 최상위급 단계가 구축된 것은 사실이다. 그럼에도 필자가 만나본 중국 외교관들이나 학자들은 사견임을 전제로, 중국의 수사적 대외관계 설정은 기본적으로 상대국의 요구에 따라 결정되는 것이 대부분이며, 국가적으로나 정책적으로 특별한 의미를 내포하는 것은 아니라고 주장한다.

내일을 읽는 한·중관계사

전까지 '사상 최고의 우호협력관계'나 '더 이상 좋을 수 없는 관계'라고 표현되면서 표면적으로 세계외교의 기적으로 불릴 만큼 비약적 성과를 거둔 것도 사실이다.

전체적인 한·중관계 발전의 궤도를 분석해보면 매 시기별로 중국은 매우 자기중심적인 대외 논리에 따라 한·중관계의 발전 원칙을 설정한 것으로 보인다. 이러한 측면에서 보면 한·중 수교는 당시 중국이 채택한 적극적인 주변 외교정책의 일환이었다. 협력동반자관계로 양국관계를 격상한 1998년은 중국이 국제사회에서 '책임 있는 대국(負責任的大國)'을 천명한 시기다. 공교롭게도 양국이 '전면적 협력동반자관계'를 구축한 2003년은 중국이 국제사회의 평화발전을 주도하겠다는 평화발전(和平發展)론 시기와 맥을 같이한다. 수사상으로는 최고 단계인 전략적 협력동반자관계를 구축한 2008년은 중국이 자국의 부상을 공식화하고 소위 G2로 자임하는 시기와 일맥상통한다. 이는 중국이 자국의 영향력 제고 단계에 따라 한국의 요구도 수용하면서 한반도에 대한 영향력을 배가한다는 차원에서 양국관계의 발전과 심화를 도모하는 정책을 취했기 때문이다.

수교 이후 한·중관계는 기존의 구조적 벽, 즉 한·미동맹관계와 한·중 전략적 협력관계의 차이, 그리고 중국과 북한의 특수관계의 벽을 넘지 못했다. 물론 경제 교류의 성과는 분명히 괄목할 만하다. 중국은 한국의 최대 교역국이 되었으며, 한국 역시 중국의 4대 무역국으로 발전했다. 수교 당시의 교역액 64억 달러에서 2017년에는 2400억 달러를 기록해 무려 37배가 성장했다. 한국 전체 수출실적의 26퍼센트가 대중 교역에서 이뤄졌고 수입 비율도 20퍼센트를 넘는다. 경제 교류가 인도한 한·중관계는 정치·외교 및 사회·문화, 군사·안보 등 전 영역으로 확대되었다. 한국에서의 중국 붐[漢潮]과 한류의 영향으로 양국 간 사회·문화 영역의 접촉과 교류도 크게 증가하고 있다. 그러나 이러한 경제·사회 분야 교류와는 달리 정치·외교 분야나 군사·안보 분야는 상대적으로 발전이 더디다. 경제 분야나 사회문화 등의 교류에서는 성과를 거두었지만, 수교 목표 중의 하나였던 한반도의 평화와 안정 유지라는 목표는 북핵 문제로 인해 더욱 복잡해졌기 때문이다.

사드 사태 발생 이전에도 한·중관계가 순탄했던 것만은 아니다. 특히 2000년대 이후 중국 국력이 급격하게 팽창함에 따라 안보 이슈 등에 있어서는 상호협력보다는 자국이익 중심의 외교를 전개하면서 마찰의 조짐이 나타나기 시작했기 때문이다. 특히 미·중 간의 세력 전이를 둘러싸고 중국이 북한을 하나의 전략자산으로 새롭게 인식함에 따라 한·중 협력에도 문제가 생기는데, 이는 양국 간의 인식론적 차이에 기인한다.

우선, 한반도 통일에 대한 인식의 차이를 들 수 있다. 중국은 남북 쌍방의 협상에 의한 평화통일을 지지한다는 원칙을 견지하고 있지만, 중국에 대한 북한의 전략적 자산의 가치를 인정하여 북한체제의 지속과 북한 정권의 유지에 적극적이다. 또한 비핵화 과정에서 북한이 위기에 빠지지 않도록 제재 국면을 피하면서 최소한의 지원을 계속하고 있기도 하다. 때문에 상당수 한국인들은 중국이 한국 주도의 통일을 불원한다는 인상을 갖고 있으며, 핵을 가진 북한마저 옹호한다는 인상을 받고 있다.

둘째, 북핵 문제에 대한 이견이 존재한다. 중국은 북한을 포함해 한반도 내에서의 핵 불용을 천명하면서도 미국의 대북 압력과 위협이 북핵·미사일 개발의 근본 원인이라는 입장이다. 북핵은 결코 제재와 압박으로는 해결될 수 없다면서 국제사회의 대북 제재 대신 평화적·외교적 해결을 지지한다.

셋째는 중국의 한·미동맹에 대한 부정적 시각도 있다. 특히 중국은 미국과의 전략적 경쟁이 심해지면서 한·미동맹을 미·일 안보동맹처럼 대중국 봉쇄정책의 일환으로 민감하게 보기 시작했다. 이 때문에 한국 내 사드 배치도 미국이 한국을 대중 견제의 기지로 활용하는 데 한국이 호응, 또는 묵인하는 것으로 간주한다. 이에 따라 주한미군의 한국 주둔에도 원칙적으로 반대를 표명하면서 주한미군의 대중국 역할을 주시하고 있다.

또한 2010년 천안함 사태나 연평도 포격 사건에서 보인 중국의 입장과 태도도 중국의 대북 인식론을 그대로 반영하고 있다. 한국 측은 명확한 공격 실체가 있는 사건에 대해서도 중국이 북한을 감싸는 태도에 실망했다. 아울러 탈북자 문제에 대해서도 이견이 존재한다. 중국은 탈북자들은 중·북 간의 문제로 제3자인 한국의 개입은 불가하다는 입장이다. 따라서 중국은 중국 내 외교공관에 진입한 탈북자 이외에는 북한과의 양자협정에 따라 이들을 모두 북한에 송환하고 있다. 한국은 탈북자들은 난민에 해당하므로 중국 측에 탈북자의 강제송환 방지를 요구하고 있으나 중국 측의 호응을 얻지 못하고 있다.

이외에도 양국관계를 힘들게 했던 몇 가지의 큰 사건들도 있었다. 2000년에 발생한 마늘분쟁은 경제적 문제의 정치적 처리라는 선례를 남기면서 한국이 중국의 압력에 굴복해 정상적인 수입 제한 조치를 거뒤들인 대표적 사건으로 중국의 '힘 자랑'이 투영되는 좋지 못한 결과를 남겼다. 한국의 고구려사를 자국의 변방 소수민족 역사로 편입하려는 동북공정도 여전히 양국 발전을 저해하는 요소로 잠복해 있다. 중국은 한국 정부와 민간의 격렬한 반대를 의식하여 이 같은 문제를 양국 학술 기관의 공동연구를 통해 해결한다는 데 동의하며 구두(口頭)로 봉합했으나 중국 내부적으로는 사실상 모든 기록물이나 유적에서 고구려사가 중국사의 일부라는 작업을 계속해나가고 있는 것으로 보인다. 또한 중국 어선에 의한 서해불법 조업 문제는 한국 측의 지속적인 요구에도 불구하고 근절되지 않고 있으며, 최근에는 동해에까지 중국 어선들이 출몰하고 있다.

그럼에도 수교 이후 한·중관계는 동북아 정세에 대한 인식의 차이에도 불구하고 민감한 쌍무관계가 발생할 때마다 대화와 소통을 위한 노력을 시도했고, 나름대로 결과를 도출한 것도 사실이다.

그러나 2016년 7월, 한국 정부의 사드 배치 방침 결정으로 한·중관계는 수교 이후 최대 위기를 맞는다. 북한 요인을 둘러싼 군사안보 영역에서 첨예한 문제가 발생하자 이에 대한 직접적인 소통 경험이 없는 양국은 서로의 주장만 내세운 채 기본적인 대화채널조차 가동하지 못했다. 수교 이후 25년이 경과했지만 한국은 북한 요인에 의도적으로 둔감했던 중국을 상대로 정치, 외교, 안보, 군사적 측면에서 효과적인 위기관리 및 해결 메커니즘을 구축하지 못했음을 드러냈다. 결국 사드 배치를 둘러싼 양국의 갈등 증폭은 그동안 서로가 피해왔던 외교안보 문제에 대한 상호인식이 극명하게 달랐음을 보여주는 대표적 사례로 한·중관계의 구조적 취약성을 여실히 드러낸 사건이다.

사드 배치에 관해 한국 정부는 현존하는 '북한의 핵과 미사일 위협에 대한 불가피한 조치'라는 입장이지만, 중국 정부는 '한국의 사드 배치는 중국의 전략적 이익을 침해하는 행위로 전략적 균형을 해쳐 중국의 국가이익을 훼손하는 행위'라며 사드 배치 철회를 계속 요구하면서 북핵과 사드는 별개 사안이라는 입장을 고수한다. 북핵이 사드 배치를 촉발하는 원인이라는 한국 입장과 근본적인 인식 차를 보이는 것이다. 이에 대해 한국 측은 중국이 한국이 느끼는 '북한의 직접적 군사 위협'을 도외시한 채 자국의 안보이익만을 강조한다고 생각한다. 더 큰 문제는 외교, 안보적인 사안에 대해 중국이 경제 보복 조치를 취했다는 점이다. 중국은 최근 수년간 각기 다른 이유에서 일본, 베트남, 필리핀, 몽골, 대만 등에도 경제 보복 조치를 취한 적이 있다. 사드 사태로 인한 한국에 대한 경제 보복 역시 같은 맥락이다. 중국 정부의 직간접 개입으로 중국인 관광객의 급감, 중국 내 한국 기업의 활동 위축, 각종 문화 협력 사업 등이 취소되거나 위축되었으며, 그 여파로 일부 한국 기업들은 커다란 피해를 입었다.

한국은 사드 배치로 인한 경제 보복에 대한 돌파구를 마련하고자 했고, 중국은 2017년 한국 대선 과정에서 사드 문제에 대한 전향적 처리를 밝힌 문재인 정부에 상당한 기대를 걸었다. 문재인 정부는 북한 비핵화 목표 달성을 위해서 중국과의 협력이 필요했고, 중국도 한반도 남북에 영향력을 유지하기 위해 사드 문제의 돌파구가 필요했다. 이에 따라 양국은 2017년 10월 31일, 사드로 인한 갈등을 종료하고 각 분야에서의 조속한 교류 정상화에 합의했다. 이 합의는 양국이 기본적으로 한반도 사드 배치 문제에 대한 각자의 기존 입장을 그대로 유지하면서 교류

협력 강화가 양측의 공동 이익에 부합한다는 데 공감한다는 내용이 핵심이다.[9]

이렇게 양국의 노력으로 관계 복원에는 합의했지만 내용적으로는 또 다시 아쉬움을 남겼다. 우선 합의서 내용에 중국의 입장은 자세히 기술됐지만 한국 입장은 구체적이지 못한 비대칭성이 눈에 띈다. 특히 사드 문제와 관련해서 한국이 "중국 측의 사드 문제 관련 입장과 우려를 인식하고 한국에 배치된 사드체계는 그 본래 배치 목적에 따라 제3국을 겨냥하지 않는 것으로서 중국의 전략적 안보이익을 해치지 않는다는 점을 분명히 했다"고 명시했다. 표면적으로는 사드가 중국을 겨냥하지 않는다는 우리 입장이 표현된 것으로 보이지만 사드가 중국의 '전략적 안보이익'과 연관되어 있다는 중국 주장이 더 강조되었다. 아울러 중국은 한국에 배치된 사드체계를 반대한다고 재천명하고, 한국 측의 입장에는 '유의(take note of)'를 표명해 '북핵으로 인한 사드 배치'라는 한국의 주장이 표출되지 않았다. 또한 한국 측이 관련 문제를 적절하게 처리하기를 희망했다는 중국의 주장도 들어가 있어 향후 불씨를 남겼다. 역시 중국은 자국의 핵심 이익만을 집요하게 강조하는 모습을 보여주었다. 이러한 합의에도 불구하고 양국관계가 정상화되지 못하자 문재인 대통령이 2018년 3월 한국을 방문한 양제츠(杨洁篪) 국무위원에 대해 양국관

---

9  사드 합의와 관련된 대중 저자세외교 논란에 대해 합의 체결 전날인 10월 30일, 강경화 외교장관은 국회 국정감사에서 "사드 배치와 관련해 미국이 주도하는 미사일 방어(MD)체계에 가입하지 않고, 사드 추가 배치는 검토하지 않으며, 한·미·일 안보 협력이 군사동맹으로 발전하지 않는다"는 3불 정책을 표명하면서, 이는 저자세외교가 아니라 기존의 우리 입장을 반복 확인해준 것이라고 답변했다.

내일을 읽는 한·중관계사

계의 조기 정상화를 재 촉구한 바 있다.

사드 문제를 한·중관계의 새로운 전환점으로 보는 것은 이 문제가 수교 이후 전개된 한·중관계의 비대칭성이 응축돼서 나타난 결과이기 때문이다. 게다가 중국이 경제력과 군사력 부상에 힘입어 외교 목적 달성을 위해 힘을 통한 압력 행사 방식을 사용하기 시작했다는 점을 눈여겨보아야 한다. 향후 중국이 대외관계에서 본격적으로 힘을 통한 문제 해결을 시도할 경우 이는 당연히 한국의 경제, 안보에 직간접적으로 영향을 미칠 수밖에 없다. 따라서 보다 근본적인 차원에서 양국 발전의 핵심 문제들을 종합적으로 살펴보는 작업이 필요하다. 사드 갈등의 폭발로 우리는 다시 한 번 중국은 과연 우리에게 무엇인가라는 화두를 던지면서, 또한 한국은 중국에게 무엇인가도 반문해야 하는 기회를 맞았다. 이제 우리는 분명한 대중국 전략 수립을 위한 총체적인 고민을 새롭게 시작해야 하는 중요한 시점에 봉착해 있다.


## 6. 새로운 시대의 한·중관계를 위하여

한·중 수교 이후 현재까지 양국관계를 종합 평가해보면 우선 실질 분야에서 폭발적인 관계 발전을 이루었으며, 전 세계를 상대로 전방위 외교가 가능하도록 외교 영역이 확장되었다는 점을 긍정적으로 평가할 수 있다. 그러나 한편으로 여러 가지 중요한 과제를 남겼다는 점에서 당초 한·중 수교의 목적을 반추해보는 것은 의미가 있다. 우선, 수교의 주요 목적이었던 북한의 개방이나 비핵화를 위해 중국의 협력을 충분히 얻어내지 못했다. 또한 사드 사태에서 보듯 위기 수습을 위한 위기 관리 채널 수립도 미흡했다. 경제적인 측면에서는 중국 경제의 급부상에 대비하지 못한 결과, 이제 거의 전 산업이 중국 경제의 영향을 받게 되었으며, 연간 1000만 이상의 인적 왕래에도 불구하고 양국의 체제 차이로 인해 민간 차원의 진정한 교류와 소통도 이상적이지 못하다. 사회주의 중국체제의 매커니즘이나 운용 방식, 상관행이나 협상 스타일 등에 대한 우리의 이해 부족으로 우리 기업이나 정부기관들이 많은 어려움을 겪었다. 고도로 훈련되고 전문화된 중국 고위층 인사들에 비해 우리 측 인사들의 준비 부족과 이해 부족, 사회 각 분야의 중국 전문가 부족 현상 역시 항상 지적되어온 점들이다. 중국과의 사이에서 민감한 이슈가 발생할 때 우리의 대응 방식이 다분히 감정적이고 즉흥적이지 않았는지도 지적하지 않을 수 없다.

이제 새로운 한·중관계 정립을 위해 해야 할 일들이 있다. 한·중관계에는 양자관계에 영향을 미치는 다양한 복합 요소들이 있다. 이 요소들에는 기본적으로 2000년에 걸친 한·중관계에서 누려온 주도적 지위를 기억하는 중국 측의 역사에 대한 패턴화된 기억과 거대 중국의 대외전략 변화, 오랜 한·미 동맹관계와 1992년 수교 이후 형성된 한·중 협력관계의 차별성, 그리고 중·북 간 특수관계 및 북핵에 대한 서로 다른 인식 등이 얽혀 있다. 또 경제적으로는 한·중·일 3국 간 산업분업체제(value chain)의 와해나 양국 간 주력 수출품의 경쟁성도 양국관계의 긴장 요인이 될 수 있다. 인접한 해양이나 공중에서 양국 간 안보이익의 충돌 가능성도 상존한다. 결국 양국관계는 이들을 어떻게 인식하고 대응하느냐에 따라 미래 발전 방향이 결정될 수밖에 없다.

중국은 2050년 세계 최강국 목표 달성을 위해 중국공산당의 강력한 리더십을 바탕으로 외교적 공세주의와 군사적 확장주의를 지속할 것이다. 그것은 힘을 바탕으로 한 전형적인 강대국 외교의 패턴으로 나타날 것이다. 한국은 이러한 중국을 상대로 보다 장기적인 우호협력관계 구축을 최우선 목표로 해야 한다. 북한의 비핵화와 동북아 평화 정착, 그리고 우리 경제의 지속적 성장을 위해 중국과의 지속적이고 협력적인 관계를 확대 발전시키는 것은 한국에 매우 중요한 목표이기 때문이다.

　이러한 차원에서 향후 한국의 대중국 전략은 정치·외교적인 측면에서는 미·중 간의 갈등 심화 구조나 북한 비핵화의 불확실성 속에서 한·미동맹과 한·중 전략적 협력의 조화로운 추진이라는 기존 외교전략을 적극 추진해나갈 수밖에 없을 것이다. 경제적인 측면에서는 여전히 중국과의 협력을 강화하면서 정부와 기업이 협력하여 4차산업 분야에서 중국의 혁신과 굴기에 대응한 새로운 협력모델을 구축하고 추진해나가야 한다. 사회·문화적으로는 전통시대 중국에 대한 이해를 넘어 현대 사회주의 중국체제에 대한 이해도 제고를 위한 노력도 필요하다.

　이러한 목표를 추진해나가는 과정에서 정부나 기업 등 각 행위자들이 반드시 유념해야 할 몇 가지 원칙도 있어야 한다.

　우선, 우리의 대중국 외교정책은 미국이나 일본, 러시아, 인도, 아세안 등을 포함한 지정학적인 전략적 고려 속에서 종합적으로 검토되고 다루어져야 한다. 그래야만 우리의 대중외교에 힘이 실리게 될 것이다. 또한 중국의 압력행사에 의연하게 대처해야 하며, 국제법과 원칙에 따라 협상을 진행하되 항상 일관되고 분명한 입장을 견지해야 한다. 아울러 중국과의 문제 발생 시 흥분하거나 여론에 밀려 즉흥적으로 처리하지 않아야 하며, 이를 위해 양국 간에 문제가 발생했을 때 이를 처리하기 위한 제도화, 전문화를 계속 추진해나가야 한다. 현재의 중국은 우리와는 전혀 다른 사회주의체제라는 것을 인식하고 사회주의 중국의 운용 메커니즘이나 중국공산당의 전략 전술에 대해서도 전문적이고 심도 있는 연구가 필요하다.

오늘날의 한·중관계는 과거와는 전혀 다른 차원에 놓여 있다. 무엇보다 양자의 관계를 둘러싼 환경이 과거와는 사뭇 다르다. 과거에는 한·중관계가 강자인 중국과 일대일의 관계였다면 오늘날은 한국과 중국 모두 미국, 러시아, 일본 등 많은 주변 강국들과 다원협력 및 상호 견제와 균형 유지를 통해 공존을 도모하고 있다.

또 오늘날의 한국은 전통시대와는 비교할 수 없을 정도로 절대 국력이 성장했다는 점도 중요한 변화 중 하나다. 인구 5000만에 세계 15위권 경제 규모의 국가이자 민주주의와 시민의식이 살아 있는 체제 우월성을 가지고 있다는 점도 과거와는 전혀 다른 점이다. 또한 우리는 어느 나라보다도 중국을 가장 잘 이해할 수 있는 강점도 가지고 있다. 그럼에도 정부만으로는 14억 중국을 상대로 성공적인 외교를 수행할 수는 없다. 모든 사람이 공공외교의 주체라는 인식 하에 중국에 대한 공통의 전략적 마인드를 가지고 함께 접근하는 준비가 절실히 요구된다.

우리는 폐허에서 성공적으로 산업화를 달성하고 민주화까지 이룩한 고귀한 경험을 갖고 있다. 우리가 이러한 경험과 자신감을 바탕으로 여유 있고 의연한 태도로 중국을 바라보고, 중국이 이에 호응한다면 향후 한·중 양국은 진정한 이웃으로, 또 믿음직한 파트너로 거듭날 수 있을 것이다.

# 오늘의 시각에서
# 다시 묻는 한·중관계사

**백영서**

연세대학교 사학과 명예교수. 중국현대사 전공. 주요 저서로는 『思想東亞』(2011),
『핵심현장에서 동아시아를 다시 묻다』(2013), 『사회인문학의 길』(2014), 『橫觀東
亞』(2016), 『共生への道と核心現場』(2016)가 있다.

중국은 한국에게 '엄청난 운명'. 종합월간지 《신동아》 1974년 2월호 중국 특집 취지문에 나오는 표현이다. 미국과 중국이 화해를 추진하자 냉전 진영 논리에 길들여진 한국인들이 받은 충격을 소화하는 과정에서 새삼 중국의 존재를 숙고하게 된 것이다. 그런데 지금도 우리는 위와 같은 심정에 공감하고 있는 건 아닐까.

오랜 한·중관계의 역사에서 막간극처럼 짧은 냉전기의 단절을 거쳐 국교를 수립한 지 30년이 다 되어가는 지금, 한·중관계는 변화 내지 조정의 시기를 맞고 있다. 1992년 국교가 정상화된 이래 한·중관계는 더 없이 좋은 시기를 보냈다. 2000년대 들어와 동북공정으로 한때 중국에 대한 경계의 소리가 불거졌지만, 2016년 사드(THAAD, 고고도미사일방어체계) 배치로 갈등이 불거지기 전까지 대체로 밀월기를 가진 한·중관계는 이제 재조정의 단계, 이른바 뉴노멀(new normal) 단계로 들어간 것으로 보인다. 여기에는 중국의 대국굴기(大國崛起)와 미국의 상대적 쇠퇴로 인해 동아시아에서 격화된 미중 간 세력 경쟁이 그 배경으로 작동하고 있다. 이 상황은 우리의 외교적 역량, 더 나아가 중국에 대한 인식 자체를 시험하고 있다.

이런 상황 인식을 공유한 필자는 오늘의 시각에서 한·중관계사를 되돌아보는 작업을 기획했다. 특히 한·중관계사 속에서 한·중관계의 바람직한 미래를 구상하고 실천할 '교훈'을 얻고자 공동연구를 추진했다. 이러한 작업을 '역사정책학'이라 부르면 어떨까. 역사로부터 시사를 얻겠다는 문제의식을 공공정책 차원에 적용하여 본격적인 학문적 탐구의 대상으로 삼는다는 뜻이다. 단순히 어떤 정책의 역사적 배경에 대한 정보를 소개하는 데 그치지 않고, 현재의 정책적 선택지를 다양하게 생각하기 위해 과거를 적극적으로 활용하려는 새로운 방식을 말한다. 그 구체적인 하나의 방법은, 참고하려고 하는 선례를 둘러싼 '역사적 전제'—국제관계이든 국내 여러 조건이든—의 차이를 명확하게 하는 '전제들의 비교'를 진행하고, '역사의 유추'의 사례와 '현재 직면하는 문제' 간의 유사성과 이질성을 밝히는 '유추의 해석'을 시도하는 정도로 우선 생각해보았다.

그런데 이 낯선 용어나 이에 담긴 문제의식은 역사 연구자가 다수인 공동연구진이 수행하는 작업 시초부터 논란이 되었다. 역사의 유추를 오용하면 미래를 잘못 전망하게 되기 쉽기에 어떻게 하면 역사를 오용하지 않고 잘 활용할 수 있을까를 진지하게 논의했다. 그 결과 모든 참여 연구진이 역사정책학에 합의한 것은 아니나, 적어도 열강에 둘러싸인 한반도의 지정학적 조건에 모든 설명을 환원시켜서는 안 될 뿐만 아니라, 한·중관계사를 규정한 (것으로 간주되는) 조공·책봉 등 역사적 관행과 제도를 변화하는 시간의 흐름 속에 놓고 역사적 산물로 상대화하자는 문제의식을 공유했다. 더 나아가 역사상 한반도의 평화와 안정 내지 한·중관계의 안정적 발전이 동아시아 안정에 필요하다는 역사적 사례를 찾고 이것을 체계적으로 설명해보자는 의도도 어느 정도 공유했다.

내일을 읽는 한·중관계사

## 우리가 함께 나눈 기본 시각

우리 연구진이 공동연구 과정에서 함께 나눈 기본 시각을 좀 더 설명해보겠다.

첫째, 한·중관계사를 다시 묻고자 할 때 착시현상을 경계해야 한다. 달리 말하면 결과론적 해석을 피해야 한다는 것이다. 이것은 후세를 사는 우리가 어떤 역사적 사건이나 경과의 결과를 이미 알기 때문에 빠지기 쉬운 함정을 말한다.

예를 들면 바로 이해할 수 있을 것이다. 이익주는, 14세기 후반에 원이 몰락하고 명이 등장함으로써 결국 원·명 교체가 이루어진 것은 사실이지만 여기에 주의를 기울여야 할 착시현상이 나타날 수 있다고 일깨워준다. 하나는, 1356년 반원운동을 계기로 고려가 원의 영향에서 완전히 벗어났다고 보는 것이고, 다른 하나는 1368년 명이 원의 수도였던 대도(大都)를 점령하는 것으로 원·명 교체가 완료되었다고 간주하는 것이다. 그런데 실제로는 반원운동 이후에도 고려는 여전히 원과 책봉·조공관계를 유지했고, 원이 멸망한 것은 대도 함락 이후 20년 뒤인 1388년의 일이었다. 이 20년 동안 원과 명이 각축을 벌였는데, 특히 고려와 인접한 요동 지역에서는 원의 세력이 1387년까지 건재했다. 그 때문에 1370년 고려가 명과 책봉·조공관계를 수립한 뒤에도 동아시아의 국제질서는 여전히 유동적이었다.

다른 예를 하나 더 들어보자. 구범진이 지적하듯이, 병자호란에 대해 오늘날 우리는 당시 조선의 위정자들이 시대 변화에 어두웠다고 쉽게 비판한다. 하지만 이는 어디까지나 청의 중국 정복이라는 역사의 최종 결말을 알고 있기에 가능한 결과론적 해석에 불과하다. 병자호란 무렵의 조선은 명의 국력 쇠퇴를 분명히 인식하고 있었지만, 겨우 10년도 지나지 않아 명조가 멸망의 길에 들어서리라고는 상상조차 할 수 없었다. 이 점에서 명은 두말할 나위 없거니와, 심지어 청조차도 다를 바 없었다. 게다가 당시 조선이 명과의 관계를 단절하는 일은 단지 신념, 가치, 심성 등 이념적 차원에서 뿐만 아니라 현실적인 힘의 관계 차원에서도 선택하기 힘들었다.

둘째, 역사세계에서 한국과 중국이 각각 하나의 단일한 실체로 지난 2000년 동안 존재했다고 본다면 이것은 실제와 거리가 멀다. 실제는 각각의 왕조의 명칭이 다양하게 바뀌었을 뿐만 아니라, 동아시아의 국제 질서가 일원적 것이 아닌 것, 달리 말하면 중국이라는 큰 중심과 작은 중심들로 이뤄진 중층적 국제질서였다는 뜻이다. 이 질서가 역사 전개 속에서 응축되거나 이완되어 왔다고 볼 수 있는 것이다.

지금의 '한국'은 좁은 의미로는 한반도 남쪽의 대한민국을, '조선'은 북쪽의 조선민주주의인민공화국을 가리키지만, 넓은 의미로는 한반도의 역사세계에서 존재해온 역사적·문화적 실체를 통칭하기도 한다. 게다가 한국, 또는 한국 역사의 공간 범위를 한반도에 국한시켜 논의를 전개하기 쉬운데, 발해사를 논외로 하더라도 고조선사, 부여사, 고구려사 등이 포함된 고대사의 경우 그 공간범위가 한반도를 넘어 중국 대륙의 일부까지 확장된 것으로 간주될 수 있다.

마찬가지로 '중국'이라는 명칭은 좁은 의미로는 오늘의 중화인민공화국을 가리키나, 넓은 의미로는 중국 대륙에서 명멸했던 여러 왕조를 포괄하는 역사적·문화적 실체를 말한다. 사실 중국이 국호로 사용된 것은 그리 오래된 일도 아니고, 그전에 주로 역대 왕조의 명칭으로 그 대상을 불렀다. 중화인민공화국을 중국이라 부르는 것이 지금은 아주 익숙하지만, 냉전기에 우리가 대만(중화민국)을 중국이라 불렀듯이, 중국이라는 명칭은 역사적 맥락에 따라 우리에게 다른 의미를 갖는다. 특히 중국 대륙의 역사세계에는 한족왕조뿐만 아니라 북방 유목민족이 세운 정복왕조도 있고 두 왕조가 병존한 시기도 있는 만큼, 쉽게 하나의 실체로 개괄해 인식해서는 안 된다.

그럼에도 불구하고 우리는 무의식적으로, 또는 편의적으로 중원왕조 또는 중국왕조라는 표현으로 모든 왕조를 묶어서 한반도와 대응하는 대상으로 삼는다. 예컨대, 한반도 삼국 간에 중국 대륙에 존재한 왕조에 대한 인식의 차이가 있었듯이, 중국의 북조와 남조 사이에도 책봉·조공관계에 대한 인식의 차이가 얼마든지 있을 수 있었다. 그런데도 중국 내 여러 왕조 간의 인식 차이를 중시하지 않는다면 문제가 아닐 수 없다. 적어도 중국왕조 내부의 큰 차이가 있었을 가능성을 간과하지 않아야 역사세계의 실상에 더 가까이 다가갈 수 있다.

셋째, 역사 교훈의 오용과 남용의 문제에도 각별한 주의를 기울여야 한다. 역사 이해에서 가정법은 이미 확정된 것으로 알고 있는 역사를 새롭게, 또는 깊이 이해하게 돕는 매력이 있다. 예를 들면, 고구려에는 신라에 별다른 대가를 지불하지 않고 국경을 접한 신라와 연대할 좋은 기회가 있었다. 만약 실제로 이러한 선택을 했다면, 고구려는 남쪽 국경을 안정시키고 서북 국경에 군사력을 집중해 당의 침공을 더욱 효과적으로 방어할 수 있었을 것이다. 경우에 따라서는 여호규처럼 서북방으로 다시 진출할 기회를 잡았을 지도 모른다고까지 가정해볼 수 있다.

예를 하나 더 들어보자. 임진왜란 시기 조선이 일본에 머리를 숙이거나 미리 명에 도움을 청했다면 어땠을까? 왜 그런 일을 하지 않거나 못했을까? 명나라가 참전하지 않았다면 조선은 망하지 않았을까? 한명기가 제안하듯이 이런 점을 서술해주면 독자에게 일종의 교훈을 줄 수 있을 것이다. 그래서 역사 가정은 종종 역사 서술에 활용되지만, 그것이 위에서 지적한 착시와 결합되면 매우 위험하다. 또한 역사 유추에서 교훈을 직접 가져오는 것은 역사를 오용하는 실수를 범하기 쉽다. 역사란 언뜻 반복되는 것처럼 보이지만 똑같이 반복된다는 보장은 없기 때문이다.

흥미로운 두 사례가 본문에 나온다. 고구려가 독자세력권을 구축했던 종전의 다원적 국제질서에 대한 인식을 바탕으로 7세기 이후의 수당으로 일원화된 국제정세의 변화에 대처했기 때문에 새로운 국제질서에 적절히 대응할 외교정책을 마련하는 데 실패해 멸망했다고 여호규는 판단한다. 그리고 병자호란기에 청은 이전의 정묘호란의 경험에서 배워 그전과 달리 개전 초기 서울을 기습 타격하는 전격 작전과 전방의 조선군 방어 거점들을 그대로 지나치는 통과작전을 구사함으로써 조선의 방어전략을 무력화시켰다. 반면에 조선의 방어전략은 기본적으로 정묘호란의 경험을 그대로 교훈 삼았기에 남한산성에 갇힌 채 패배했다고 볼 수 있다. 이것이 구범진의 해석이다.

## 한·중관계사의 주요 초점

이상과 같은 기본 인식을 바탕으로 한·중관계사의 구도를 점검해보는 과정에서 우리의 개별 관심사가 몇 개의 초점으로 모아졌다. 이것을 필자 나름으로 정리해보겠다.

필자는 전에 다른 글에서[1] 한중관계사를 '변하는 것'과 '변하지 않는 것'의 상호작용으로 파악해본 적이 있다. 이 내용을 먼저 요약해보겠다.

한·중관계의 역사를 돌아볼 때 '변하지 않는 것'은 무엇일까. 먼저 지적할 것은 양자관계의 비대칭성(非對稱性)이다. 중국과 그 주변 한국 (또는 한반도) 사이에는 영토와 인구의 크기 같은 단순한 물질적 규모뿐만 아니라 역사적·문화적 규모에서도 엄연히 차이가 존재한다. 그다음으로 근접성(近接性)이다. 중국 동북(東北) 지방에 연접(連接)하고 황해를 사이에 둔 한반도의 지리적 근접성은 한·중관계를 규정하는 핵심적 조건인데 이로부터 파생된 역사적·문화적 근접성 또한 쉽게 인정된다. 이 근접성으로 인해 긴밀한 한·중관계의 역사는 면면히 이어져왔다.

마지막으로 한·중관계에서 차지하는 한국의 위치/역할의 중요성이다. 동아시아사의 전환기마다 한국의 태도 여하에 따라 동아시아의 질서가 잘 유지될 수도 있고 갈등을 일으킬 수도 있었으니 한국이 중국에 미친 영향은 결코 작다고 볼 수 없다.

그렇다면 '변하는 것'은 무엇인가. 전통시대의 한·중관계가 소수의 권력층에 의해 주도된 것과 달리, 20세기부터 한·중관계를 형성하는 주체가 점차 다양해지고, 또한 상호의존성이 점점 더 심화되어온 것은 커다란 변화다. 한·중관계의 세 번째 변화는 한·중관계에 끼어드는 제

---

1  졸고 「변하는 것과 변하지 않는 것: 한중관계의 과거·현재·미래」 『핵심현장에서 동아시아를 다시 묻다: 공생사회를 위한 실천과제』, 창비, 2013 참조.

3자로서의 강대국의 출현이다. (분단된 이후의 북한은 어찌 보면 당사자이자 제4자인 셈인데, 이에 대해서는 뒤에 다시 설명될 것이다.)

그런데 이 공동연구를 수행하는 과정에서 필자는 이 구도를 좀 더 깊이 생각해보게 되었다. '변하지 않는 것'의 특징인 근접성은 별 논란이 되지 않을 것이다. 한명기가 설명하듯이, 임진왜란 시기 명군이 참전했던 배경에는 순망치한론(脣亡齒寒論)이 자리 잡고 있었다. 조선이 망할 경우 요동→산해관→북경 순으로 위협에 노출될 수밖에 없었다. 지정학적으로 요동이 '이(齒)'라면 조선은 그를 감싸는 '입술(脣)'이었기 때문이다. 마오쩌둥(毛澤東)이 한국전쟁에 참전하면서 내세운 이유도 똑같이 설명될 수 있을 것이다. (한·중관계사 2천 년의 전반기에는 중국 대륙 왕조의 중심이 한반도로부터 멀리 떨어져 있었기 때문에 그들에게 지리적 근접성은 실감되지 않았을 것이라는 이견도 있을 수 있지만, 길게 봐서 지리적·문화적 근접성은 널리 공감되었다.)

이에 비해 비대칭성이라는 요소는 다시 점검해볼 필요가 제기된다. 역사의 다양한 국면에서 그 비대칭성의 양상이 사뭇 달라져왔음도 유의해야 한다고 임기환은 지적한다. 한·중관계사의 한쪽 주체인 한국사의 범주가 그리 큰 변동 없이 이어져온 반면에 상대 주체인 '중국'은 그 범주를 오늘날과 같이 간단히 '중국'으로 일원화시킬 수 없기 때문이다. 게다가 위에서 본대로 역사세계에서 한국과 중국이 모두 하나의 단일한 실체가 아니었다면, 비대칭성은 더욱더 고정된 특징이라고 보기 힘들다. 애초 필자가 '변하지 않는 것'과 '변하는 것'을 거론했을 때 문제의식의 핵심은 그 분별 자체가 아니라 양자의 상호작용이었음을 다시 한 번 강조하면서, 이 '변하지 않는 것'의 각 요소를 고정된 것이라기보다 구조적 조건으로 이해하는 동시에 그것들이 '변하는 것'과 상호작용하는 과정에 우리는 더 큰 주의를 기울여야 한다고 제안하고자 한다.

이런 관점에서 임기환의 지적을 적극 수용한다면, '변하는 것'의 특징의 하나인 제3자의 출현도 근대사 이래의 양상에 한정하지 않고 전통시대로 확대해볼 수 있다. 즉 중국 대륙의 특정 왕조와 한반도의 특정 왕조의 양자관계에 작용하는 중국 대륙의 또 다른 정치체와 일본까지 제3자에 포함하면 '변하는 것'과 '변하지 않는 것'의 상호작용이란 구도의 설명력이 좀 더 커지지 않을까.

'변하는 것'의 또 다른 특징인 한·중관계를 형성하는 주체의 다양화도 필자가 이전에 한정한 대로 근대 이후의 현상만은 아닐 수 있다. 한명기와 우경섭이 보여주듯이, 임진왜란을 계기로 10만이 넘는 명군이 조선으로 들어왔고, 조선 국경이 개방되면서 상인들을 비롯한 온갖 부류의 한인(漢人)들이 조선으로 쇄도했으며, 17세기 초부터 1644년까지 압록강을 건너 한반도로 이주한 수십 만 명의 한인들(명군 도망병과 덧붙여 약 20만 명의 요민(遼民))들이 존재했다. 이들이 한반도 주민과 뒤섞여 살면서 한·중관계에 일정한 영향을 미쳤을 것이 분명하다.

그러나 '변하지 않는 것'과 '변하는 것'의 상호작용의 틀은 근대에 들어와서도 지속되지만, 변하는 것의 비중과 영향이 전보다 더 커졌다고 필자는 본다. 19세기와 20세기 교체기부터 국가 간 체계(inter-state system)를 주요 특징으로 하는 세계체제에 양국이 깊이 편입되면서 상호의존성이 심화되었고, 또한 국경을 넘는 이주자들의 이동이 활발해지면서 민간 차원에서의 한·중관계도 점점 더 중요해졌다. 이에 덧붙여 한·중관계에 끼어드는 제3자로서의 강대국의 출현이 국제관계에서의 힘의 우세뿐만 아니라 문명관의 전환을 동반하는 변화를 맞았다. 전통시대에 상국(上國), 또는 대국으로 인식된 중국이 청일전쟁에서 패배한 이후 문명관의 대전환 속에서 천시된 것이 그 단적인 예이다. 청일전쟁, 러일전쟁을 거쳐 한일강제병합으로 중화권과 일본제국권 사이의 분단선이 형성되기 시작했고, 그런 상황은 1945년 일본제국이 패망할 때까지 이어졌다. 이 같은 중국과 그 이외 사이에 그어진 정서적·인식론적 분열, 곧 동아시아 분단선은 중화인민공화국의 성립으로 공산진영과 자유진영으로 갈리면서 좀 더 경직되었다. 그에 따라 중국을 문명적으로 낙후한 것으로 천시하는 식민지 시기의 인식이 냉전기에는 미국(문명)에 대비되어 증폭되었다. 이처럼 '변하는 것'의 세 특징이 앞에 서술한 근대 이전보다 더 깊고 지속적인 영향을 미쳐 오늘날까지 이어지고 있음은 분명하다.

그런데 우리 연구진이 다른 어떤 요소보다 중시한 것은 한·중관계에서 차지하는 '변하지 않는' 특징의 하나인 한국의 위치/역할의 중요성이다. 임진왜란과 병자호란 등이 명·청 교체에 미친 영향, 그리고 청일전쟁과 러일전쟁과 한국전쟁이 중국을 포함한 동아시아 정세 변화에 미친 영향은 잘 알려진 사실이다. 여기에 고려의 성급한 친명반원정책이라는 외교 실패가 원의 멸망을 앞당긴 원인의 하나였다는 사실(4장 14세기 말 원·명 교체와 고려왕조의 외교 실패)도 추가해야겠다. 그런데 한반도의 중요성은 한반도에 존재한 여러 왕조들이 지속적으로 자기 정체성을 지켜왔다는 사실에서 더 잘 드러난다. 고대 이래 한반도의 여러 왕조는 중국 왕조와의 갈등 속에서 중국왕조로부터 책봉을 받고 그 질서에 순응하면서도 독자의 세계관을 견지했다. 그 배후에는 고려가 군주의 아호(雅號)

를 '해동천자(海東天子)'라고 칭했던 것처럼 자신들의 군주도 중국의 황제와 마찬가지로 하늘로부터 천명을 받은 천자이며, 중국 황제가 군림하는 천하와는 또 다른 동방의 천하를 통치한다고 하는 다원적 천하관을 가지고 있었기 때문이라고 보는 견해가 있다.[2]

이 견해를 한·중관계를 넘어 동아시아 세계의 차원으로 넓혀 다시 살펴보면, 위에서 언급했듯이, 동아시아에 중국을 중심으로 하는 하나의 국제질서가 있었던 것이 아니라 중층적인 질서가 존재하고 있었다는 사실과 연결된다. 저 멀리 한-고조선 관계까지 거슬러 올라가면, 한무제가 완성했다고 자부한 천하의 세계에 고조선은 포함되어 있지 않았다고 한다. 말하자면 고조선은 그때까지 중국과는 별도의 지역 국제질서에 속해 있었다는 뜻이다.[3] 이 특징을 집약적으로 보여주는 사례가 고려왕조일 것이다. 고려 왕은 천명을 받아 삼한을 '일통(一統)'한 해동천자라고 자임했다(3장 12세기 동아시아 국제정세의 변화와 고려의 대응). 그리고 그들의 이른바 다원적 천하관이란 밖으로는 국왕, 안에서는 황제, 곧 '외왕내제(外王內帝)'를 말한다. 그들은 안팎이 다른 체제를 용납하면서 대외적으로 실리를 취하고, 대내적으로 황제국의 자부심을 지켰다(4장 14세기 말 원·명 교체와 고려왕조의 외교 실패).

고려처럼 독자적 천하의 중심이라는 자기 정체성을 갖는 것과 외교

---

2  이성시, 「중국 문화권 내 주변 諸國의 세계관 – 한반도의 제 왕조를 중심으로」, 『한국학연구』 36호, 2015 및 이 주제를 처음 학계에 공식화한 노명호, 「고려시대의 다원적 천하관과 해동천자」, 『한국사연구』 105호, 1999 참조.
3  김병준, 「3세기 이전 동아시아 국제질서와 한중관계」; 이익주 외, 『동아시아 국제질서 속의 한중관계사』, 동북아역사재단, 2010, 63쪽.

상으로 위계적인 관계를 맺는 것이 충돌된다고 볼 필요는 없다. 힘의 차이에 따라 외교에서 숙질·형제관계 등으로 차등을 인정하거나, 책봉을 받아 종주국의 천하질서 속에 편입될 수도 있었다(3장 12세기 동아시아 국제정세의 변화와 고려의 대응). 그 이전의 고구려나 백제도 조공·책봉관계의 형식으로 당과 외교관계를 맺고, 그것을 국제질서에 참여하기 위한 수단으로 인식했던 것이다(2장 7세기 국제정세 변동과 고구려의 외교적 선택).

그렇다면 이러한 외교관계 또는 국제질서가 동아시아 평화에 미치는 한반도의 역할을 설명하는 데 어떤 의미를 갖는 것일까. 역사적 사례를 찾아보면, 송과 거란도 1004년에 화친한 뒤부터 12세기 초 금이 흥기하기 전까지 큰 충돌 없이 병립했다. 그런 관계를 유지하는 데에는 국제역학관계상 고려와 서하가 중요한 역할을 했다. 강력한 패권을 행사하는 나라 없이 힘의 중심이 분산된 가운데, 각국은 천하질서를 상대화하여 인식했다. 송과 거란은 물론 고려·서하·일본·베트남 등도 자기 군주에게 천자(황제)의 권위를 부여했다. 그리고 세력권을 형성하여 각기 천하의 중심이라고 인식했다(3장 12세기 동아시아 국제정세의 변화와 고려의 대응). 이러한 송과 고려 사이의 조공관계에서 고려가 동아시아 지역질서에서 수행한 균형자 역할을 간취하는 것도 무리가 아닐 것이다.[4]

---

4    遼寧大學/韓國高等教育財團 공동주관 2014東亞論壇 〈東北亞的歷史與未來:交流, 信任與繁榮〉(瀋陽: 2014.26-27)에서 발표된 Sem Vermeerrsch, "Fact and Fiction of the Tribute System: Reconsidering the Song-Goryeo Relationship". 그는 고려의 경험에서 당시 노무현 정부에서 제안한 '균형자론(均衡者論)'의 역사적 근거를 찾는다. 균형자론은 그 의미가 쓰는 이에 따라 모호하나, 동아시아에서 강대국들에 끼어 있는 한국이 적극적으로 조정 역을 맡거나 아니면 소극적으로 중립을 지키려는 지향을 말한다.

내일을 읽는 한·중관계사

사실, 고구려 이후 조선까지 오랜 기간 중국왕조와 책봉·조공관계를 맺어왔기에 이 제도를 마치 변함없는 일관된 구조적 제약처럼 받아들이는 속설이 있을지도 모르겠으나 고려의 사례에서 이미 밝혀졌듯이, 또 이 책에 실린 여러 글에서 더 상세히 설명되듯이, 역사 속 한·중관계에서 각각의 주체의 변화에 따라 다양한 기능을 변주한 것이 바로 책봉·조공관계다. 한국사 연구자들은 이 점에 착안해 책봉·조공관계의 틀을 폐기하기보다는 책봉·조공 개념에 대한 정의를 새롭게 하는 방향으로 논의를 진행시켜왔던 것 같다.[5]

이 변주가 임계점에 도달한 것이 중화질서가 근대적 변모를 겪은 시기인 19세기와 20세기의 교차기이다. 그때 청조는 조공질서를 근대적으로 변혁하려고 애를 썼다. 그렇다면 그들이 추구한 방향을 어떻게 볼 것인가가 문제다. (실패한) 제국주의, 즉 속방강화책이란 전통적 수사(修辭)로 포장된 파생적 제국주의(secondary imperialism)인가, 아니면 중화질서의 만국공법(萬國公法)체제로의 전환인가. 그 둘 다가 아니라면 책봉·조공 개념을 새롭게 정의하거나 새로운 어휘가 필요할 것이다. (최근 중국 학계 안팎에서는 제국주의가 아니라 천하질서나 제국의 연속성으로 설명하려는 시도도 나오는 실정이다.)

이와 관련해 19세기 말에 제기된 '속국이면서 자주(屬國自主)'라는 개

---

5  이에 비해 중국사 연구에서는 책봉·조공관계란 중국왕조가 주변 국가들과 맺었던 여러 가지 관계 가운데 하나에 불과한 것이고, 그렇기 때문에 책봉·조공관계의 틀을 대체하거나, 또는 그것을 포함하는 다른 분석틀을 모색하는 것이 비교적 용이할 것으로 생각된다고 한다. 이익주, 「책머리에」『동아시아 국제질서 속의 한중관계사』, 동북아역사재단, 2010, 18쪽.

넘을 잠깐 살펴보고자 한다. 그것은 잘 알다시피 조선반도를 둘러싼 열강의 이해갈등 속에서 중국이 규정한 조선의 애매한 국제적 위치를 말한다. 이에 대해 조선에서는 두 가지 대응책이 제기되었다. 서영희가 적시하듯이, 유길준은 서구열강과 만국공법(국제법)에 의거해 통상조약을 체결하고 근대적 국제관계를 맺었으면서도 여전히 중국과 종속관계에 묶여 있는 이중체제의 모순을 양절(兩截)체제라고 명명하며 비판했다. 반면에 김윤식은 조선이 중국에 대해서는 속국이지만 각국에 대해서는 자주라는 것이 양쪽 모두에게 편리하다거나, 우리나라 같은 약소국은 중국 같은 대국이 지켜주지 않는다면 존립조차 어려운데, 중국의 속국이라면 우리를 가벼이 보지 못할 것이라고 하여 '양편(兩便)'체제, '양득(兩得)'체제를 주장했다. 개화 진영 내부의 온건과 급진의 차이가 반영된 것이다.

한 나라의 외교전략은 당시의 국력과 지도자들의 인식에 따라 일련의 변화를 거치는데, 한국은 양득이든 양절이든 지역질서 변동기에 대응해 어떠한 실효성 있는 전략도 제대로 구사하지 못했다. 그러는 가운데 국제질서는 이미 중화질서의 해체, 제국주의질서의 확립으로 가고 있었다.

그런데 기억의 관성화는 역사 속에서 곧잘 작동한다. 달리 말하면 국제관계는 수시로 변화하나 각국 주체들은 일종의 '패턴화된 기억'에 의존해 그에 대응하는 경우가 종종 있다. 고대에도 국가 간 대외관계나 국제질서를 운영하는 배경에 단순히 힘의 관계만이 아니라 각국이 갖고 있는 상대국에 대한 기억, 또는 국제질서에 대한 역사적 기억이 중요하게 작용했다(1장 고대의 한·중관계와 책봉·조공). 위에서 본 고구려나 조선이 한·중관계의 위기 상황에 직면해 바로 앞선 역사에서 학습한 결과가 바로 그러한 사례에 속한다. 근현대에서 쉽게 찾아볼 수 있는 현상이 바로 조공관계의 패턴화이지 싶다.

조선을 중국의 속국으로 간주하는 중국인의 기억이 조공제도가 무너진 뒤에 이념화된 형태로 유지된 것이 그 대표적 예라 하겠다. 20세기 중반 장제스(蔣介石)의 국제질서관을 보자. 카이로회담(1943년)에서 그는 "중국 역사가 제공한 세계상과 중국민족혁명이 제공한 가치를 모종의 형태로 결합시켜 새로운 세계질서에 적응시키고자 했다." 그래서 그는 조공국인 오키나와를 대만과 평후제도와 구별하여 중국이 직접 회수하지 않고, 미국과 중국이 공동 위탁관리하겠다는 방침을 정했다. 그에 비해 조선의 경우는 독립과 자유를 요구했는데, 그것은 조공관계에 기반한 도덕 의무에서 나온 것이지 주권관계로 본 것이 아니라고 평가된다.[6] 이렇게 보면 대한민국 임시정부에 대한 '지원'을 계속한 것도 태평양전쟁 종전 이후 한반도에 대한 자신들의 영향력을 유지하기 위한 방법을 모색하기 위한 것이고, 사실상은 일본의 강제병합 이전처럼 중국이 한반도에 대한 주도권을 갖는 방향으로 한반도 문제를 대하고 있었다는 주장까지 나올 수 있다. 국민당 정부의 이러한 태도는 그때까지 임시정부에 대한 불승인정책과 겹쳐 한반도 문제에 대한 중국 측의 입장을 잘 보여준다.[7]

---

6   汪暉, 『亞洲視野:中國歷史的敍述』, Hong Kong: Oxford University Press, 2010, 221쪽.

7   배경한, 「20세기 동아시아 국제질서와 한중관계」 『동아시아 국제질서 속의 한중관계사』, 동북아역사재단, 2010, 411~412쪽.

그런 속국관은 마오쩌둥에게도 나타났다고 보는 견해가 있다. 한국전쟁기 북한과 중국의 관계를 연구한 중국 연구자는 마오쩌둥의 머릿속에는 의식적이든 무의식적이든 '중앙왕조'라는 통치 관념이 있었기에 그것이 북한정책에 영향을 미쳤다고 보았다.[8] 더 나아가 저우언라이(周恩來)가 1970년대 초 키신저와 나눈 대화에서도 과거의 중화질서적 관념이 은연 중에 잠재해 있었다고 지적한 한국 연구자도 있다.[9] 그렇지만 20세기 이후 중국 지도층의 동아시아 질서관에 계속 남아 있는 중화사상, 특히 속국관은 단순히 반복된 것이 아니다. 장제스의 조공 관념이 민족혁명관에 입각한 세계질서 구상과 중첩되었듯이, 역사적 상황의 변화에 따라 그 강조점이 달라지면서 기능도 변했다고 봐야 옳다.

이처럼 변하는 것과 변하지 않는 것이 상호작용하는 역사의 맥락에 비춰 한·중관계의 궤적을 추적해보는 과정에서, 우리는 중국적 질서에 속하면서도 그로부터의 탈피를 동시에 추구하는 긴장을 감당하는 전략적 사고나 정책의 중요성이 한반도에서는 언제나 중시되었음을 새삼 확인할 수 있다. 전략적으로 외교행위를 수행하는 것을 뜻하는 '전략외교'의 필요성은 세력전환기에 약소국이 취할 수 있는 행동이 제한적일수록 더 긴요한 법이다. 이 과제란 실용외교에 다름 아니겠으나 이것이 언제나 어떤 국가에게나 요구되는 범용(汎用)한 용어이므로 집필자에 따라

---

8  沈志華, 「試論朝鮮戰爭期間的中朝同盟關係」 『歷史教學問題』, 2012년 제1기, 16쪽.

9  저우언라이는 베트남과 한반도에 대해 언급할 때 "우리의 작은 친구"라고 부르면서 "이들 나라들에게 중국처럼 넓은 시각을 기대할 수 없다"며, 중국은 대국으로서 주변의 소국들을 너그럽게 돌봐줘야 한다고 말했다고 한다. 홍석률, 『분단의 히스테리』, 창비, 2012, 132쪽.

'양단외교', '중립외교' 또는 '균형외교'나 '조화외교'라는 용어가 선호되기도 한다. 그러나 약소국은 자신이 중립이라고 해도 남이 볼 때는 중립이 아닐 수 있으므로 중립하고 싶어도 할 수 없다. 대한제국 시기 경쟁하는 강대국 사이에 존재하는 소국이 국제적으로 인정받는 '중립국'을 유지하기에는 자체 역량이 부족한 데다, 무엇보다 러시아와 일본의 대립이 한반도 중립화에 합의할 수 있는 수준이 아니었다는 서영희의 지적을 되살려볼 필요가 있다. 마찬가지로 '균형자'라고 자처해도 주변국이 인정해주지 않는다는 반론이 나올 수 있다. 그러니 '조화외교' 정도가 무난하지 않을까 싶다. (그러나 무리해 용어를 통일하지 않고 독자의 토론 공간에 맡기고자 한다.)

이에 덧붙여, '소중화(小中華)'라는 개념을 되새겨보고자 한다. 우경섭은 멸망한 명을 대신해 중화문명을 보존해야 할 책무를 자임하며, 동아시아 유교문화의 중심지로서 조선왕조의 위상을 설정했던 '조선중화주의'의 의미를 강조한다. 이에 대해서는 한국(과 중국) 학계에서도 과연 그것이 중국적 질서나 가치체계를 넘어선 것인지, 또 근대의 민족주의와 연속된 것인지 등의 쟁점을 둘러싸고 다양한 의견이 분분한데, 필자는 중국적 질서에 속하면서도 그로부터의 탈피를 동시에 추구하는 긴장을 감당하는 전략적 사유의 틀이자 주체적 문명론으로서의 소중화 개념의 현재성에 관심을 갖는다.

위에서 강조했듯이, 과거의 동아시아 세계는 중국이란 대중심(大中心)과 더불어 여러 소중심(小中心) 질서가 존재한 중층적인 세계였다. 그리고 한국을 비롯한 소중심들은 중국의 화이관을 빌려와 자신의 주위에 능동적으로 적용했다. 그런데 이처럼 중화중심적 가치체계를 중화의 이웃들이 주체적으로 전유(專有), 또는 분유(分有)하는 과정을 통해서 궁극적으로는 기존의 중화를 중심으로 했던 위계질서가 무너지고 다시 구성되는 양상에 필자는 주목한다. 달리 말하면, '중화와 탈중화의 장력' 속에서 재구성되는 소중화 개념의 구조가 유지된 채 역사적 맥락에 따라 그 강조점과 기능이 변화되는 역동성을 보였다고 할 수 있다.

이것이 오늘날에는 중견국가(middle power)인 한국이 중국과 미국 사이에서의 균형자, 또는 교량 역할을 하는 전략적 사유의 자원으로 전환될 수 있다고 볼 수도 있는 지점이지 않을까. 강준영은 한국의 전략적 가치는 한·미동맹과 한·중협력을 조화시켜야 높아질 수 있는데, 동맹 구조와 협력 구조의 차이는 정확히 인식하고 있어야 한다고 주장한다. 그의 말대로 이 차등화에 반드시 정확한 현실인식과 전략적 평가, 그리고 중장기적인 비전이 있어야 한다면, 역사 속의 소중화라는 사유의 틀도 중장기적 비전을 구상하는 역사자원으로 재음미해볼 만한 가치가 있지 않을까. 소중화 패러다임이 과거 보편문명의 추구를 통해 중국을 상대화했듯이 오늘날에도 중국과 미국의 전략과 문명론 모두를 상대화하는 전략적 사유와 대안문명론을 촉구하는 기능을 할 수 있다는 의미다.


## 역사정책학 또는 역사비평

역사로부터 교훈을 얻겠다는 문제의식을 공공정책 차원에 적용하여 본격적인 학문적 탐구의 대상으로 삼는 역사정책학의 취지에 투철하다면, 한·중관계사의 중요 국면마다 '그때 이렇게 했어야 하는 것 아닌가', 또는 '그때 어떻게 했어야 하는가'라는 의문을 제기하고 이에 답해야 할지도 모른다. 보통 정책 담당자가 역사학자에게 묻는 문제가 이런 것이기 때문이다. 그러나 이것은 역사학자가 답할 수 있는 문제가 아니다. 역사학자의 역할은 대체로 국제질서의 변동기에 정책결정자(들)의 대외인식이 어떠했고, 그러한 인식을 어떻게 정책에 반영했는가, 그리고 어떠한 이해관계 속에서 이런 정책이 나왔는지 밝히는 데 집중한다.

그럼에도 불구하고 우리는 학술논문보다는 역사비평식 서술 형태를 염두에 두려고 노력했다. 역사비평이라 하면 사료를 사려 깊게 읽는 동시에, 무엇이 참다운 실천으로 이끄는지 가치판단하는 책임이 중요하고, 현실에 개입하는 것을 의미한다고 필자는 생각한다. 그런데 이 지향이 각 집필자에 따라 편차를 보인다면 그것은 불가피한 현상일 것이다. 단지 역사연구자라면 모름지기 역사를 바라볼 때 당대의 참여자의 눈과 오늘의 관찰자의 눈을 동시에 가지려고 노력해야 할 것이다. 요컨대, '이중의 눈(겹눈)'을 가지려고 한다는 공통점이 있다는 말이다.

여기서 특히 강조하고 싶은 것은, 굳이 역사정책이란 용어를 쓰지 않더라도, 적어도 역사비평이라면 정책을 생산하는 장에서 중시하는 현실의 맥락에 대해 가능한 한 깊고 넓게, 그리고 비판적으로 이해해야 한다는 점이다. 특히 이해관계가 엇갈리는 정책을 역사와 연결시킴으로써 어느 쪽이 혜택을 보는지 예의주의할 필요가 있다. 그러기 위해서는 어떤 문제가 형성된 맥락, 과정, 그리고 그것이 발현된 차이를 구조적으로 인식해야 한다. 그것이야말로 역사학의 방법론적 특징이니 잘 살려야 한다. 현실에 비평적으로 개입하여 역사학의 유용성을 설명할 수 있는

길이 바로 여기에 있다.[10]

이러한 필자의 견해가 일반론처럼 들릴지도 모르니, 미·중 간 격화된 세력경쟁이 작동하는 한반도의 분단 현실에 적용하는 지적 훈련을 해보자.

한·중관계사를 되돌아보면, 동아시아에 강력한 패권을 행사하는 나라 없이 힘의 중심이 분산된 중층적 질서 속에 각국이 천하질서를 상대화하여 인식했던 시기인 고려 때가 부각된다. 각국이 안보와 국익을 위하여 대응전략에 부심하는 가운데, 고려는 상황에 따라 팽창, 세력 균형, 편승, 중립 등의 전략을 구사하면서 현실주의적으로 대응하는 외교적 성취를 보였다. (흔히 서희(徐熙)의 외교 역량이 외교관의 모델로서 중시되는데, 그가 거란과의 담판을 통해 전쟁을 종식시키고 영토를 확보한 성과도 이런 맥락에서 봐야 옳다.) 이러한 유동하는 지역질서 속에서 고려가 수행한 조화 외교의 역할은 중시될 만한 가치가 있다. 그렇다고 해서 바로 여기로부터 중국 대륙의 분열이 우리에게 유리하다는 직접적인 유추를 끌어낸다면 그야말로 역사의 오용 내지 남용이 아닐 수 없다.

고려 시기에 비교할 때, 오늘날은 중국 대륙에 통일된 부강한 국가가 건재하지만, 한·중관계에 영향을 미치는 제3자인 미국의 존재가 작동하고 있어 동아시아에는 중층적 질서가 유동적인 채 유지되고 있다. 게

---

10  역사를 더 잘 이해해야 좀 더 나은 공공정책을 장려할 수 있다는 취지에서 만들어진 영국 역사학자들의 모임인 'History and Policy'의 활동에 대해서는 그들의 홈페이지(http://www.historyandpolicy.org) 참조. 역사학의 방법론적 특징과 그 공공정책에의 응용 가능성에 대해서는 Simon Szreter, "History and Public Policy", in *The Public Value of the Humanities*, ed., by Jonathan Bate, Bloomsbury, 2011, 223~224쪽.

다가 분단된 한반도의 북쪽은 중국과의 관계 당사자이자 남쪽에는 제
4자처럼 작용해 유동성을 더해준다. 그러나 남북이 지금처럼 분단된 상
태를 점진적이고 단계적이며 평화적으로 극복하면서 느슨한 국가연합
으로 시작하는 복합국가의 길을 간다면[11] 한·중관계에서 한반도의 중요
성은 한층 더 커져 비대칭성에 변화를 가져올 것이 분명하다. 물론 이
과정이 남북 각각은 물론이고 한국 안에서도 여러 세력의 이해관계가
엇갈릴 수 있어 그리 순탄하지는 않겠지만, 바람직한 한·중관계의 미래
를 위해 구상하고 실천해볼 프로젝트일 것이다. 그리고 그 과정에서 한
반도 주민의 삶의 질을 개선하는 좀 더 평화롭고 인간다운 체제를 한반
도에서 수립해 평화의 동아시아를 위한 촉진자가 되고 새로운 문명의
싹을 키운다면 또 한 번의 세계사적 문명전환기에 창조적인 역할을 수
행할 것이 분명하다. 이것이 바로 변하는 것과 변하지 않는 것이 상호작
용한 역동적인 한·중관계의 긴 역사에서 한국의 역대 왕조가 유지해온
자기정체성과 동아시아에 작동한 중요한 역할이 오늘날 발현하는 하나
의 모습일 터이다.

이처럼 역사적 효용을 경험하는 일이 단지 학계 내부에 머물지 않고,
일반 대중과 공유될 때 역사적 사고를 일상화하는 '역사하다(doing
history)'가 확산되는 것이다. 그렇게 되도록 이끄는 데 이 책이 다소라도
기여하길 바란다.

---

11  복합국가 개념과 이것의 한반도를 비롯한 동아시아에 적용 가능성에 대한 필자의 좀 더
    상세한 논의는 위의 졸저 『핵심현장에서 동아시아를 다시 묻다: 공생사회를 위한 실천과
    제』 제1부에 실린 1, 2, 7장 참조.

## 1장 고대의 한·중관계와 책봉·조공

- 김종완, 「남북조시대의 책봉에 대한 검토-사여된 관작을 중심으로」, 『동아연구』 19.
- 김종완, 『中國 南北朝史 硏究-朝貢·交聘關係를 중심으로』, 일조각, 1997.
- 김한규, 『한중관계사』 1, 1999.
- 여호규 외, 『한국 고대국가와 중국왕조의 조공·책봉관계』, 고구려연구재단, 2006.
- 여호규, 「책봉호 수수(授受)를 통해본 수·당의 동방정책과 삼국의 대응」, 『역사와현실』 61, 2006.
- 이성규, 「중국의 분열체제모식과 동아시아 제국」, 『한국고대사논총』 8집, 1996.
- 이성시, 「중국문화권내 주변 諸國의 세계관 – 한반도의 제왕조를 중심으로」, 『한국학연구』 36, 2015.
- 이성제, 「고구려와 北朝의 책봉조공관계-領護東夷中郞將,領護東夷校尉의 授受와 그 의미」, 『동양학』 58.
- 홍승현, 「위진남북조시기 中華意識의 변용과 동아시아 국제질서」, 『동북아역사논총』 40호, 2013. 6.

## 2장 7세기 국제정세 변동과 고구려의 외교적 선택

- 김영하, 「고구려 내분의 국제적 성격」, 『한국사연구』 110, 2000.
- 김은숙, 「7세기 동아시아의 국제 관계」, 『한일관계사연구』 26, 2007.
- 김호동, 「당의 기미지배와 북방 유목민족의 대응」, 『역사학보』 193, 1993.
- 김호동, 『아틀라스 중앙 유라시아사』, 사계절, 2016.
- 노태돈, 『삼국통일전쟁사』, 서울대 출판부, 2009.
- 여호규, 2006 「책봉호 수수를 통해본 수당의 동방정책과 삼국의 대응」, 『역사와현실』 61, 2006.
- 여호규 외, 「동북아시아 정세의 변화와 삼국의 대응」, 『신라의 삼국통일』, 경상북도문화재연구원, 2016.
- 여호규, 「7세기 중엽 국제정세 변동과 고구려 대외관계의 추이」, 『대구사학』 133, 2018.
- 이성제, 『고구려의 서방정책 연구』, 국학자료원, 2005.
- 임기환, 「7세기 동북아시아 국제질서의 변동과 전쟁」, 『전쟁과 동북아의 국제질서』, 일조각, 2006.
- 정재훈, 『돌궐 유목제국사』, 사계절, 2016.

- 주보돈, 「김춘추의 외교활동과 신라내정」 『한국학논집』 20, 1993.


## 3장 12세기 동아시아 국제정세의 변화와 고려의 대응

- 金九鎭, 「公嶮鎭과 先春嶺碑」 『白山學報』 21, 1976.
- 金成奎, 「3개의 트라이앵글: 북송시대 동아시아 국제관계의 大勢와 그 특징에 관한 試論」 『歷史學報』 205, 2010.
- 김순자, 「고려중기 국제질서의 변화와 고려-여진 전쟁」 『한국중세사연 구』 32, 2012.
- 김영미, 「11세기 후반~12세기 초 고려·요 외교관계와 불경교류」 『역사 와 현실』 43, 2002.
- 金浩東, 「北아시아의 歷史像 구성을 위한 試論」 『아시아문화』 3, 1988.
- 盧明鎬, 「高麗時代의 多元的 天下觀과 海東天子」 『韓國史研究』 105, 1999.
- 모리스 로사비Morris Rossabi, ed. 1983, China among Equals: The Middle Kingdom and its Neighbors, 10th-14th centuries, University of California Press.
- 閔賢九, 「高麗前期의 對外關係와 國防政策-文宗代를 中心으로」 『亞細亞研究』 41-1, 1998.
- 朴龍雲, 「高麗·宋 交聘의 목적과 使節에 대한 考察」 『韓國學報』 81·82, 1995·1996.
- 朴宗基, 「高麗中期 對外政策의 變化에 대하여-宣宗代를 중심으로」 『韓國學論叢』 16, 1993.
- 안병우, 「고려와 송의 상호인식과 교섭-11세기 후반~12세기 전반」 『역 사와 현실』 43, 2002.
- 奥村周司, 「醫師要請事件に見る高麗文宗朝の對日姿勢」 『朝鮮學報』 117, 1985.
- 윤영인, 「몽골 이전 동아시아의 다원적 국제관계」 『만주연구』 3, 2005.
- 윤영인, 「10~13세기 동북아시아 多元的 國際秩序에서의 冊封과 盟約」 『東洋史學研究』 101, 2005.
- 이미지, 『태평한 변방-고려의 對거란 외교와 그 소산』, 景仁文化社, 2018.
- 李範鶴, 「蘇軾의 高麗排斥論과 그 背景」 『韓國學論叢』 15, 1992.
- 李範鶴, 「王安石(1021-1086)의 對外經略策과 新法」 『高柄翊先生華甲紀念論叢: 歷史와 人間의 對應』, 한울, 1985.
- 李貞信, 「고려의 대외관계와 묘청난」 『史叢』 45, 2000.
- 李鎭漢, 『高麗時代 松商往來 研究』, 景仁文化社, 2011.
- 鄭修芽, 「高麗中期 對宋外交의 재개와 그 의의-北宋 改革政治의 受容을 중심으로」

『國史館論叢』61, 1995.

- 채웅석, 「고려전기의 다원적 국제관계와 문화인식」 『한국중세사연구』 5 0, 2017.
- 채웅석, 「고려 인종대 '惟新'정국과 정치갈등」 『韓國史研究』 161, 2013.
- 채웅석, 「11세기 후반~12세기 전반 동북아시아 국제정세와 고려」 『전쟁 과 동북아의 국제질서』, 일조각, 2006.
- 채웅석, 「12세기초 고려의 개혁 추진과 정치적 갈등」 『韓國史研究』 112, 2001.
- Oongseok Chai, "Interstate Relations in East Asia and Medical Exchanges in the Late Eleventh Century and Early Twelfth Century," Korean Studies 41, The Center for Korean Studies at the University of Hawaii at Manoa, 2017.
- 崔柄憲, 「大覺國師 義天의 渡宋活動과 高麗·宋의 佛敎交流」 『震檀學
- 報』 71 · 72, 1991.
- 추명엽, 「高麗時期 海東 인식과 海東天下」 『韓國史研究』 129, 2005.
- 추명엽, 「고려전기 '번(蕃)'인식과 '동·서번'의 형성」 『역사와 현실』 43, 2002.

## 4장 14세기 말 원·명 교체와 고려왕조의 외교 실패

- 김순자, 『韓國 中世 韓中關係史』, 혜안, 2007.
- 민현구, 「高麗 恭愍王代 反元的 改革政治의 展開過程」 『許善道先生停年紀念韓國史學論叢』, 一潮閣, 1992.
- 민현구, 「新主(德興君)와 舊君(恭愍王)의 對決」 『高麗政治史論』, 고려대학교 출판부, 2004.
- 민현구, 「高麗 恭愍王代 중엽의 정치적 변동」 『震檀學報』 107, 2009.
- 박원호, 『明初朝鮮關係史研究』, 一潮閣, 2001.
- 박원호, 「고려 말 조선 초 대명외교의 우여곡절」 『한국사 시민강좌』 36, 2005.
- 윤은숙, 『몽골제국의 만주지배사』, 소나무, 2010.
- 윤은숙, 2010 「고려의 北元칭호 사용과 동아시아 인식 – 고려의 양면 외교를 중심으로」 『中央아시아研究』 15, 2010.
- 이명미, 「奇皇后세력의 恭愍王 폐위시도와 高麗國王權 – 奇三寶奴 元子책봉의 의미」 『歷史學報』 206, 2010.
- 이익주, 「공민왕대 개혁의 추이와 신흥유신의 성장」 『역사와 현실』 15, 1995.
- 이익주, 「高麗·元關係의 構造에 대한 研究 – 소위 '世祖舊制'의 분석을 중심으로」 『韓國史論』 36, 서울대 국사학과, 1996.
- 이익주, 「14세기 후반 원·명 교체와 한반도」 『전쟁과 동북아의 국제질서』, 일조각, 2006.
- 이익주, 「13~14세기 세계질서와 고려-몽골관계」 『동아시아 국제질서 속의 한중관계사 – 제언과 모색』, 동북아역사재단, 2010.
- 이익주, 2012 「14세기 후반 동아시아 국제질서의 변화와 고려-원·명-일본 관계」 『震檀學報』 114, 2012.

- 이익주, 「1356년 공민왕 反元政治 再論」『歷史學報』 225, 2015.
- 이익주, 「14세기 후반 고려-원 관계의 연구」『동북아역사논총』 53, 2016.


## 6장 조선의 대(對)후금·청외교와 병자호란의 발발 원인

- 『舊滿洲檔:天聰九年』, 東京:東洋文庫, 1972.
- 『滿文老檔』, 東京:東洋文庫, 1955~1963.
- 『承政院日記』, 국사편찬위원회 DB.
- 『朝鮮王朝實錄』, 국사편찬위원회 DB.
- 『淸太祖實錄』, 국사편찬위원회 DB.
- 『淸太宗實錄』, 乾隆 三修本:국사편찬위원회 DB.
- 구범진, 『병자호란, 홍타이지의 전쟁』, 까치글방, 2019.
- 구범진, 『청나라, 키메라의 제국』, 민음사, 2012.
- 구범진·이재경, 「병자호란 당시 청군의 구성과 규모」『한국문화』 72, 2015.
- 羅萬甲, 윤재영 역, 『丙子錄』, 삼경당, 1985.
- 鈴木開, 「'胡亂'研究の注意點」『17世紀東アジアの國際關係: 戰亂から安定へ』, 第3回 日本·中國·韓國における國史たちの對話の可能性, 2018.
- 鈴木開, 「姜弘立の生涯と朝鮮·後金關係: もう一つの朝淸關係史」『明大アジア史論集』 16, 2012.
- 鈴木開, 「光海君13年(1621)における鄭忠信の後金派遣: 光海君時代の朝鮮と後金の關係について」『朝鮮史研究會論文集』 50, 2012.
- 鈴木開, 「丙子の亂と朝淸關係の成立」『朝鮮史研究會論文集』 55, 2017.
- 鈴木開, 「丙子の亂直前の朝淸交涉について(1634-1636)」『駿台史學』 159, 2017.
- 鈴木開, 「朝鮮·後金間使者往來について(1631-16333)」『駿台史學』 159, 2015.
- 鈴木開, 「朝鮮丁卯胡亂考: 朝鮮·後金關係の成立をめぐって」『史學雜誌』 123-8, 2014.
- 鈴木開, 「『瀋陽往還日記』に나타난 인조 9년(1631) 조선-후금 관계」『한국문화』 68, 2014.
- 박민수, 「청의 입관과 기인의 북경 이주 연구」, 서울대학교 박사 학위 논문, 2017.
- 배우성, 「서울에 온 청의 칙사 馬夫大와 삼전도비」『서울학연구』 38, 2010.
- 오수창, 「병자호란에 대한 기억의 왜곡과 그 현재적 의미」『역사와 현실』 104, 2017.
- 오수창, 「오해 속 병자호란, 시대적 한계 앞의 인조」『내일을 여는 역사』 26, 2006.
- 오수창, 「청과의 외교 실상과 병자호란」『한국사 시민강좌』 36, 2005.
- 장정수, 「병자호란 이전 조선의 對後金(淸) 방어전략의 수립 과정과 그 실상」『조선시대사학보』 81, 2017.
- 장정수, 「병자호란 시 조선 근왕군의 남한산성 집결 시도와 활동」『한국사연구』 173, 2016.
- 張存武·葉泉宏 編, 『淸入關前與朝鮮往來國書彙編, 1619-1643』, 臺北:國史館, 2000.

- 趙慶男, 『續雜錄』, 한국고전종합DB.
- 조일수, 「인조의 대중국 외교에 대한 비판적 고찰」 『역사비평』 121, 2017.
- 한명기, 「명청교체 시기 한중관계의 추이」 『동양사학연구』 140, 2017.
- 한명기, 『(역사평설) 병자호란』, 푸른역사, 2013.
- 한명기, 『정묘·병자호란과 동아시아』, 푸른역사, 2009.
- 許泰玖, 「'禮'の視座から見直した丙子胡亂」 『17世紀東アジアの國際關係: 戰亂から安定へ』, 第3回日本·中國·韓國における國史たちの對話の可能性, 2018.
- 허태구, 『병자호란과 예, 그리고 중화』, 소명출판, 2019.

## 7장 병자호란 직후 조·청관계와 조선중화주의

- 계승범, 『조선시대 해외파병과 한중관계』, 푸른역사, 2009.
- 구범진, 『병자호란, 홍타이지의 전쟁』, 까치, 2019.
- 김문식, 『조선후기 지식인의 대외인식』, 새문사, 2009.
- 김영식, 『중국과 조선, 그리고 중화』, 아카넷, 2018.
- 김종원, 『근세 동아시아관계사 연구』, 혜안, 1999.
- 배우성, 『조선과 중화: 조선이 꿈꾸고 상상한 세계와 문명』, 돌베개, 2014.
- 우경섭, 『조선중화주의의 성립과 동아시아』, 유니스토리, 2013.
- 이화자, 『조청 국경문제연구』, 집문당, 2008.
- 이화자, 『한중국경사연구』, 혜안, 2011.
- 전해종, 『韓中關係史 研究』, 일조각, 1970.
- 정옥자, 『조선후기 조선중화사상연구』, 일지사, 1998.
- 최소자, 『명청시대 중·한 관계사 연구』, 이화여자대학교 출판부, 1997.
- 최소자, 『淸과 朝鮮-근세동아시아의 상호인식』, 혜안, 2005.
- 한명기, 『임진왜란과 한중관계』, 역사비평사, 1999.
- 한명기, 『정묘·병자호란과 동아시아』, 푸른역사, 2009.
- 허태구, 『병자호란과 예, 그리고 중화』, 소명출판, 2019.
- 허태용, 『조선후기 중화론과 역사인식』, 아카넷, 2009.

## 8장 근대 전환기 한·중관계와 상호인식의 변화

- 김경태, 「중화체제 만국공법 질서의 착종과 정치세력의 분열」 『한국사 11-근대민족의 형성』, 한길사, 1994.
- 김정기, 「청의 조선정책1876~1894」 『1894년 농민전쟁연구 3』, 역사비평사, 1993.
- 백영서, 「대한제국기 한국 언론의 중국인식」 『역사학보』 153, 1997.
- 서영희, 「개화파의 근대국가 구상과 그 실천」 『근대 국민국가와 민족문제』, 지식산업사, 1995.

- 서영희, 「개화정책의 추진세력」『한국사 38』, 국사편찬위원회, 1999.
- 서영희, 「명성왕후 재평가」『역사비평』60, 2002.
- 서영희, 「한청통상조약 이후 한중 외교의 실제와 상호 인식」『동북아역사논총』13, 2006.
- 서영희, 「고종황제의 외교전략과 제2차 만국평화회의 특사 파견」『100년후 만나는 헤이그특사』, 태학사, 2008.
- 서영희, 「한국 근대 동양평화론의 기원 및 계보와 안중근」『영원히 타오르는 불꽃-안중근의 하얼빈 의거와 동양평화론』, 지식산업사, 2010.
- 서영희, 「한국통사의 근대사 인식」『진단학보』130, 2018.
- 송병기, 「조미조약의 체결」『한국사 37』, 국사편찬위원회, 2000.
- 은정태, 「을사조약에 대한 청국정부의 인식」『역사와현실』66, 2007.
- 이태진, 「19세기 한국의 국제법 수용과 중국과의 전통적 관계 청산을 위한 투쟁」『역사학보』181, 2004.
- 정용화, 「전환기 자주외교의 개념과 조건: 19세기 한국 외교의 반성을 통하여」『국제정치논총』43집 2호, 2003.
- 조재곤, 「한말 조선 지식인의 동아시아 삼국제휴인식과 논리」『역사와 현실』37, 2000.
- 최덕수 외, 『조약으로 본 한국 근대사』, 열린책들, 2010.
- 한철호, 「독립외교의 추진」『한국사 39』 국사편찬위원회, 1999.

## 9장 현대 한·중관계의 변화와 지속

- 李敦球, 『戰後朝韓關係與東北亞格局』, 北京: 新華出版社, 2007.
- 門洪華, 『中國國際戰略導論』, 北京: 清華大學出版社, 2009.
- 孟慶義 等, 『朝鮮半島: 問題與出路』, 北京: 人民出版社, 2006.
- 박창희, 『현대 중국 전략의 기원』, 플래닛미디어, 2011.
- 성균관대학교 성균중국연구소 엮음, 『한중수교 25년사』, 성균중국연구소, 2017.
- 宋成有, 『中韓關係史(現代卷)』, 北京: 社會科學出版社, 1997.
- 時殷弘, 『國際政治與國家方略』, 北京: 北京大學出版社, 2006.
- 延靜, 『出使韓國』, 濟南: 山東大學出版社, 2004.
- 王帆, 『大國外交』, 北京: 北京聯合出版公司, 2016.
- 이규태, 『현대 한중 관계론』, 범한서적, 2007.
- 정재호 편, 『중국을 고민하다』, 삼성경제연구소, 2011.
- 주펑, 이상원 옮김, 『국제관계 이론과 동아시아 안보』, 북코리아, 2014.
- 錢其琛, 『外交十記』, 北京: 世界知識出版社, 2003.
- 『2017 중국정세보고』, 국립외교원 외교안보연구소 중국연구센터, 2018.
- 『2018 중국정세보고』, 국립외교원 외교안보연구소 중국연구센터, 2019.

# 내일을 읽는 한·중관계사

**1판 1쇄 인쇄** 2019년 6월 10일
**1판 1쇄 발행** 2019년 6월 14일

**엮음** 백영서, 정상기

**발행인** 양원석
**본부장** 김순미
**편집장** 최은영
**해외저작권** 최푸름
**제작** 문태일, 안성현
**영업마케팅** 최창규, 김용환, 양정길, 이은혜, 신우섭, 조아라,
　　　　　 유가형, 김유정, 임도진, 정문희, 신예은

**펴낸 곳** ㈜알에이치코리아
**주소** 서울시 금천구 가산디지털2로 53, 20층 (가산동, 한라시그마밸리)
**편집문의** 02-6443-8888　　**구입문의** 02-6443-8838
**홈페이지** http://rhk.co.kr
**등록** 2004년 1월 15일 제2-3726호

ISBN 978-89-255-6686-3 (03900)